河北省社会科学基金项目（项目编号：HB15FX004）

罪犯的矫正主体性研究

钱洪良　著

燕山大学出版社
·秦皇岛·

图书在版编目（CIP）数据

罪犯的矫正主体性研究 / 钱洪良著．—秦皇岛：燕山大学出版社，2020.5（2026.1重印）

ISBN 978-7-81142-168-2

Ⅰ．①罪… Ⅱ．①钱… Ⅲ．①犯罪分子—监督改造—研究 Ⅳ．①D916.7

中国版本图书馆 CIP 数据核字（2020）第 080886 号

罪犯的矫正主体性研究

钱洪良　著

出 版 人： 陈　玉
责任编辑： 张　蕊
封面设计： 刘韦希
出版发行： 燕山大学出版社 YANSHAN UNIVERSITY PRESS
地　　址： 河北省秦皇岛市河北大街西段438号
邮政编码： 066004
电　　话： 0335-8387555
印　　刷： 廊坊市印艺阁数字科技有限公司
经　　销： 全国新华书店

开　　本： 700mm×1000mm 1/16　　**印　　张：** 13.75　　**字　　数：** 230千字
版　　次： 2020年5月第1版　　**印　　次：** 2026年1月第2次印刷
书　　号： ISBN 978-7-81142-168-2
定　　价： 56.00元

前　言

梳理西方的矫正理论，我们会看到刑罚根据的演变伴随着罪犯地位的变迁。

在矫正诞生前的惩罚模式中，刑罚被认为是为惩罚而惩罚，罪犯是酷刑之下的承受者，毫无矫正可言，自然无法言及主体性。随着刑事古典学派“刑罚理性观”的形成，反对罪刑擅断主义和反对酷刑、死刑的主张客观上体现了罪犯的主体人格。此后，刑事近代学派的矫正刑大行其道，实现了刑罚从行为到人的转变。剥夺犯罪能力论、兴盛一时的“医疗模式”等矫正理论下的矫正模式都充分体现了刑罚文明，犯罪人的处遇从最底层已经被提升，但不论提升到什么高度，罪犯在矫正中的主体性地位始终没有真正得到上位。而后新古典主义抬头，惩罚回归，倡导在满足民众报应刑正义的同时实现刑罚修复社会、复归社会的刑罚目标。正义模式矫正下的罪犯，自律与自我决定权成为基础，罪犯在矫正实践的主体性地位至少在理论上处于了上位。遗憾的是，正义模式强大的理论说服力并没有真正地贯彻实施，正义模式中的公正报应远远盖住了带有想象中美好的“自愿式矫正”。20 世纪 90 年代后期，作为一种以修复为基础的刑事司法模式崭露头角继而席卷全球，以恢复损害、恢复秩序为目标。恢复性司法下的恢复性矫正模式将与犯罪有关的人和组织都聚集在一起，面对面地共同解决犯罪的问题。当“加害人”在面对面时意识到自身的问题，进而自愿弥补因其加害行为造成的损害，就已经昭示了“加害人”的主体性地位。这种带有“丰满”理想的恢复性矫正的确在个别的情况下会得到偶尔的张扬，但在“骨干”的秩序为主、矫正为次的现实面前是如此的零零落落。新近流行的循证矫正，在矫正之初由犯因性问题而产生的矫正需求使罪犯成为积极参与矫正的主体，其倡导的科学与福利理念，罪犯的矫正主体性无论在理论还是项目矫正中都得到实现，这也是我国很多地方监狱等矫正机构掀起的循证矫正变革的原因。

在我国，罪犯在矫正中的主体性问题在最有代表的于爱荣主编的《监狱囚犯论》《矫正技术原论》等著作中都有研究，另外《中国监狱服刑人员基本权利研究》一书非常详尽地阐述了我国罪犯的基本权利，《中国监狱学刊》《犯罪与改造杂志》等刊物上的多篇文章也论证过罪犯的主体性地位。纵观这些研究，大部分是从人权保障的视角来为罪犯主体性寻找理论来源，也有学者从人学原理给罪犯主体性以基础。“高大上”的人权保障固然需要，但“接地气”、人性化的矫正方法才是关键。林林著的《被追诉人的主体性权利论》是为数不多的从主体性、主体间性论证被追诉人的主体性的著作，对罪犯的矫正主体性研究具有借鉴意义。

当前犯罪率上升，再犯率高，已经成为很多国家的顽疾。因此，如何矫正罪犯是亟待解决的问题。让罪犯的矫正主体性地位回归是解决这一问题最基础也是最为关键的要素，多种学科的研究方法为矫正所用已经成为矫正领域的趋势，罪犯的矫正主体性地位亦是如此。

目　录

导　论

第一章　罪犯为矫正主体的理论阐释

第二章　罪犯矫正主体的现代展开：从主体性到主体间性

第五章 罪犯为矫正主体的实现：主体间的实践论

导　论

一、选题背景

从近代的沈家本"监狱者，感化人而非苦人，辱人者也"，到现代建设监狱的法制化、科学化、社会化；从刑罚的"惩罚之恶"到矫正的"挽救之善"；从矫正目标的"新人"到"有用之才"再到"守法公民"；从沦为客体的罪犯到享有法定权利和义务的服刑人员。这一系列的变化无不体现了监狱的现代化发展与罪犯身份与法律地位的科学定位。常常有"监狱的文明程度反映了国家的文明，国家对罪犯的态度也映射了国家的文明程度"的说法，表明监狱的样态以及如何对待罪犯的重要性。但遗憾的是，在我国的法学研究和司法实践中，作为最后一环的刑罚执行与罪犯矫正相对于实体的行为定性与程序的公正进行都显得被"轻视"了。给公众的感觉更多的印象是，某人的行为经过侦查、审查起诉、法院的审判，司法活动即告完成，正义实现，把关注点大多放在行为人从嫌疑人成为被告人的阶段，而法律上的被告人成为法律实际意义的罪犯，再到罪犯成为刑满释放的普通人的过程是怎样的，特别是刑满释放的人员是否已成"守法公民"，这些关乎小到每个人，大到社会秩序的问题，除了专业人员和职责部门，鲜有人投以更多关注。"人们在实践中想当然地认为审判机关对犯罪宣告刑罚，刑法规范的作用就实现了。"[①]随着各国再犯率的居高不下，犯罪与罪犯成为社会的顽疾，在现代矫正技术和矫正理念的更新下，罪犯的矫正担负起塑造"守法公民"的重任。但实际上罪犯矫正囿于权力与权利的漩涡而陷入困境。

首先是罪犯"负标签化"的普遍性。罪犯这一身份往往自带着"负能量"，传递给他人的信息便带着"恶""坏""丑陋"。监狱等矫正机构中，充斥着警察的命令与罪犯的服从，高冷的管教与低劣的附和，拉帮结伙与矛盾冲突，诸如此类；加之暴露于公众的恶性事件，似乎"人性的丑陋面"在这里汇集一样。当监狱这些矫正机构成为负能量的聚集地，在这里的所有人不仅仅是罪犯，包括狱警一干人等，狱警被认为是"三等警察"，对他们的社会评价可想而知。另外社

① 张苏军：《中国监狱发展战略研究》，法律出版社2000年版，第77页。

会上很常见的现象：如果一个家庭中有服刑人员，一般家人都难以在周围人面前抬起头，子女的学习和工作受到很大影响，以家有“罪犯”为耻。当服刑人员出狱回到社会后，“负能量”如魔鬼附身般如影随身，不仅有被害人的仇视，还有社会生活和工作中太多的排斥，给曾经的“罪犯”永远贴上了这一灰色的标签。罪犯以及与监狱相关的人与事，在纷繁复杂的社会中，渐渐被“妖魔化”。

其次是罪犯自我的樊篱。“一失足成千古恨”，在刑罚执行中，罪犯自己对监狱的矫正也存在着复杂多变的心理，有一蹶不振者，有弃恶从善者，有破罐子破摔者，有不知所措者，等等。不同的心理自会有不同的行为表现，有低迷冷漠者，有积极表现者，有激烈对抗者，有马马虎虎者，等等。按照内因与外因的关系定律，罪犯“改善”为“守法公民”，一方面要有外因的促进，更要有内在的动机转化。在监狱中，罪犯与罪犯之间朝夕相处，存在着积极或消极的非正式群体，罪犯在群体中的心理与行为会随着群体意志而变化，似“共同体”般影响着罪犯。而罪犯在自我的意识中，对犯罪与罪犯的身份认知，对罪犯权利与义务的正当行使，也就是罪犯是否是矫正主体，是否对矫正主体有明确的认知，是否以矫正主体而行为，决定着能否从“罪犯”改善到“守法公民”。

上述表明，罪犯矫正处于各种矫正关系之中，这里有作为最主要矫正关系的警囚关系，有最常见矫正关系的囚犯关系，还有其他的影响罪犯矫正效果的矫正关系。处于关系中的罪犯，尽管已经不再是纯粹的客体，但也并没有得到关系中的主体的地位。警囚关系以及其他诸种关系基本处于无序且少价值状态。即便是理论和实践中都承认罪犯的矫正主体地位，但如果不深入分析在法律实施中和矫正实践中体现的罪犯主体性地位及罪犯与其他矫正主体的关系，实现的矫正主体性权利，概念上的主体仍然是形式上的抽象主体，事实上罪犯在矫正实践中仍然不免成为被处罚的“客体”。

二、目前的研究现状

国内涉及罪犯作为矫正主体的研究、论述由来已久，特别是随着人权保障成为法律界和全社会都关注的问题的情况下，罪犯的权利得到了更多的重视与保障。总结起来，我国学者大致从以下几个角度来研究罪犯的矫正主体性：

第一，以人学理论为基础的研究。典型的是张晶研究员《深读矫正——现代监狱制度的理论逻辑》一书，从人学的角度研究监狱对罪犯主体性的确认。人学是马克思主义的人学，根本价值在于确认罪犯在改造活动中的主体性地位。意味着罪犯必须对其犯罪行为负责，对矫正教育的可能，对自己的矫正负有主要责任。这是罪犯人的理性和良知恢复的基础，矫正罪犯必须关注罪犯的人性本质。罪犯在矫正活动中具有人作为主体的活动形式的为我性、对象性和能动性，且罪犯自身的认识、观念、素质等在矫正中起到重要的作用。其提出的“囚权主义理论”包含了罪犯主体论，人性化管理也含有将罪犯列为矫正主体的应有内涵。[①]因此，可以说张晶研究员以深厚的人学理论为基础，为罪犯矫正主体性地位提供了坚实的理论大厦。

于爱荣主编的“21世纪监狱人文探索丛书”共五部监狱学著作，包括《监狱文化论》《监狱形态论》《监狱制度论》《监狱囚犯论》《监狱警察论》。丛书充满了人文情怀，其中的《监狱文化论》中用人文关怀的温柔来调整民警与罪犯、罪犯与罪犯、罪犯与其他人员之间的人际关系，使罪犯树立正确的自我意识。同时，将民警矫正和教育罪犯的善意与罪犯自我改造的愿望结合为一体，形成共同的目标，凝结监狱民警、罪犯等个体的能力成为整体推动的合力。[②]在《监狱囚犯论》中，明确界定囚犯主体问题。在以往“一元论”“二元论”“自我改造的主体论”的基础上，作者也同样以人学理论为基础，认为罪犯在监狱改造中居于主体性地位。没有罪犯的主动参与，就不可能实现监狱的目的，参与改造的内驱力帮助罪犯进入主体意识的觉醒和强化。[③]进而作者特别强调了罪犯主体性地位确立的关键四点，即主动融入管理，成为管理工作的利益共同体；增强参与矫正或自我矫正的自觉性、主动性；罪犯对犯罪行为负责；罪犯是矫正的主导者。故此，矫正教育罪犯必须关注罪犯的人性本质。[④]可以说，这五部“监狱人文五论”是最直接和明确地阐述罪犯为矫正主体的学术著作，该书中的总序中也提出了一个难点：囚犯主体地位的研究。通过将囚犯置于不同语境下分析，明确界定囚犯

① 连春亮：《监狱学新视点》，群众出版社2015年版，第89、91页。

② 于爱荣、黄运海等：《监狱文化论》，江苏人民出版社2009年版，总序。

③ 连春亮：《监狱学新视点》，群众出版社2015年版，第188页。此外，宋新国提出“二层次主客体联结论”。监狱行刑主体是监狱及其民警，行刑客体是罪犯；改造主体是罪犯，改造客体是罪犯的犯罪思想和犯罪恶习。在行刑主客体与改造主客体这两对基本范畴之间，行刑主体与改造主体处于上、下两个不同层次，且行刑客体与改造主体是同一体。

④ 连春亮：《监狱学新视点》，群众出版社2015年版，第191页。

的主体问题，立体勾勒出囚犯的本质特征、生存语境和发展轨迹，从而形成一个能将人文改造与科学矫正集于一体的囚犯理论体系。尽管作者在该书中认为已经解决了这个难点，但实际上，罪犯的主体性地位的实践之路还任重道远。

第二，以罪犯的权利保障为罪犯矫正主体助力。关于罪犯的权利在人权的推动下，无论是狱内还是狱外，权利保障成为"法治化"的核心。罪犯自身的权利意识增强表明了罪犯的主体性意识，另一方面给监狱的管理带来了挑战。因此，面对权利与权力在罪犯矫正中的你来我往，有学者强调作为监狱法律关系的主体之一，必须要保障罪犯的权利；[①]也有学者从对权力的控制与制约角度反过来保障罪犯的权利。刘崇亮提出的以知识为主的综合改造刑，强调改造的强制性与罪犯权利保障的综合，尊重罪犯个体的法定权利现实基础之上的人性与知识化的改造，是最彻底的罪犯权利保障方式。[②]"囚权主义主张"认为，囚犯是监狱的主体，权利与义务构成了囚犯在监狱法律关系中的基本要素。该观点认为，对罪犯的权利应作扩大解释，实行"权利推定"，凡是法律没有明确剥夺和限制的，在理论上都应按照有利于罪犯的原则来解释和把握。[③]

第三，以罪犯矫正的模式表征罪犯矫正主体地位。翟中东博士梳理了矫正制度的变迁，改造—矫治—矫正的发展脉络的矫正思想和制度，是社会政治经济发展的必然结果。当代西方罪犯矫正中，改造政策、矫治政策、重返社会政策、危险管理政策都有自己存在的空间，在某个时空中发挥作用，因此而走向了兼容并蓄的综合范式。翟中东在阐述英国推行的"罪犯一体化管理"中，提出我国可以借鉴"直接出狱合同"，即罪犯管理者需要在罪犯危险评估基础上为每个罪犯制订相应的服刑计划，将刑罚执行、住房问题、教育问题、就业问题、家庭问题、使用毒品问题、转变态度问题、转变行为问题纳入其中。以合同的形式列出有关项目。合同当事人是罪犯管理人员与罪犯，内容是奖励与惩罚。[④]"罪犯一体化管理"中的合同化，体现平等、尊重和互惠文化特质，是矫正契约化的实践样态，从中我们看到，只有罪犯具有了主体身份才可能签订有效合同。因此，可以说从

① 冯建仓：《中国监狱服刑人员基本权利研究》，中国检察出版社2008年版，第13页。
② 刘崇亮：《范畴与立场：监狱惩罚的限制》，中国法制出版社2015年版，第35页。
③ 张晶：《深读矫正——现代监狱制度的理论逻辑》，江苏人民出版社2013年版，第29页。
④ 翟中东：《矫正的变迁》，中国人民公安大学出版社2013年版，第341页。

翟中东对矫正的梳理中我们也若隐若现地看到了罪犯主体性的影子。

循证矫正是近几年矫正领域新兴的一种矫正模式，在江苏、浙江等省取得了很好的矫正效果。来源于循证实践的循证矫正也是基于主体性而展开的。作为一种实践模式，循证实践将研究者、实践者、管理者、实践对象四方面在一个框架里关联与整合起来，积极协商，共同决策，共同创新，不仅凸显了各方的主体性存在，也在整体上形塑了循证实践的主体性。[①]其体现的平等与契约精神，关注的责任意识，以及对民主的认同，都是主体性的具体表现。

上述从人学理论、罪犯权利保障、罪犯矫正模式角度对罪犯矫正主体的映射，殊途同归地说明了罪犯在矫正中的主体地位（尽管学界也有不同的声音，认为罪犯不能与监狱警察平等而论[②]）。但人学理论引申出来的罪犯矫正主体地位是理论上的结论，而矫正实践中的罪犯与理论上的应然差距是显而易见的，这从上述对罪犯的各方态度即可得出；罪犯权利保障主要从人权理论出发，保障罪犯的应有权利，或者限制与约束权力的行使，而矫正实践中的权利的缺损与权力的满溢是实然的表现；罪犯矫正模式理论之下的罪犯矫正主体性因"矫正模式"并非纯粹的单一一种，任何国家都是几种或侧重于某一种模式的混合矫正，罪犯矫正主体性地位也有所差别，实然层面也仅仅是矫正主体性地位的侧面体现而已。

罪犯矫正主体性地位的应然与实然差异的现象，究其缘由，有我们的理论基础不牢固，有我们对罪犯的人权保障不足，有我们的矫正模式不科学。除此之外，还有就是罪犯矫正主体间性的问题，也就是矫正主体之间的关系问题。传统理论认为罪犯的矫正主体性地位源于"主客二元"的传统理论，按此理论，一方为主体，另一方即为客体，主体的对立面是客体，客体的对立面是主体，这样的二元对立格局很容易形成两者之间的"间隙"。现代哲学从主体性转向主体间性的变化已经昭示我们罪犯矫正主体之间也有必要转向主体间性。因此，笔者试从主体间性的角度对罪犯的主体性进行关系论的研究。从这一角度进行研究不乏其人，如林林博士的《被追诉人的主体性权利论》一书，针对的是被追诉人，但运用的研究方法也是主体间性理论，重塑了被追诉人的权利架构。张发昌在2011年《中国监狱学刊》第2期的《论罪犯在改造中的主体地位与主体性建设》一文，即是

① 夏苏平、狄小华：《循证矫正中国化研究》，江苏人民出版社2013年版，第45页。

② 马力：《"平等对待罪犯的核心理念"寓意何在？》，犯罪与改造研究，2003年第7期。

运用主体间性对主体性进行建设。戴韶华在 2012 年《中国监狱学刊》第 4 期中的《试论主体间性理论在警囚关系中的理解与实践》一文主要着眼于警囚关系的调整。后两篇论文或限于篇幅无法论述详尽，或范围过窄而无法关系其他，故此，笔者试图从主体间性的视角以关系哲学为基础研究罪犯的矫正主体性问题，将罪犯置于立体的关系网中，力图罪犯的矫正主体性地位应然与实然的统一。

三、研究的方法

（一）关系哲学观

事物的本质是在一定的关系中形成的，是一定关系的产物，这就是关系哲学观。罪犯矫正也在一定的关系中形成，是一定关系的产物。这个关系首先表现的是行刑关系，主要是惩罚关系与矫正关系，具体化为惩罚主体关系与矫正主体关系，再进一步具体化为主体间性的惩罚关系与主体间性的矫正关系。本书特别着眼于矫正关系。在关系哲学观的统领下，罪犯的矫正主体地位，从生成到生存再到实现，都是在立体的关系中展开，罪犯的矫正主体地位全方位的多角度得以呈现出来。这样的关系哲学观下的罪犯矫正主体性避免了单一的或是侧面的维度而无法使罪犯处于动态的矫正关系变动中，也在一定程度上避免出现理论与实践的“两张皮”现象。正因为理论上的罪犯矫正主体地位常常与矫正实践的悖反而不得归位，当罪犯的矫正主体地位从静态变为动态即矫正实践的时候，处于关系中的主体，各自归位。

（二）社会学方法

罪犯的矫正尽管是监狱等矫正机构的权力，但无论是在探究犯罪原因还是在罪犯复归社会，都不仅仅是矫正机构一己之力即能为之。将一名罪犯改造或矫正为守法公民需要社会多元主体的参与，甚至需要全社会对罪犯给予正当的对待。而罪犯的矫正主体性的实现，也固然需要从个体与群体关系以及社会的多种因素出发，寻找能够助力罪犯矫正主体性的方面。社会学方法正是要求我们把问题的分析不仅仅放在罪犯身处的监狱等矫正机构，还要将社会的大环境下所有能够对罪犯矫正主体性产生影响的方面都容纳进去。因此，罪犯主体性的生成的主我与他我，需要罪犯对罪行、对监狱、对狱警、对被害人、对社会公众有个什么样的认知，同时也需要后者对罪犯有什么样的认知；罪犯主体性的存在中，除了罪犯与矫正者的权利与义务外，社会其他参与者的权利与义务都是在社会经济文化环境的大背景下互相影响的；罪犯主体性的实现中动态开放的矫正模式要求社会上多元主体之间的参与、对话、沟通。

（三）类型学方法

类型学简单来说就是一种分组归类的方法。当一般概念及其逻辑体系的抽象分析不足以掌握某类生活现象或意义的脉络的多样表现形态时，往往想到的补助思考方式是“类型”。类型化的方法在采用一定的标准进行分门别类后，不同类别之间的彼此分立，可以更好地揭示其不同的特点。罪犯矫正主体性问题涉及的矫正关系纵横交错，采用类型学的方法将横向的关系分为了主关系和辅关系，在主关系下以权利和权力强度不同再纵向归类，在辅关系下以不同人的关系出发再横向归类。但主辅矫正关系的分类毕竟形式化，其深一层的是受不同矫正模式影响而产生，在不同矫正模式下再次归类为不同关系。然而矫正模式不同矫正关系的更深一层是受不同刑罚目的决定，在以行为还是行为人为中心还是两者兼顾下形成了惩罚性、改善性和多元性的矫正。笔者就是利用类型学的方法将看似较为繁杂的关系中的矫正与矫正主体进行类型化分析，从而找到关系中罪犯矫正主体性的特质。

四、研究框架

本书源于一个特殊个体罪犯，其在矫正中主体性地位的应然与实然的悖反，采用了哲学主体间性的理论，着眼于其矫正主体性地位的回归而展开。在将主体和主体性置于关系之中后，分析了关系中罪犯主体性的特质，论述了罪犯矫正主体性的从主体性到主体间性的现代展开，从主体间的认知、生存、实践为罪犯实现矫正主体的归位而进行了立体的架构。

第一章是对罪犯为矫正主体的理论阐释。从关系中的主体与主体性出发，阐明了在关系中的矫正主体的不同样态，深入分析了以行为或行为人为中心的刑罚目的决定下产生的不同矫正模式形成的不同矫正关系，从而从纵横交错的矫正关系中分离出在关系中罪犯作为矫正主体的特质所在。

第二章是从主体性到主体间性的视角论述罪犯矫正主体的现代展开。本章分析了当下罪犯矫正浓厚的主体性特征，提出了以主体性为特征的罪犯矫正存在的问题而至罪犯矫正的瓶颈期，从而提出从主体性到主体间性的转变，从主体间性的视角看待罪犯的矫正主体性，揭示了在主体间性下罪犯作为矫正主体性与一般主体性存在的局限性与不完整性，以便为罪犯矫正主体性的回归找到突破口。

第三章是罪犯作为矫正主体性的生成：主体间的认知论。罪犯作为矫正主体不单单是法律上面的一纸规定，还需要作为主体的自身与其所处的关系普通的认知与认可。本章首先是明确了罪犯的主我，也就是罪犯对罪行、对监狱机构、对狱警、对被害人、对因自己的犯罪行为而遭受侵害和损失的相关人等，需要有个清醒的认知。同时，罪犯的他我，就是罪犯所处关系中的人和组织需要对罪犯也要有个基本的适当认知。当主体间的认知都具备的前提下，主体与他我才可能互动统一。

第四章是罪犯作为矫正主体的存在：主体间的权利论。罪犯作为矫正主体要真正存在于矫正活动中，体现主体性的核心和关键是权利的行使，而权利往往有义务相随，因此，本章对罪犯为矫正主体的权利与义务的现状作了分析评判，并论述了其他参与矫正的主体在矫正活动中的权力（权利）与义务，提出了在权利与权力互动的关系下实现主体间的实际存在，以达到矫正共同体。

第五章是罪犯作为矫正主体的实现：主体间的实践论。矫正主体间得到合理的认知，主体间的权利与权力、义务与义务在互动中得以存在，在这样的基础上，最终必然落实到罪犯为矫正主体实现的主体间实践论上。罪犯的矫正主体性实现的路径在于主体间而非单一的主体，实现的过程是在权利与权力的强弱动态循环中得到主体间的平衡，而罪犯矫正主体性的实现空间是存在于消解中心、平等互惠沟通、多元参与、对话合作、动态开放的矫正过程中的。

刑法要实现对犯罪的规制与打击，除了刑事司法系统对犯罪人进行刑罚的确定和宣告之外，还必须依靠作为自由刑主要执行场所的监狱的功效发挥和功能输出。[①] 在罪犯矫正中，罪犯的矫正主体性是这些矫正场所功效发挥和功能输出若干环节上的一环，本书力图将这一环置于显著的地位，因为罪犯的矫正效果既是“功效与功能”的出发点，也是终点。

① 张苏军：《中国监狱发展战略研究》，法律出版社2000年版，第77页。

第一章　罪犯为矫正主体的理论阐释

第一节　关系中的主体与主体性

一、关系中的主体

人类社会的发展就是人作为主体而存在并逐渐成熟，且伴随着对主体性认识不断深化的过程。尽管哲学上人的主体地位有各种学说和观点，但时至今日，随着科学技术的飞速发展，人类社会高度繁衍，文化与科技、政治与经济，人与人之间、组织与组织之间、团体与团体之间、民族与民族之间、国家与国家之间，主体的凸显已经越来越反映关系的存在。对于罪犯——这个特殊的个体，以及对于罪犯——这个标志性的群体而言，其主体也在这种逻辑关系中展开。

罪犯主体的地位是在矫正关系中的主体，是矫正关系主客体关系中的主体。正是这种矫正关系的主体才能更明了地揭示罪犯作为矫正主体的特性，以及罪犯在作为矫正主体的道路上为何坎坷受挫，应然与实然迥异。在此基础上，正确理解罪犯的矫正主体性地位和实现这一地位。

主体的含义，要从该词的本义出发，搜索出的众多解释大同小异，主体一般有三种解释：（1）事物的主要部分。（2）哲学上指对客体有认识和实践能力的人，主体和客体是说明人的实践活动和认识活动的一对哲学范畴，主体是实践活动和认识活动的承担者，客体是主体实践活动和认识活动指向的对象。（3）民法中指享受权利和负担义务的公民或法人；刑法中指因犯罪而负刑事责任的人；国际法中指国家主权的行使者与义务的承担者。本书仅从哲学角度审视主体。哲学中的主体一般是一种有着主观体验或有着与其他实体有关系的存在。从康德的批评哲学中可以看到，主体是一个能够进行理性与自由选择的主体；从黑格尔的自我意识中可以看到，主体扩大成为一个自我主观的活动系统。因此，在传统哲学中，主体既是知识的根源，也是伦理责任的根源，甚至是社会变革的执行者。就是说，自我被看成一个根本的、明确无疑的东西，以及一切认知和意义的最终起源；主体成了知觉、意志、自由、理性和道德的所在地。[①]尽管主体如此重要，似坐在神坛一样高大，但仍存在这样的表述："主体并不是独立自存的东西，所谓主体总是相对于客体而言的，正是因为有客体作为对象存在，主体才成为其主体。因此，只有在与客体的关系中才能理解主体，理解作为主体的人，进而才能明确何谓主体性。"[②]这种传统哲学对主客体的二元分化中认识的主体，往往给人以主体就是与客体对称的印象，好像主体的世界里，除了主体自己外就是客体了。实际上，正如马克思所言"你希望别人怎么样对待你，你就怎样对待别人"。人与人的关系是相互的，主体的实现需要与在他主体的关系中成为可能，否则，离开了他主体，仅与其客体相关，就成为孤独的自我主体之悲哀。因此，我们在给主体作解释时，特别强调，主体是与他主体在关系中的存在。

二、关系中的主体性

人类主宰社会成为主体，区别于其他动植物，表现为自觉、自主、能动和创造的特性。因此，主体性就是人作为主体的本质属性，亦即作为主体的质的规定性。如海德格尔所说，主体性建构了主体。

传统哲学认为主体性是在与客体相互作用中的特性，很显然，这是将主体性奠基于主体与客体的相互关系之中来界说主体性的，也就是说，主体性是相对于客体的客体性而言的。存在于主客关系中的主体性的外显，无论是自觉还是自主，抑或是能动或创造都是针对其客体的对象来实现。因此，因主客关系而形成的主体性更多是客体性的对称，以单一的主体为中心。如有学者认为主体性的本质属性有五个方面：（1）从主体的内在尺度（需要）出发规范、支配和利用物，使物按照人的方式存在和发展变化。（2）以主体的方式和尺度来把握和改造世界。（3）主体对待客体，依照主体的方式和尺度来把握和改造世界。（4）以主体的方式对待自己的存在、发展和活动。（5）主体自主自由地发挥、表现自己的内在本质力量（主体能力）和独创个性（主体个性）。[③]这里主体性的五个方面，从最基本的内在需求出发对物的支配到以主体主动性和能动性对待客体进而改造

① 夏苏平、狄小华：《循证矫正中国化研究》，江苏人民出版社 2013 年版，第 78 页。

② 郭湛：《主体性哲学——人的存在及其意义》，中国人民大学出版社 2011 年版，第 7 页。

③ 韩庆祥、邹诗鹏：《人学——人的问题的当代阐释》，中国法制出版社 2003 年版，第 47 页。

世界，同时以创造性“个性”地表达主体的存在。主体的内在需求是基础，也就是主体的自觉性，认知到“我”是主体，继而在与客体的关系中主体的其他属性得到逐级深入的发挥。也正是这样一种高调的主体宣扬，人创造并改变了世界，即便是在科学技术水平已经远远超越了当时人预想的时代，即便是人的主体“中心论”造成了某种程度的环境破坏甚至“反抗”，人的主体性依然是必要和必需的。没有主体性的发挥就没有社会的发展、人类的进步、世界的繁盛。

另一方面，尽管主体性在人类社会发展中起到了如此重要的作用，但这种作用却更多的是在二元的主客体之间形成和展开，在主客关系之外存在的主体之间的关系，主体性的特征又是什么？

（一）主体性哲学的兴衰成败

主体性哲学自诞生之始经历了从萌发到鼎盛再到式微的过程，这个过程是主体性哲学自身局限和外部环境使然。

1. 盛极至衰：主体性哲学的衍生史

主体性哲学在传统哲学大逆转后适时地得到萌发，而后一路向前推动了社会的发展进步，峰回路转后在主体间性的蠢蠢欲动中走向落寞。

（1）主体性哲学的适时萌发：传统哲学的大逆转。

传统哲学，即中世纪哲学，首先突出体现在上帝的存在是一切的前提，人的存在来自上帝或上帝的创造性活动，囿于神学的大框架之中，因而人的主体性问题就作为一种人神关系来对待。同时，人的依赖性很强，这种依赖性可能对氏族或者对城邦或者是某个团体，人的自我意识更多包裹在群体意识中而没有独立出来。奥古斯丁的“我疑故我在”更强调“我在”之后的“我何以在”的问题，阿奎那“人的个体性”也有对另一个人的“个体性”或“个体性”的人何以能够成为人的“个体性”的问题，路德提出过“个人”，但这是一个“因信称义的作为信仰主体的人”，而对于柏拉图和亚里士多德的“道德主体和社会政治主体的个人”，则意指那些“社会架构中的个人或国家中的个人”，依然没有个体独立，个体没有摆脱依赖。因此，可以说传统哲学中已经显示出主体性意识的萌芽，但中心问题仍然是本体论问题，把哲学的根本任务确定为追问世界的本源。而这个世界则是自在的世界，本源则为自在世界的客观真理。世界的本源是一种实体性的存在，这种实体可能是某种物质、某个理念，或者是上帝，客观主义哲学即为如此。之所以形成传统哲学的客观主义，从社会经济层面看，社会生产力极为低下，而且主要以自然经济为主，无法将人的认识能力提高；“从社会制度看，社会以亲缘或官僚为形式，以‘群体认同’为皈依，人的主体性意识表现为人所在群体的‘群体意识’”。

随着社会发展，人类实践和思维能力的提高，人从对自然的探索转而开始反观自身，人的问题或人本身的问题凸显出来。自然科学的发展，使人探究世界和自身有了技术性的支持，近代哲学侧重于认识论，首开论者当属笛卡尔言称的“我思故我在”，笛卡尔被誉为西方哲学史上第一个创建系统的“主体性”哲学的思想家。在这里，“我”首先是一个思维主体，人的主体性确立的根本在于“我”作为主体之内的“我思”。自我或心灵是与自然之物不用的实体，且不依赖上帝的意志或其他物体或自然而必然性地独立存在，这就是胡塞尔所说的笛卡尔开辟了一个“新的哲学时代”。笛卡尔进一步通过普遍的怀疑达到“我思故我在”，我们可以怀疑一切实物的存在，但不能怀疑“自我”的存在，因为是“我在怀疑”，于是作为主体的自我就是无可怀疑而确实可靠。这样就使得传统哲学中人神关系分化，人不再是上帝的创造物，个人主义或个体主义成为人独立性的表征，思维主体的人对物质世界的认知能力凸显。

笛卡尔开创了一个全新的时代，传统哲学的主体与对象关系在主体性哲学萌发下实现了大逆转，之后，主体性哲学继续发展直至鼎盛。

（2）主体性哲学的鼎盛发展：主体的张扬。

尽管笛卡尔及之后的哲学家从认识论的角度看到了人的主体性，但真正确立人的主体性地位的是德国古典哲学。康德把“先验自我”作为自然界的“立法者”，提出了著名的“人为自然立法”，“人是目的而不是手段”的论断，充分地体现了人作为主体性地位的思想和理性原则。康德将世界分为“现象”和“自在之物”，前者属于主体可经历、认识的范围，人通过先天感性形式和知性范围对后天的感觉经验材料整理加工，使对象获得普遍必然性，从而“人为自然立法”；“后者属于主体不可认识的超验范围，是主体理性的自由创造性活动，自由也成为主体理性的本质。在道德伦理领域，主体意志自律，亦即自由，人规定并遵守自己制定的道德律，‘人为自由立法’”。康德完成了认识论上的“哥白尼式的革命”，实施了认识主体与认识对象关系的分离，实现了两者关系的根本颠倒。

德国古典哲学中黑格尔是在本体论上强调主体能动性的。“一切问题的关键在于：不仅把真实的东西或真理理解和表述为实体，而且同样理解和表述为主体，因此，实体即主体。主体所具有的能动性，实体自然具有，实体的发展最终通过主体而获得意识，从而提出了自我意识客观化和绝对化的辩证运动过程，实体的客观性原则和主体的能动性原则得到了完美的结合。”

上述论述无论是认识论还是本体论都是唯心主义的，德国唯物主义者费尔巴哈把主体从“自我意识”中脱离出来，主体在此被界定为“立足自然之上活生生的人”，这是社会的和实践的主体，感性的主体与社会形成各种社会关系。

德国古典哲学发挥了主体性的能动性，展现了主体性的丰富内涵和特征，此后马克思客服唯心主义的缺陷，以实践的观点作为论证的基础，从研究现实中人的生产实践出发，实现了唯物论和辩证法即实践论的结合。

当然，在同时期近代主体性思想发展过程中，恰与德国古典哲学的理性主义不同，英国则沿着经验主义前进。如洛克的经验主义，孔德和斯宾塞的实证主义针对知识主体与客体的划分，围绕知识起源问题使认识的主体性问题凸显，形成了德国古典哲学的理性主义与英国经验主义两种观点。“前者认为知识来自人固有的观念和本身的能力，因此人是能动的理性主体；后者认为知识来源于人的感觉经验，人是感觉经验的主体。尽管是两条不同的轨道发展，尽管观点不同，但西方近代主体性哲学都相同地经历了主体的经验性到主体的逻辑性的严谨过程，也都经历了一个理论上的纯化过程。”

（3）主体性哲学的日渐式微：主体的落寞。

随着主体性哲学的发展壮大、繁荣茂盛，其自身的问题也逐渐暴露，胡塞尔抓住了主体性哲学的要害，提出了影响至深的先验现象学与“单子间的交互主体间性”，巅峰的主体性哲学在独享的主体中回落。

胡塞尔的毕生奋斗目标即是批判笛卡尔、康德主体性思想，胡塞尔的现象学不可避免带着主体性的浓重影子。现象学是关于现象的科学，是关于所给予的东西或向我们的知识显现的东西的科学，现象学的座右铭是“回到事物本身”，意味着走向给予我的直接材料，但它感兴趣的是本质，是观念和共相，是一门关于共相的科学。因此，“胡塞尔的现象学方法是描述那些材料中不变的，本质的东西，是在经验主义和理性主义对立之间做了某种康德式的综合”。

“先验”一词在中世纪经院哲学意指“先于”或“独立于”感觉经验的东西，“意指超越各种不同类型的存有的规定性或范畴而达到有关作为有之为有的规定或范畴，诸如事务、存在者、真理、善”。胡塞尔把自己的现象学称作先验现象学，是因为他把研究认识的可能性问题放在首要地位，着力研究意识的对象如何向意向的意识显现，意向的意识如何构成意识的对象。自我－我思－所思之物，这个结构体验（我思）把自身显示为具有两个方面的极性，我的我思之物和我思的自我。所思之物是思的意向对象，自我是思的主体。这种自我－我思－我思之物结构的统一性，意味着根本不存在没有体验即我思的我思之物即意向对象，也根本不存在没有体验即我思的自我。如此，因为超验还原，现象学家就指向了这种自我本身。胡塞尔把“怀疑”进行到底，完全摆脱经验特性的“我”和“我思”，达到“先验自我”或“先验意识”，或“纯粹自我”和“纯粹意识”。

先验现象学的还原自我，胡塞尔继续追问，“纯粹自我”是否会成为一个独存的我？如果存在“他人”，“自我”与“他人”之间是如何通约？这被认为是胡塞尔从主体性问题前进到“主体间性”，有“唯我论的自我学”前进到“主体间现象学”的基础。还原自我的问题就演变成我是如何从“本己的、内在的体验领域”出发，通过意向性而超越体验领域构造出他人或其他主体的。这一构造被后来学者概括为五个步骤，统觉—移情—原初世界构造客观世界—我知觉他人为“另外一个人”—“回归自我”。经过五个步骤后，一个“包括我在内的自我共同体”，一个“单子共同体”产生了。

当然，胡塞尔的单子共同体归根到底仍然是一个纯粹自我或纯粹意识的问题，仍然是一个绝对的先验主体或先验自我的问题，所谓的“他我”只不过是先验自我的一种意向性建构及其产物而已，即仍然是一个主体性的问题。这也是胡塞尔之后的海德格尔和舍勒作为学生与之分道扬镳，以及其他的哲学家对其展开批评的深层次原因。但作为主体性哲学而言，胡塞尔打开了主体性哲学下“我”之外的世界，把“生产中和社会联系中的人”显现给我们，主体间性地提出给予后世的其他哲学家开启了反思主体性哲学或主体性形而上学的大门，对巅峰中的主体性哲学大厦开始了一场变革式的冲击。也正是胡塞尔，其本欲从笛卡尔的主体性“我思”出发，去追寻更为纯粹的主体性，但在最后却开创了主体间性。

2. 针砭时弊：主体性哲学的现实

事物发展常常表现为从低潮到高涨再回落的发展规律，主体性哲学也经历了这样的发展过程，最后主体性哲学被哲学家屡屡批判，诟病重重。在分析事物成败原因时，一般从内外两方面寻找，对于主体性哲学的现实评析，我们也从内部原因和外部环境两个方面进行。

（1）主体性哲学的自身局限。

主体性哲学从形成到发展到繁盛甚至称霸整个近代哲学到最后一路逆转下滑，究其原因，我们不得不归咎于主体性哲学的自身问题，一个非常显见的表现即为主客二元对立的格局。这其中不仅有主体与客体的分离，同时主客体之间对立的关系在这个格局中始终无法摆脱自身的窠臼。

首先，主客体二元分化的格局，形成"主体中心主义"。在搭建主体性哲学的理论大厦时，主客体二元分化的地基支撑起了庞大的建筑群体。这个建筑大厦，是一个等级森严的独白世界，在这个世界中只有一个中心，除此之外的都被作为低级的他者而边缘化。边缘化的他者被视为中心主体的附庸，其只能消极认可主体的所有意识形态，一旦有了独立的意志，拒绝中心主体，便会被作为异质而遭到贬低、排斥，甚至被消灭。这种完全不顾差异，缺乏来自异质的话语，过度单一的主体必将走向僵化独立、偏狭自大的死胡同，所谓"大写的主体"，顽固的自我情节深陷"唯我论"困境，无法通达外部对象。于是，为了摆脱单一主体中心主体带来的困境，哲学家们的努力可见一斑。笛卡尔为了逃避"我思"这个思维主体基础上的主体论大厦，最终不得不借助于上帝存在而确保"我思"的知识的客观和普遍性；贝克莱也是借助上帝走出"存在即被感知"，上帝感知了没有被我感知的一切；即便是康德，经验自我和先验自我的区别，把后者作为认识的普遍必然性的根据也是如此；胡塞尔承认了他人意识的存在，在主体论的基础上的超验现象学上做了最后的努力。这其中贯穿了一条试图超越主体的单一框架，在主体之内超越唯我主义的逻辑线索。

其次，主客体对立关系的秩序，形成"工具理性主义"。理性，是主体性哲学的核心概念。所谓理性，是指人具有认识世界的能力，而世界本身是有秩序的和有规律地变化着的。主体性哲学不仅把人的意志和力量发觉出来，而且还将其提升到了相当的高度和位置，主体理性的膨胀达到了登峰造极的程度。笛卡尔理性主义的立场，让他从二元对立的思维出发，力图将人与自然区隔开来，把主体的存在割裂为对立的“经验性存在”和“精神性存在”，然后赋予后者以优越性，认为理性高于一切具体存在。笛卡尔把自然科学的理性作为理性的全部，逐渐滑入了狭隘的“工具理性”。主体性的理性主义一方面推动社会发展，另一方面理性与科学主义结合后不自觉地掉进了狭隘的“工具理性主义”的泥潭，若以这种异化了的、非人格的“工具理性”对待主体，就会被当成物理事实来看待，人在这个世界上存在的那种独具韵味、不可替代、丰富多彩的价值和意义就会被忽略掉，人的主体性在被高扬的同时也在被片面化、狭隘化，并且最终被异化。这里突出的表现就是人与自然、人与社会的关系恶化。人为一己之利征服自然，对自然界无休止地掠夺和破坏，而同时人的精神世界贫乏，物质利益优先，片面功利化的自我满足，自身被对象所占有，形成单向度的人、异化的人。

（2）主体性哲学的外部环境。

主体性哲学的发展演变除了本真的内因促成之外，外在的环境因素，即同期的社会经济发展、文化背景、国家建构等方面也起到不可忽视的“推波助澜”作用。

从社会经济发展来看，理性思维迅速发展，使得科学助推哲学的发展。欧洲社会的生产力迅速提高，生产规模越来越大。随着哥伦布发现新大陆，新兴的资产阶级开辟了新的活动场所，使国内国际市场空前扩大，商业交往空前兴盛。经济的发展，必然要求观念上的变革。新兴资产阶级在逐步壮大的同时，近代自然科学日益脱离神学而繁荣昌盛，出现了一批像牛顿、笛卡尔、莱布尼兹那样著名的自然科学家。自然科学的发展，不仅意味着哲学与科学的分离，而且也意味着它们之间的联系。一方面，自然科学为哲学的发展提供经验材料，另一方面，哲学通过对这些经验材料的归纳和总结，又为自然科学的发展提供了世界观和方法论的指导。作为近代启蒙运动的产物，理性的光芒照亮了愚昧和无知给人类社会带来的黑暗，科学技术的进步，推进了社会的秩序化，将人从宗教神学中解放出来，由被动的、渺小的一跃成为主动的、自觉的“自然界的立法者”及自然界的掌控者。此后资本主义进一步发展，自然科学出现了分门别类的研究，现实世界成了可以由人类把握的对象。

17 世纪是近代自然科学取得辉煌成就的世纪。这时，科学的标准不再是古代的柏拉图、亚里士多德学说或基督教的教义，而是自然本身；科学的方法也不再像过渡时期那样，掺杂很多神秘的巫术，而是以观察和实验为基础的归纳法和数学的演绎法。与自然科学的这种状况相适应，17—18世纪，形而上学的思维方式在哲学中占主导地位。

无论是近代资本主义经济的发展，还是自然科学的发展，都给哲学提出了观念变革的要求。由于人们面对的是同样的自然、同样的人，由于宗教神学中出现了理论与现实的矛盾，因此，哲学就必须形成新的理论，并以此合理地解决理论和现实的关系问题，时代课题要求近代哲学家在总结自然科学的新成果的基础之上，完成人类的蜕变。

正是因为哲学与科学息息相关，近代哲学与科学的发展过程相并行，哲学对科学的方法作了概括，接受了科学方法的洗礼，近代哲学的主体性才如此高扬理性。

从社会文化发展来看，人的认识无限可能性，使得获取利益的取向充斥左右。人类在近代的自我觉醒，人们的思想从空幻的彼岸世界回到了现实的此岸，从清净的僧院走到了纷扰的尘世，从而发展了自然，也发现了人自身。追求科学知识，要求个性解放，反对宗教桎梏，这是当时人们的一般精神面貌。任何事物的发展都不只有一面，在另一个侧面，在社会文化和社会生活领域，以利益为尺度和导向的行为模式普遍存在。一部分人为了自我为中心的经济利益，不惜牺牲他人和社会利益，私利充斥了整个社会，自私自利之心蔓延，物质利益的追求成为人际交往的优先要素。利益取向的优先性导致精神文化方面的匮乏与低下，人与人之间的交往异化，社会关系处于紧张的氛围。马克思曾说过的“金钱是财产的最一般形式，它与个人的独特性毫无关系，甚至直接对立”表现得淋漓尽致。

从国家建构方面来看，权力的等级架构，使得权力本位的基调调控其他。“主体作为‘永恒在场者’保持着对一切‘不在场者’的主宰地位，维持着一种不平等的等级格局。”主体必然不可能以一种真正平等的方式来对待别人，而只能是把他人客体化和对象化。“人们的社会生活除了疯狂扩张暴政，无物可以集成。‘我’在此暴政下日渐丧失权力，可它仍沉醉在君主的迷梦中。从而形成对他人的侮辱、伤害和蔑视，在肉体层次上表现为‘强暴’，在法权层面上表现为对他人权力的据斥。”这种主体性建构起来的政治国家，总是充满着压迫性的权力欲求，总是与统治和臣服、控制和征服联系在一起。原本获得了解放的个体，转而使自主性转变成了依从性，甚至使解放变成了压迫，使合理性转变成非理性。权力在国家政治生活和社会生活中居于高位，即便是随着权力观念的发展，个人与国家、个人与社会的适度分离后，权利成为捍卫自己个人利益的手段和话语，但在处理纠纷中的主流理念和上层设计是维持着权力对国家和社会的全面调控，而视权利的行使为权力实现的障碍而消极对待。如此之下的权力等级架构，在权利意识愈发强烈的背景下，已经很难再支撑多久，必然会在受到来自各方的挑战和冲击后作出调整。

（二）主体间性哲学的承前继后

自胡塞尔的超验现象学所提出了主体之外的他者后，哲学界对主体性的批判便不绝于耳，甚而提出“主体的隐退”“主体的消亡”等。但实际上，在主体性哲学的自身问题频频引发关注，在外在的国家与社会生活发生变化的背景下，主体性哲学就已经有了可以安身立命的栖身之所，那就是主体间性。主体间性简单来说就是一个主体与另一个主体之间的关系性。

1. 革故鼎新：主体间性哲学的扬弃

主体间性哲学在主体性哲学的基础上发展而来，其实并不是要完全取代主体性，因此，表现为对主体性哲学的扬弃。

（1）孤独的主体性到主体之中的主体性。

笛卡尔的“我思故我在”开创了人为主体性的最初宣言，后经过哲学家的演绎，成为近现代西方哲学的根基。主体性理论的主体是单一的主体，无论是笛卡尔的“我思”，还是费希特的“绝对自我”，抑或是黑格尔明晰的“自我意识”，这些“大写的自我”排斥社会主体之间差别的丰富性和多样性，主体性中的主体首先是自我，以主体为基点就是以自我为基点，由此甚或形成“唯我论”。[①] 实际上，人与人的关系是相互的，“你希望别人怎样对待你，你就应该怎样对待别人”。[②] 用康德的话来说，我们是自己的目的，而不是仅用来实现他人目的的工具。“我们中的每个人都被看作一个‘你’，而不仅仅是一个‘它’，因为我们每个人都是主体”。[③] 现实中，双方都有权利把对方当作实现自己目的的手段来对待，

① 高鸿：《数字化时代主体间性问题研究》，上海社会科学院出版社2008年版，第11页。

② 中共中央马克思恩格斯列宁斯大林著作编译局：《马克思恩格斯全集》，中文2版第1卷，人民出版社1995年版，第140页。

③ 郭湛：《主体性哲学——人的存在及其意义》，中国人民大学出版社2011年版，第34页。

可能就会受到本来也是主体的“客体”的反抗，于是构成了各种纷争和矛盾。因此，如果不承认他人的主体性，那么任何一方不可能成为真正的主体。

在本质上主体间性并不是对主体性的完全抛弃，也不是对主体性的一种简单替代，而是要对主体性中过去被人们忽略的东西重新发现和提起。主体的主体性地位不能脱离他人，无论是意识还是存在，都是在主体与主体之间的关系中得以实现。意义不是在主体自身形成的，而是在主体和主体之间形成的。人是人的镜子，每个人都从他人身上看到自己，也从自己身上看到他人。在主体间的这种相互关照中，既确定了对于自身而言的自我的存在，同时也确认了他人的自我的存在。主体与主体相互承认和尊重对方的主体身份时才可能存在真正的主体。承认人的异质性、差别性和不可通约性，否定“大写的主体”，强调不同的主体具有不同的理性和价值尺度的基础上，突破差异性尽可能找到同一性。

（2）一元主体到多元主体。

在二元的主体性思维中，主客二元对立，以一方为中心另一方则为对象客体，反之亦然。巴赫金说：“人一方面具有无限的内在价值，另一方面他在别人的眼中的外在形象又是渺小而封闭的。”每个人都觉得自我是在不断完善着、变化着，而在对待他人时却不能同等视之，习惯性地先入为主而不求变化。当你知道他是个抢劫犯时，占据你头脑的就是个抢劫犯的罪犯形象，至于这个人的过去与未来大多被忽略，即便已经刑满释放、改过自新，这个罪犯的标签仍遮盖着这个人的全部。这就是在自我主体化的同时，将他人视为客体，“我”与他人之间在一元的主体性结构中，“我”是个独白的主体。

当主体性过渡到主体间性后，二元对立的格局被打破，客体在与原来主体的互动中成为主体，形成主体之间的关系体，若有多个主体参与，则形成多元主体的共同体。如同我国古代“和而不同”的理念，多个主体之间相互配合、相互沟通、相互帮助、相互分享。在一个多维的世界中，多维地思考，多维地认识，在动态中保持多元的平衡，形成了“我眼中之我”“我眼中之他”“他者眼中之我”的交错世界。

（3）独语的主体到对话的主体间性。

“主体间性反对主体性的独白化：在把自我主体不证自明地设定为存在中心

的同时，压制和覆盖其他主体的异质声音。”[①] 在主体间性的视野下，任何人都处于唯一而不可重复的位置上，任何的存在都是唯一的，如此不可能只有一个中心，不应当是自我和他人之间谁消解谁，而是处于平等对话中的多中心状态，主体之间虽不完全融合，但彼此差异，又以差异为契机走向对话性的协调关系。

自我的局限性在主体间性下被曝光，自我主体总是在自身处境，特定立场出发，盲点无处不在。人的存在本身就是最深刻的交际，存在就意味着交际。存在意味着为他人而存在，再通过他人为自己而存在。因此，主体中不仅有无法回避的盲点，也有对他人而言无法替代的“超视”，因为相对于他人而言，自我主体成为他人主体的向对面。而要达到自我主体与他者主体的互为状态需要主体与主体之间展开互动的对话沟通方式，使主体走出孤独虚妄的独白生活。我在此，你在彼，并依此构建出共在的世界。

（4）静态的主体到动态的主体间性。

主体性下的一元孤独的独语主体与他者对立，主体自身与他者处于不平等层面，沟通与互动受到阻碍，抽象的单向的主体性地位似空中楼阁般处于静止的虚妄状态。在主体间性下，二元或多元的主体进行对话沟通，各方主体性都通过话语充分地表达出来，希望对方知晓并获得承认，主体性在动态的过程中逐步确立。

既然主体间性下是对话的主体，沟通的主体间关系，那么，对话与沟通就需要相应的保障，即除了一个可以共处的空间外，一系列的程序是主体间关系得以实现的保障。有了一定程序的保障后，主体与主体无论是物质还是精神交往都能够自主、平等地进行。主体强烈的参与感，可能表现为竞争。当势不均力不敌的双方展开淘汰时，同样需要程序给予平衡，一方面强势一方在保证参与积极性时承认他者的主体性，另一方面在激发弱势一方潜能的基础上尽可能增加参与程度，强化主体意识与稳固主体地位。如此，主体之间在互动互为下实现了目的。

2. 知机识变：主体间性转向的现实背景

现代西方哲学中的主体间性转变是哲学研究范式的转变，从主体性到主体间性并不是偶然、无所根据的，而是脱胎于主体性哲学的深刻危机中，是人类社会面临的经济危机和社会危机的一种投射或缩影所致，同时也反映了思维方式上的

① 简胜宇：《巴赫金，交互空间中的哲理与诗意沉思：主体间性美学思想研究》，广西师范大学出版社2014年版，第30页。

现代转型。

（1）主体间性从主体性哲学的深刻危机中求变而来。

如前所述，主体性哲学囿于自身的逻辑和生存环境不可避免地出现了内在的矛盾。从笛卡尔开始通过主体与客体的分离而树立起主体性原则，注重对认识论问题的研究，使得主体性哲学在思想、知识的丰富和体系的建构上取得了前所未有的成就，同时也使它始终难以摆脱主体与客体之间的矛盾。无论是康德“人为自然立法”确立人对于自然的主体性地位，还是黑格尔“活的实体”高扬主体性的不证自明与全知全能，主体性的危机在黑格尔这里，暴露无遗。主体性和主体性哲学遭到了多方面的批判，如以弗洛伊德为代表，通过心理学的批判揭示主体性观念的虚假性；以霍克海姆为代表，通过“人类中心主义”的揭示，批判人与自然、人与人关系带来的负面效应；以维特根斯坦为代表，通过对主体性观念的语言哲学批判，揭示主体的非中心和非自足性；等等。“主体性哲学的结构性缺陷及其所面对的困境，昭示着主体性哲学需要一次根本的浴火重生，必须从单一主体独白而其他主体被客体化的泥淖中拔足而出，走向理性与感性并重，真与本真互彰的，异质共存、多元共生的主体间性。”

（2）主体间性在经济危机与社会危机中求存而在。

哲学往往是时代精神的精华，是时代发展的折射和反映，哲学领域的发展变化都可以在社会生活中找到一些根源所在。当主体性哲学的高扬让人类看到了自己无穷的力量，当科学技术突飞猛进的发展，机器大工业逐渐代替了手工业成为社会发展的主导力量的时候，社会的各种矛盾频发，日益加快的工业化进程给人类带来更多的物质财富的同时，也并发了经济危机和日益紧张的社会危机，人类社会处于一种消极、苦闷的生存状态。工业双面影响带给人的异化，让人们开始意识到单向的主客体关系所形成的格局中的价值取向和行为方式及思维方式。不但使得人们的精神世界荒芜，陷入孤独与自私，而且离间了人与人之间本该就有的温暖和友爱、互助与关心，陷入了冷漠与算计。经济危机的不断爆发伴随着社会危机中的人们，开始深刻地反思，不应该将追求物质的极大满足当作全部，更不能自私自利、唯我独尊，我这个“大写的主体”，即便坐在主体之位上，也是空洞乏味，毫无实际意义可言的“独白”。经济利益不可能带给人实质性的自由和幸福，更不可能解决社会中重复而广泛存在的矛盾和冲突，也不可能缓和人与人之间的关系。因此，需要从原有的思想和意识中跳出来，由我及他，开始一种新的气候，一个新的时代。

（3）主体间性在科学与哲学分开的思维中求生而活。

从主体性到主体间性的转变，也与哲学本身的定位有关。曾经，哲学家曾以形而上学作为哲学乃至整个人类知识系统的基础和核心，并且试图使之成为科学之科学。哲学的本性是科学，用思辨的方法即在纯粹的认识领域用逻辑推理的方法达到真理，是人类精神之所以存在的根据。但是19世纪末之后，大多数哲学家不再这样规定哲学的性质，哲学与科学不再相提并论，哲学与科学分道扬镳。哲学的对象和方法发生了变化，哲学的对象不再是宇宙万物的最高终极实在，理论认识的方法让位于对语言的逻辑分析和现象学方法。语言分析方法的哲学家认为，之前哲学难以成为科学，就在于哲学家们始终没有弄明白什么问题是可以解决的（真问题），什么问题是不能得到解决的（伪问题）。因此，要想彻底解决哲学问题，必须为思想划界，严格来说，是给语言划界。研究语言是为了思维清晰，是为了使我们明白思维的界限。“几乎与此同时，胡塞尔的现象学方法，将哲学研究深入到了构成知识和对象共同根源的意向性境域，并致力于建立一种能够描述这一境域的现象学方法，主体间性就是在这样的哲学氛围和哲学方法下产生的。”

（4）主体间性在人与社会的张力中求和而动。

主体性与主体间性盈虚消长的发展态势不是偶然的，而是有其历史必然性的，这与作为主体的人的个体性与社会性这两方面之间的张力有密切的关系。叔本华在形成人与社会的关系时形容其为“冻得哆嗦的豪猪”。个人与社会的关系太近会伤人，太远了不能互为，因此需要在一定的距离内既能保持人的个体性又具有社会性。“健全健康的人类社会既不应当是那种极端个体主义的或无政府主义的，也不应当是那种绝对集体主义的和极权主义的，而应当是那种在作为主体的个人的个体性和社会性或群体性之间建立协调关系的社会，一种既给作为主体的人的个体性保留足够的空间又给作为主体的人的社会性保留足够的空间的社会。”

如此的人与社会的关系是非常理想化和完美的，那是因为不远不近的距离很难丈量和把握，在现实中最有可能的是或近或远，这就需要一定的调整方法。社会是由一个个我和他组成的，若要保持一种协调的关系，就需要我和他之间，以及我和他的“我们”之间有个良好的关系格局。显然，主体间性在调整人与人、人与社会的张力中得到了自身的存在和价值，推动了社会的进步。

当代哲学超越单纯的主客关系而走进主体之间的关系中，主体性的特征也是在主体之间的关系中展开的。主体之间的关系简称主体间关系，其本质属性即为主体间性。主体间性作为一个哲学范畴，可以追溯到亚里士多德、康德、费希特、胡塞尔、黑格尔、马克思等人。最早由现象学大师胡塞尔提出的现象学的主体间性：“关于他自身的主体性与另一个主体性的意识。主体间性是主体相互之间的内在统觉。”①“主体间性是当代哲学消解一元论，用对话理性、交往理性取代主体中心理性的基础性论题。”②从主体性到主体间性，作为主体的本质属性经过了从一元主体的主客体对立格局到多元主体的交互共存性的转变、从单一主体独白其他被客体化到主体间的对话沟通合作性的转变，以及从单向静态的主体到动态平等的主体性的转变。

第二节　关系中的矫正主体与罪犯的矫正主体性

一、关系中的矫正主体

如上所述，主体是在关系中存在的。主体在关系中并非自我的孤独，而是与其他主体共存于某种关系中。至于何种关系，取决于主体的活动，可以大到社会关系，小到家庭关系。矫正主体也是主体的一种，同样与他主体共存于某种关系中，这种关系就是矫正关系。矫正关系产生于矫正活动，无论是非监禁的社区矫正还是监禁式的狱内矫正，都处于刑罚的执行过程中。刑罚的固有功能和人设功能形成了不同阶段的矫正模式，在不同的矫正模式中形成了不同的矫正关系，不同的矫正关系中矫正主体的地位和范围也会有不同。

（一）矫正关系下的矫正主体

所谓矫正关系，简单来说就是在监狱等矫正机构刑罚执行过程中，为了将罪犯改造为“守法公民”而与矫正人员及其他人员形成的关系。像是一个蜘蛛网，纵横交错，但总有一些是支撑，即便遇有风雨，也能坚持挺着，撑着，这即是本

---

① ［美］维克多·维拉德-梅欧：《胡塞尔》，杨富斌译，中华书局2014年版，第117页。

② 高秉江：《胡塞尔与西方主体主义哲学》，武汉大学出版社2005年版，第163页。

书所指的矫正关系。

在矫正关系中，作为矫正者的监狱警察与罪犯形成的矫正关系处于最核心的地位，其他与罪犯形成的矫正关系则相对处于辅助地位。因此，我们可以把整个矫正关系分为两大类，前者为主关系，后者为辅关系。对于监禁刑来说，主关系构成了矫正关系的大部分，而对非监禁刑的罪犯辅关系更多地发挥作用。当然，监禁刑中辅关系有时也会起到决定性的关键作用。所以，两类关系相辅相成，共同影响罪犯的矫正效果。下面分别对两种类型的关系进行详述。

1. 主关系：警囚关系多样态变化

监狱作为刑罚的执行机关，其具体行使权力的是监狱警察（笔者在此不再区分权力者与权力行使者）。监狱改革应当解决的一个首要问题是如何对待罪犯，因为如何对待罪犯是决定监狱一切工作的核心。[①]罪犯的大部分时间都是与监狱警察在一起，罪犯的各种改造矫正措施的进行无不在监狱警察的直接管理下进行。警囚关系直接与监管秩序、改造质量密切相关，还会影响监狱和政府的形象。良性的警囚关系是现代矫正制度的应有内涵。监狱及监狱警察不仅有对罪犯改造或矫正的权力，而且还是刑罚的执行者，两权相握，与罪犯在矫正中形成了不同的关系样态。

按照权力对权力对象的方式和结果分为三种权力类型，即保障性权力、管理性权力和惩罚性权力。保障性权力是指，因罪犯人身自由受剥夺的状态，应该享有的（未被剥夺的）权利可能出现行使的障碍，作为矫正机构有责任保障罪犯相关权利的顺利行使。管理性权力是指监狱为保证监狱场所的秩序和安全，对所进行刑罚执行的对象进行的日常生活和劳动等方面的管控。惩罚性权力是指监狱对罪犯的刑罚执行以及罪犯在监狱期间出现的违规违纪和其他犯罪行为的惩处。当然，监狱的这三种权力并非一开始就并行齐驱，而是随着社会文明的发展逐渐产生的。但是，无论是何种类型的权力分类，都可以说是静态的、抽象的一种描述性概括，而权力从来都不是只处于静止不动的状态，权力无时无刻不运行于具体的活动之中。

（1）以权力为本位的强权关系：罪犯完全成为客体。

一个身体被监禁起来的人，在他伤害别人的能力已被限制后，再进一步对他

① 高文：《一个基本问题——犯人、警察、人本》，犯罪与改造研究，2000年第5期。

进行危害，那就是野蛮而没有根据的报复和狂热心理。而有绝对权势的人常常是把报复和狂热当作嬉戏的。[①]罪犯身陷囹圄，当与拥有权力的刑罚执行者形成行刑关系的时候，如果权力者以权力享有者自居，如果权力少有限制或监督，那么，权力这个双刃剑就很容易变成一把单刃剑，直指权力对象——罪犯。我命令，你服从；我说一，你绝对不能说二；我永远就是对的，你做什么都是错的。诸如此类，这样的强权犹如霸道的野蛮者唯我独尊，不容任何抵抗。权力者有两种态度，第一种是恶意，完全以“报复”心理对待罪犯。他们认为罪犯是法律的放逐者，是社会的边缘人，是十恶不赦的坏人，他们不值得怜悯和同情，就应该狠狠地对这些犯人加以惩罚，权力者正是在替国家、替社会、替被害人对罪犯实施所谓正义的行刑。第二种可能不完全是恶意，也非完全的报复，但对罪犯而言，他们自我权力膨胀，认为自己的所有行为都是为了让这些罪犯改邪归正，他们就应该服从于我，听命于我。这两种权力者的姿态虽然对罪犯的态度有些许差异，但结果都是相同的，即以权力为本位的强权关系。在与罪犯形成的矫正关系中，发声的也只有权力者的一方。罪犯的身份沦为了权力者任意妄为的对象，等待着权力者常常以正义之名进行的各种权力行使。也正因为此，矫正权力的拥有者所行使的惩罚权、管理权等，都被认为是为了在矫正活动中将罪犯“改造成守法公民”这样非常正当的目的而为。最初的“劳动所”“悔罪营”“矫正工厂”等都是用宗教的思想，帮助罪犯恢复道德的生活，拯救罪人的灵魂，但实际上是作为劳动力剥削机构与劳动力训练设施而设立的。[②]

在这种以权力为本位的强权关系中，相对于罪犯而言，与其说是一种“强权”，不如说是压迫权，是带有强烈的压迫与强制色彩的强权力。罪犯的权利在压迫性强权中被淹没，也就成为名副其实的矫正客体。相对于权力行使者的监狱警察来说，主要是对惩罚权和管理权的极端且超常规行使，而保障性权力还未萌发。因此，强权关系如果暂且称之为矫正关系的话，[③]其矫正主体仅是一方的监狱警察，而罪犯则无可能成为主体的机会和条件。实际上，当手握强权的人利用他们的地位去随意侮辱个别人时，他就是在侮辱我们所有人，历史的车轮必然推

① ［英］葛德文：《政治正义论》，何慕李译，第2、3卷，商务印书馆1997年版，第563页。

② 翟中东：《矫正的变迁》，中国人民公安大学出版社2013年版，第4～15页。

③ 这里用“暂且”，是因为此时的权力行使还没有真正的矫正意义，而表现为对罪犯的惩罚而惩罚。

翻之而前进。

（2）以权力为本位的权力关系：罪犯客体化的渐进式转变。

权力是在变动之中的，强权关系也在渐趋弱化，但仍然以权力为本，权力行使者拥有的权力没有实质改变。在权力的行使中，已经有了权利的萌芽，因此，出现了权利与权力“共处一室”。在能量守恒的权力与权利关系中，权力为本的同时，有了权力对面的权利者。不过，仍然没有改变“我命令，你服从”的强制性关系，在强制性的权力行使过程中，权力者唯我独尊，高高在上，一切唯我垄断的现象没有太多的改善，只是对罪犯这一权利行使对象有所关注。

首先关注到罪犯在刑罚执行中的环境状况，如约翰·霍德华在监狱中传播人道主义思想，关注监狱中的环境和罪犯的疾病问题，提出监狱改良的措施，如应当为罪犯提供医疗服务，主张通过纪律培养他们的善行，有效地促进罪犯的处遇改善。以人道主义对待的罪犯在监狱中的处遇较之前不受节制的摧残和肉体折磨而言，有了很大程度的改观。在《美、加监狱工作调查报告》中，呼吁主张改善罪犯住宿条件，培训监狱管理人员，对监狱开展巡视，主张按照累进处遇原则释放罪犯，之后出现了对罪犯进行更加宽缓的不定期刑、假释、保护观察等。凸显了人道主义思想，开启了罪犯权利被关注的历史。监狱的环境是罪犯行刑和矫正必需的地方，如果恶劣得像“化粪池”一样，那它就是一个弱者被强壮的、凶恶的人欺辱的地方。正是在考察了欧洲许多国家的监狱以及英格兰和威尔士的监狱后，约翰·霍德华提出了对罪犯进行人道性的处遇。①

其次，关注到罪犯个体的差异性而区别对待。与最初“一刀切”式的刑罚执行与矫正不同，以罪犯个体的差异性而有区别对待的个别化处遇，关注到了罪犯自身的特点，从犯罪的原因寻找刑罚所能发挥的功能。但是，这一过程中，权力的独当一面依旧，罪犯在人道性处遇中有了些许的合理性对待，但实际上罪犯的地位没有实质性的改变。即便是把罪犯作为“病人”而治疗他们所谓的“疾病”，“治疗者”也是完全按照自己的想法和经验进行“开方诊治”，不会去询问“病人”是否同意“治疗”以及是否同意这样的“诊疗方案”。这样的“一意孤行”是为了矫治“病人”，正当的目的和理由，恰恰掩盖和剥夺了作为“病人”的罪犯的话语权和主体性地位的其他权利。

① 翟中东：《矫正的变迁》，中国人民公安大学出版社2013年版，第31～33页。

因此，在罪犯得到权利萌芽的初期，仍然表现为单一的强制性的服从关系，罪犯所具有的仍然是义务，而权利始终处于被剥夺的状态。也就是说，惩罚权和管理权仍然居于绝对的优势地位。当然，这里的惩罚权力已经有所收敛，不再有特别明显的非人道性，但管理权力依然势头不减，所有的对罪犯的少许优待和带有科学性矫正外衣的措施都并非为了罪犯个人而为，主要的目的是秩序和安全。保障性权力仅为一股微小且弱小的势头，还远远没有真正发挥作用，或者监狱警察即便认识到保障性权力的存在也不会主动行使，这一权力被淹没在更为强势权力之下。

故此，在这种以权力为本位的权力关系中，罪犯尽管客体化的地位有些许改变，但改变的速度是相当缓慢的，而作为警察的权力，与其说是一种强权，不如说是控制权，为达到控制欲望，而视罪犯的矫正为手段的一种控制权。罪犯的矫正客体化地位的改变并非一朝一夕之事，甚至是一个非常漫长的过程。

（3）以权利为本位的强权关系：罪犯主体化地位的确立。

随着人权保障在世界范围的进行，在刑罚执行过程中，对罪犯人权的保障也提高到了一定的程度，甚至作为宪法性的原则。从 19 世纪 20 年代以来的监狱等矫正机构来看，罪犯的地位无论是在法律层面还是实践层面都有了根本的提升。罪犯被作为了矫正的主体，尽管其权利有不同的学说，但立法中明确规定了其享有的各项权利。更多的自然科学渗透到矫正领域，成为矫正罪犯的科学方法，如医学、心理学、行为学等，矫正罪犯的方法和措施百花齐放。罪犯从社会的边缘性地位成为弱势群体的一员，然而监狱等刑罚执行机构的权力在总体上没有减少，国家的强制力仍然没有改变，改变的是罪犯的矫正主体性地位。监狱俨然成了“学校”般，罪犯“翻身”一样成为“主人”，所有改造手段和措施以“罪犯为主”。用教育引导的方式，苦口婆心地教育罪犯弃恶从善，罪犯们似被保护起来的“学生”一样。罪犯的权利意识在普法宣传、法制教育等活动中得到提高，常常拿起法律武器捍卫自己的权利。同时，罪犯对矫正方法和矫正措施有选择的权利和自由，罪犯的劳动也有相应的报酬，罪犯除了法律剥夺的权利之外，可以在监狱内行使其他权利，且受到监狱的保障。

监狱警察作为权力的行使者，除了基本的管理权外，应该更多地为罪犯提供矫正服务，矫正权力转变成为对罪犯的矫正责任，承担着把罪犯矫正为守法公民的义务。在这样的矫正关系中，权力主体处于优势地位的矫正者因提供的服务性矫正权力而退居其次，矫正对象因其享有的权利而相对处于主位；或者说权力行使一方是义务主体，权力对象的罪犯是权利主体，处于优势地位的是权力对象一方，此时的权力关系可以成为一种“服务型的权力关系”，[①]权力的行使以取消义务或赋予权利为主。在监狱矫正环境中，罪犯的权利是法律赋予的，不存在取消和增加之说，而监狱警察的权力也来自法律的授权，也不存在自己人为的增加和缩减。因此，这里主要是以保障性权力的行使来体现。监狱警察保障罪犯的法定权利得到应有的实现；而作为曾经强势的管理权力和惩罚权力，因监狱主要以教育罪犯为主，管理和惩罚也是为教育服务，其原有的强势已经弱化为矫正服务的权力。也就是在这样一种罪犯权利占主导的强权关系中，罪犯的人格、罪犯的选择意志都得到了最大程度的满足和实现，矫正主体的地位集中于罪犯个体身上。当然，这是一种理论上的阐述，并非一定要对应某种模式或某个时期，恐怕也没有哪个国家能有如此的罪犯处遇。

在这种以权利为本位的强权关系中，罪犯成为矫正主体，而作为警察的权力，与其说是一种矫正权，更准确说是服务权，为实现罪犯的权利，权力的保障性作用是关键。

（4）“无本位”的权利与权力关系：主体之间。

在哲学上，有一种权力关系称为主体际的关系。权力主体与权力对象处于平等的法律关系之中，在法律上双方是平等的，权力主体的权力来自法律，权力对象之所以服从权力主体，并不是权力主体的优越地位，而是由于法律。权力主体服从法律，权力对象才有服从权力主体的义务。[②]在这种双方平等的权利与权力关系中，权力不是在抹去一种主体，而是创造出一种主体。[③]可见，在这样的权利与权力关系中，双方都居于主体的地位，并且也没有以哪一方为本位的问题，无所谓以哪一方为中心，双方共为主体，形成主体之间的关系，达成的是双方主体的目的。

之所以“无本位”，是因为主体之间的关系，权利与权力的关系中，权力主

① 周永坤：《规范权力——权力的法理研究》，法律出版社 2006 年版，第 130 页。

② 周永坤：《规范权力——权利的法理研究》，法律出版社 2006 年版，第 133 页。

③ [法]米歇尔·福柯：《什么是批判，福柯文选II》，汪民安编，编者前言：如何塑造主体，北京大学出版社 2016 年版。

体和权利主体有各自独立的目标，并不具有当然的依附性，哪一方都不能仅仅成为另一方实现目的的手段或工具。从权力主体来说，惩罚权与监狱共生。在野蛮的无人性的身体刑被自由刑替代后，惩罚权并没有消失，而是转移到了自由刑上。自由刑以剥夺人身自由的形式和剥夺权利的方式，产生了令现代人更为痛苦的惩罚，但更加文明和先进。因此，只要有监狱存在，必然会有惩罚伴随。惩罚并非为了改造罪犯，只是惩罚可能会带来改造罪犯的客观或附带的效果。但惩罚并不完全为改造而服务，惩罚的独立价值体现了报应性正义，是罪犯为自己的犯罪行为必然付出的代价。康德指出："惩罚在任何情况下，必须只是由于一个人已经犯了一种罪行才加刑于他。"甚至极端地认为，如果你诽谤别人，你就是诽谤自己；如果你偷了别人的东西，你就是偷了你自己的东西；如果你打了别人，你就是打了你自己；如果你杀了别人，你就是杀了你自己。[①]尽管这种说法相对偏激，但可以看出惩罚本身是独立的，惩罚权力也具有了自身的独立性。相对于惩罚权与监狱的共生共存，管理权实际上也是如此，表面看管理本身即意味着自由等权利的丧失，也就是相当于受到惩罚一样的效果，同时监管改造也是改造罪犯的手段之一，似乎管理权有为了矫正罪犯服务和为了惩罚服务的意味。笔者认为，管理权与惩罚权是不同的，如果说惩罚权是来源于罪犯自身的行为的恶，那么管理权是对组织机构内部成员的普遍性权力，只是因为管理的地点是在监狱，而监狱一般实行的是半军事化的管理，罪犯自然受管理所限，必须遵从。管理权的行使是监狱秩序和安全的保障，监狱要有良好的、井然的秩序，要有对罪犯、对警察、对社会公众来说基本的安全，就需要监狱警察行使强制性的管理权。这样的管理权是独立的，并不当然附之以其他权力而为。

从惩罚性权力、管理性权力来看，权力的独立性决定了权力主体的独立性地位和相对独立的目的，从刑罚的本质与运行中可以看出，权力主体的主体地位并不是单纯为谁而服务的，因此而成为主体中的一员。

从权利主体看，监狱警察的保障性权力是为了罪犯的应有权利能够顺畅行使而为的，如果罪犯的应有权利能够和普通人一样得到行使，那么，监狱警察也就不需要提供保障性的措施。正是因为监狱的封闭性环境和罪犯人身自由的受限状

① ［德］康德：《法的形而上学原理——权利的科学》，沈叔平译，商务印书馆1991年版，第164页。

态，才需要这样的一种保障。因此，从这个角度来说，保障性权力是具有很高的依附性的。在这样的一种关系中，甚至可以认为保障性权力是实现罪犯应有权利的手段，罪犯的应有权利实现则是保障性权力的目的。相应地，罪犯即成为权利的绝对主体。在矫正活动中，罪犯权利的行使是矫正效果一定程度上的表征，且权利是自发的。因此一定程度上越是罪犯权利实现到位的地方，罪犯的矫正效果会越好，说明保障性权力发挥作用得当。而在另一方面看，罪犯的应有权利的实现，对监狱警察的惩罚权和管理权也会有反应，发挥着制约性的作用。或者说罪犯行使自身的法律权利，对监狱警察行使惩罚权和管理权就是一种监督与制约。这时候罪犯的矫正主体性地位是凸显的，也正是罪犯自身的矫正主体性地位，决定着最终是否可以成为守法公民。

因此，当惩罚性权力、管理性权力与保障性权力在一个层面上展开，在监狱这个特殊的环境中运转起来的时候，权力的主体监狱警察与权利的主体罪犯是共存的，权利与权力的关系处于同一层面上，是主体与主体之间的关系。如果没有罪犯这个权利主体的存在，就没有监狱警察这个权力主体的存在，两主体共存地处于一个共同体中，而两主体关系的和谐是双方目的实现的保证。

2. 辅关系：警囚关系基础上的需求性关系

罪犯在监狱内的刑罚执行过程中，除了与监狱警察存在密切的矫正关系外，与其他人或组织也会形成各种辅助性矫正关系。主关系与辅关系相辅相成，如果说监狱警察与罪犯的警囚关系是河流里的水的话，那么，这些辅关系则是这条河流中的沙。沙子的好与坏会影响河水的清与浊。

（1）情感矫正关系。

每个人都是生活在社会中的个体，从出生到死亡都处于各种各样的社会关系中。对于有着传统家族情节的中国社会，亲情是必不可少的情感关系。与此同时，朋友已经成为这代人不可缺少的生活必需，友情甚至超过传统亲情。罪犯在入监之后，当封闭的环境、严格的管理完全将自由剥夺的时候，更多的人往往更需要一种内心原有的情感寄托，这就是亲情、友情或爱情等情感。对一些罪犯而言，情感像冬日里的暖阳化解他们或冰冻或冷酷的心灵。正因如此，在罪犯的矫正过程中，寻找罪犯矫正方向的突破口从罪犯的社会关系入手，改善社会关系也就是在改造罪犯。在刑罚执行过程中的罪犯，需要亲情、友情和爱情的慰藉，从而在内心产生向善的自我矫正动机，带来的是良好的矫正效果。

（2）谅解性矫正关系。

当被告人被法院终审判决有罪，进入刑罚执行阶段后，被告人与被害人的关系，除了在民事赔偿之外的关系，更多剩下的就是未能释怀的“仇恨”。即便是在法庭上，被害方表达了不满和愤慨，得到了赔偿；即便是被告人表达了悔罪，道歉，被害人与被告人之间的关系并没有随着法庭审判的结束而彻底缓解。这其中对被告人而言，其可能会认为自己犯罪已经受到国家刑罚的惩罚，不再亏欠被害人什么。也就是罪犯承担了刑罚这样的抽象责任，但因此淡化了他们的道义责任。[①]罪犯与被害人之间的赔偿关系之所以也被纳入矫正关系之中，原因有两个。一是，一定程度上，罪犯在服刑期间对被害人的态度，也是矫正效果的一个方面。被告人是否能够非常清醒地认识到自己犯罪行为带来的后果，不是单单一个刑罚执行就可以抵消，也不是一两句道歉的语言即可。罪犯对自己行为的认识程度，会催发罪犯矫正的动机，激发自我矫正的热情。可见，处理好罪犯服刑期间与被害人的关系是罪犯真切承担道义责任的基础。二是，一般罪犯对被害人都会有民事的赔偿，即便是在法庭审判之中无法达成谅解赔偿协议，在刑罚执行，罪犯服刑期间同样是提倡的。而谅解赔偿协议，尽管也有表面上以钱赎罪之说，但至少也从一个侧面表明了罪犯对其行为后果的认识和对被害人的所应负担的责任。因此，在罪犯的服刑期间是否能够达成谅解协议，并及时地尽力地履行赔偿义务，也是考察罪犯是否真诚悔罪，向善改变的一个方面。当然，有的罪犯本无经济来源，贫困潦倒，无法给予被害人赔偿。这样的罪犯，只要在监狱中有良好表现，争取减刑，早日出狱，可以与被害人签订一种约定，约定刑满释放后的保证和承诺，这同样也是罪犯从内心的一种自我积极改变。故此，笔者认为被害人与罪犯之间的谅解赔偿关系也表征了罪犯矫正的良好效果。

（3）非正式群体矫正关系。

非正式群体是指，在监狱中，罪犯与罪犯之间基于共同的兴趣、利益、情感、犯罪经历等，自发形成的一种特殊社会共同体，与警囚关系相比，罪犯与罪犯之间的关系是刑罚执行过程中更为经常且影响较大的关系。从时间上看，罪犯与罪犯之间的相处时间长于其他，且罪犯生活在一起，耳濡目染，结帮拉派，形成的

① 狄小华：《多元恢复性刑事解纷机制研究》，法律出版社2011年版，第188页。

非正式群体无时无刻不影响罪犯在服刑期间的变化。有学者认为罪犯与罪犯之间结成的基本社会关系，是国家强制结合的社会法律关系，围绕着监狱的行刑活动而展开，是一种互助与互相监督的关系。非正式群体分为积极、中性和消极三种，其中的中性和消极非正式群体会对罪犯的矫正带来更多消极的影响，这在很多著作和研究中都有过涉及。[①]因此，非正式群体从形成到发展至消失，对罪犯本人是非常艰巨的考验，对监狱警察的改造工作是巨大的挑战，如何协调这之间的关系是取得良好矫正效果的关键因素。

（4）社会矫正关系。

犯罪行为不仅仅对被害人造成了伤害，对社会关系也会带来相应的破坏。从一定意义上说，社会关系失调也是导致罪犯犯罪的原因，犯罪又进一步破坏了社会关系，并因此引起罪犯乃至受害者重新融入社会的困难。所以，要矫正罪犯应当从恢复罪犯失调的社会关系，恢复犯罪所破坏的社会关系入手。[②]罪犯的矫正过程中，社会这个看似宏观的手掌始终环绕在左右。社会关系失调也好，社会化过程中的问题也罢，罪犯个体来自社会，犯罪行为破坏的也包括社会关系，自然而然，罪犯的矫正离不开社会。具体来说，包括罪犯生活的社区等犯罪行为影响的区域。在罪犯的矫正活动中，社会的态度和接纳度是罪犯重获信心的重要因素，很多罪犯重新犯罪很大程度上是因重新融入社会的失败，社会接纳出现障碍而致。因此，笔者将罪犯与社会形成的社会矫正关系也纳入了辅关系之中，以便对矫正效果施以正向引导。此外，现代监狱矫正的社会化，也意味着多元主体参与罪犯矫正的开启。一些社会组织、公益社团成为监狱矫正罪犯的参与者，如未成年犯罪的青少年保护组织、女性犯罪的妇联组织等社会工作人员的参与给罪犯矫正融入了新鲜的血液，且这些人员与罪犯形成不同于警察的平等关系，一定程度上使矫正的效果更佳。除此之外，政府部门、政法机关、检察机关等在矫正罪犯活动中也发挥各自不同的作用。

当然，除了上述的辅关系还有其他类型，因为辅关系更多的是基于需求而产生，可能来自罪犯自身的需求，也可能是被害人的需求，亦可能是社区的需求，

① 狄小华：《冲突、协调和秩序——罪犯非正式群体与监狱行刑研究》，群众出版社2001年版，第168页。

② 狄小华：《多元恢复性刑事解纷机制研究》，法律出版社2011年版，第189页。

有什么样的需求就可能产生什么样的辅关系。需求既然称为“求”就不是自发实现的，除了自身的积极追求之外，在监狱封闭的环境中就更加需要权力行使主体的保障，相对于其他两项权力，即惩罚性权力和管理性权力，辅关系更需要保障性权力，保障性权力的行使效果是实现辅关系达到矫正效果的关键。从辅关系的形成过程看，所涉关系中的几方都可能成为主体中的一员。

3. 关系中的矫正主体之关系

不论是在主关系中还是辅关系中，矫正主体会随着权力与权利的关系不同而呈现出不同的范围，而不同的主体担当不同，现代罪犯矫正是要建立起一个融合各种矫正关系下各种矫正主体之间的良性互动，共同达到罪犯矫正的成效。

（1）矫正主体的分类。

从上述主关系和辅关系的分析来看，监狱警察的惩罚、管理和保障性权力是刑罚执行过程中，矫正罪犯的主要权力表现。现代监狱向法治化、科学化和社会化发展，这三种权力也随着监狱的发展而变化。尽管由于某一权利强度和广度的不同而形成了不同的主体，但这里的不同仅是作为矫正对象的罪犯是否为主体的不同。而监狱警察始终恒定为矫正主体，且在矫正活动中，监狱警察的优势地位，即便是强权关系，这种优势地位也会转变成权利实现的保障。况且，强权关系更多的是理论上抽象出来的产物。实践中，监狱警察无论从哪个方面看都是处于高位，“警察有强势单位，不仅掌握这对国家法律资源的运用，也对罪犯的管理、教育、矫正和矫治具有绝对的指挥权”，“被认为是罪犯矫正的领航者、人类灵魂的工程师、特殊园丁”。[①] 故此，笔者将监狱警察，即矫正者称为矫正引导主体。矫正的引导者，即为对罪犯的矫正有榜样的示范指导性作用。监狱警察朝夕与罪犯接触，对于罪犯的个体改变，监狱警察是最为了解和最容易掌握的，及时捕捉刑罚执行过程中罪犯的变化，有针对性地采取矫正措施，是达到良好效果的关键。同时，在矫正活动中，如果一味强调罪犯的自身而致监狱警察于辅助性地位，在监狱特殊的环境下是不现实的。尽管内因是个人改变的根本原因，但在往往被人“唾弃”的监狱中，罪犯需要一个强有力的指引者来打开封闭的心灵大门并开启他们的向善之路。这个人就是直接与罪犯接触最多，直接管理罪犯的监狱警察。

① 张晶：《深读矫正——现代监狱制度的理论逻辑》，江苏人民出版社 2013 年版，第 38、283 页。

而对于罪犯本身而言，随着监狱法治的建设，罪犯的权利是处于逐步实现的过程之中的。其自身的权利意识也在不断增强，甚至有的地方监狱有罪犯的权利在警察权力之上之势[①]。如果我们撇开“人之为人”这个角度，从权利和权力本身出发，罪犯是权利的主体，尽管其权利的实现需要借助于警察的权力，但警察的权力也是法律赋予为保障权利而实施。同时，矫正效果是内因和外因共同作用的结果。内因是罪犯求变动机的源泉，罪犯的变化其根本作用的原因是罪犯自身，罪犯是能动主体，且是重要的主体，不能替代，更不能忽视。[②]外因是罪犯求变动机的支持，警察的管理和矫正、亲友的情感慰藉、其他罪犯的正面影响、社会组织的帮助等作为外因，是罪犯自身向善的助力。但无论外因多么强大，也需要罪犯自身的接受、接纳，化为自身能动的态度和行动。故笔者将罪犯称为矫正本我主体。矫正本我主体意味着罪犯的矫正主体性地位在自身权利的“保驾护航”下坐实。

除警察和罪犯之外，辅关系中的被害人、其他罪犯、社会及社会组织可称为矫正参与主体。之所以称为参与主体，是因为这些主体更多的是基于个体性需求而进入矫正活动中的，参与矫正的程度不一。如上所述，现代矫正活动，监狱或其他单一的矫正机构已经无法独立承担全部的矫正任务，成为守法公民的目标，也非监狱等矫正机构一已之力即能为之。社会力量的参与在打破了监狱封闭性大门的同时开放化，被害人的参与链接了罪犯承担道义责任和赔偿责任的途径，罪犯非正式群体的正面引导，汇入了罪犯服刑中的更多正能量而少走弯路，其他参与主体也都在不同的方面基于罪犯矫正以不同的支持性力量。

（2）矫正主体之关系。

在引导主体、本我主体、参与主体中，不同的矫正关系呈现出三种主体强弱的不同态势。

第一，引导主体绝对强势。引导主体是作为矫正者的警察，当警察的惩罚权和管理权强度远远高于保障权行使，甚至是惩罚权和管理权超限或滥用的时候，罪犯的主体地位必然不会存在，此时罪犯的本我主体是不存在的，罪犯只能是引导主体下听命的客体存在。参与主体也因引导主体的垄断没有存在的空间，因为

① 这点可以从警察的口中得知，有的罪犯动则把“我有权利投诉你，我有权利告你”挂在嘴边，由此现象可见一斑。

② 张晶：《深读矫正——现代监狱制度的理论逻辑》，江苏人民出版社2013年版，第36页。

引导主体已经将权力扩大，容不得他者进入权力范围。引导主体实际上是垄断的、孤独的主体，也就是引导主体在矫正关系中作为“自我的独白”，单一的主体面对客体化的罪犯，是主体与客体二元对立的矫正关系。二元对立的矫正关系强调的是一方主体，相对方只能是实现主体目的的手段和工具。在罪犯矫正中，这样的以引导主体一方为矫正主体的状况是非常普遍的，前述的惩罚性权力和管理性权力强势，也就是只有引导主体一方存在。正如有学者鉴于监狱警察与罪犯的不同地位而主张罪犯不可能成为矫正主体，只有警察一方才是矫正主体。认为在一定条件下、一定范围内，我们与罪犯是平等的，如人格。另一方面，在一定条件下、一定范围内，我们与罪犯又是不平等的。因而“必然平等对待罪犯”的结论是不准确的。[①]之所以说警察与罪犯不是平等的，大致可以从惩罚性权力和管理性权力来看，如若平等如何进行惩罚和管理？实际上，在矫正关系中如果只有引导主体一方主体的存在，那么也就不存在所谓的矫正关系了，而是用表面的矫正关系之名，实然则是权力者的形单影只，为惩罚而惩罚，为管理而管理的对罪犯的惩罚关系和管理关系。

第二，本我主体的主动作为，引导主体与参与主体以本我主体为本位。当罪犯作为矫正对象，在法治化的矫正制度下，自我权利意识提高，通过他者的矫正活动和本身的自我觉醒，而具有了主动性矫正的情况下，罪犯的本我就成为矫正主体。而同时，引导主体保障性权力更多地行使，惩罚权和管理权弱化，作为参与主体的力量也会因本我主体的需求而增加。本我主体为本，引导主体与参与主体为了本我主体的目的而为。监狱警察管理监狱、执行刑罚、对罪犯进行教育改造等活动，的确是为了使罪犯成为守法公民。但应注意的是，监狱警察包括其他参与主体并非只为了使罪犯成为守法公民而存在，否则，除了罪犯这个本我矫正主体外，引导主体和参与主体也就失去自身的独立性，而成为改造罪犯的工具或手段。“警察的管理权无法行使，教育权无法体现，警察的人格尊严被贬损的情形时常发生。而警察屈服于上层的管理，逼迫于外界的压力，不得不委曲求全。”[②]

---

① 宋新国：《与罪犯关系辨析——与高文同志商榷》，犯罪与改造研究，2003 年第 7 期；欧阳志工：《现代监狱必然平等对待罪犯——兼与宋新国、马力商榷》，犯罪与改造研究，2003 年第 7 期；赖早兴：《论平等对待罪犯》，犯罪与改造研究，2005 年第 10 期。

② 张晶：《深读矫正——现代监狱制度的理论逻辑》，江苏人民出版社 2013 年版，第 273 页。

当前，在监狱中，很多时候“以人为本”更多的是以罪犯为中心。但如果从罪犯和矫正者两者均为矫正主体看，主体与主体之间并不必须要找到一个中心，并不必须要确定一个为本的思维。无论是以矫正者为中心还是以罪犯为中心，都是在主体性思维下的二元对立，都会存在失去一方主体的结果。罪犯是矫正活动的出发点和落脚点，但我们也不能忽视同为矫正主体“罪犯领航者”和其他矫正参与者。[①]如同只有引导主体一方一样，也不存在所谓的矫正关系了，而是用表面的矫正关系之名，实然则是罪犯个人的形单影只，为矫正罪犯而矫正的畸形矫正关系。“从优待警”也反映出需要正视矫正者在整个矫正过程中的引领性，一味地以一方为本，可能导致关系失衡而适得其反。如上所述，惩罚性权力、管理性权力和保障性权力当集中于一个主体，需要的就是三个权力之间的平衡。本我主体的主动作为，引导主体与参与主体以本我主体为本位的情形下，就是保障性权力在其他权力之上，也是一种权力的失衡。尽管是为了矫正罪犯，但形成的只能是形式上的矫正关系。

第三，引导主体为主导，本我主体为主力，参与主体为助力。引导主体因在资源和权力方面的优势，对矫正对象的罪犯本我主体来说是主导着整个矫正活动的。而本我主体是内生的矫正效果的动力之源，需要罪犯自我觉醒。只是罪犯的本我主体除了内生的力量外，自然需要外生的环境和关系推动，因此参与主体成为助力。可见，三种主体处于相互依存和影响之中，如果没有罪犯本我主体，就不可能有引导主体和参与主体；引导主体的主导作用发挥得如何，直接关系到本我主体是否可以成为主体以及能否产生内驱力，也关系到参与主体能否有效地发挥应有的助动作用；参与主体的助力程度反过来也会促进引导主体的主导功能和罪犯本我主体的向善变化。

在主导、主力和助力的共同作用下，多元主体之间互动、互重，没有哪方是中心，不以哪方为本位，实现了多元主体目标的多赢。这其实是一种哲学上的主体间关系。主体间关系打破了主体与客体的二元对立，实现了主体之间的存在性。笔者认为这是调整现代罪犯矫正关系的可资借鉴的理念。不仅如此，也实现了惩罚性权力、管理性权力和保障性权力的平衡。惩罚性权力和管理性权力是引导主

① 钱洪良、刘立霞：《从主体性到主体间性的现代罪犯矫正转向——兼论罪犯的矫正主体地位》，青少年犯罪问题，2016 年第 5 期。

体刑罚执行过程中施加于罪犯的法定权力，具有自身的独立性，不可替代，不具有依附性。而保障性权力是引导主体为实现罪犯的权利而设，在不可替代的基础上具有一定的依附性。因此，三个权力尽管功能性不同，但平衡于共同的矫正活动和矫正关系中。也只有此，才有多个主体之间的共存，形成实质上的矫正关系。否则，就可能出现前两种只有一方主体的形式矫正关系。

（二）矫正模式下的矫正关系

上述矫正关系的多样态变化不是随意而为的，而是在不同的矫正模式下进行的。矫正模式是对一个时期矫正活动的高度抽象概括。鉴于对罪犯应该矫正、也能够矫正的认知，欧美等西方国家不断探索监狱矫正的理念、制度和方法，从人道主义模式起步，经过几百年的努力，已经将监狱矫正逐步导入了当今的循证矫正模式。[①] 这里的人道主义模式是一种行刑模式，有什么样的行刑模式也就相对应着一种矫正模式。有学者概括了九种行刑论，即人道主义行刑论、人权主义行刑论、自由刑纯化论、行刑社会化论、复归社会行刑论、正义模式论、正当程序论、新自由主义行刑论、修复司法性行刑论。[②] 不同的行刑论体现着不同的思想，与特定时期的经济、政治、文化相适应，反映了西方刑罚文明发展进步的历程，也相伴相生了矫正模式。

1.“劳动改造”下的利益关系

这里的“改造”是不同于中国的“改造”的，我们将其分为两个阶段。

第一阶段，从宗教的救赎到利用最为廉价的劳动力。罪犯的“改造”是欧洲16世纪前后基督教推行的。基督教文化中重要的内容是“悔罪”，如何悔罪，一方面是采取隔离，另一方面是劳动。劳动不仅是生活需要，也是修行需要，道德需要，成为体面的人的需要。当时的布莱德维尔劳动所就是典型代表。[③] 后来以“罪犯劳动所”命名的监狱雏形陆续建立。当然，这些号称通过劳动使罪犯悔罪的机构，往往是为了解决工业企业劳动力紧缺问题而开办，罪犯从事劳动的环境恶劣，劳动强度高，将罪犯作为廉价劳动力出租给自由殖民者的也不在少数。这些劳动所只是将不良住房、工厂与刑罚设施联结在一起。其主要目标是使用严

---

① 夏苏平、狄小华：《循证矫正的中国化研究》，江苏人民出版社 2013 年版，第 31 页。

② 王云海：《监狱行刑的法理》，中国人民公安大学出版社 2010 年版，第 18 ～ 30 页。

③ 翟中东：《矫正的变迁》，中国人民公安大学出版社 2013 年版，第 11 页。

格的纪律与秩序将不愿意劳动的人的劳动力调动起来。早期的监狱就是作为劳动力剥削机构与劳动力训练设施而设立的。[①]只是，罪犯“改造”在一定程度上代替了早期的肉刑、身体刑，使监禁刑逐渐进入刑罚执行的历史舞台。

第二阶段，从廉价的劳动力到监狱经济。基督教的教义只是开启了罪犯劳动的大门，一旦成为顺理成章的做法后，其发展速度远远超过监狱本身的发展。任何的劳动力都是资本的来源，罪犯作为劳动力且较为廉价的情况下，便很快与资本相结合，而形成监狱经济，甚至被认为“驱使罪犯劳动的经济性因素在监狱活动与形式上起着决定性作用”。[②]以“独居制”和“沉默制”的发展可见，“独居制”因罪犯不劳动，不与人接触，后果非常不理想，其中的原因对罪犯的精神和心理影响倒是次要的，主要的还是对劳动力的浪费。而“沉默制”能够为监狱带来利润，即便是在当下，罪犯的劳动一般都具有强制色彩，尽管北欧、加拿大等少数国家不强制劳动，但也采取多种措施鼓励罪犯资源参加劳动。[③]监狱罪犯的劳动也成为监禁罪犯的主要刑罚部分。尽管劳动最初是惩罚犯罪、矫正罪犯的一种手段，但其自身的利益性，使得监狱逐渐成为“工厂”，特别是政府投入不足，监狱自负盈亏带来的对罪犯劳动改造的异化，必然造成了监狱职能多元化的问题。

这种通过劳动“改造”罪犯的模式，从最初的廉价劳动力到当下的监狱经济，罪犯的地位始终是很低下的，相反，监狱警察的权力则成为维持监狱秩序及“劳动改造”的有效方式。因此，在这种模式下必然是权力占绝对地位的。握有权力的主导主体排斥参与主体的存在，也排斥罪犯本我主体的出现，从而形成了“劳动改造”模式下的“利益”关系，且利益是单方的利益，是权力一方的利益，而相对方的罪犯则是权力获取利益的手段或工具。

2.“治疗”下的“医患关系”

罪犯是一群什么样的人呢？在自然科学向罪犯矫正领域不断渗透的过程中，罪犯是一群“病人”，运用心理学、医学的方法对待罪犯，成为一种20世纪初的“医疗模式”。

医疗模式认为犯罪人犯罪的原因是在心理上或生理上有缺陷，犯人是病人，

---

① 翟中东：《矫正的变迁》，中国人民公安大学出版社2013年版，第15页。

② 翟中东：《矫正的变迁》，中国人民公安大学出版社2013年版，第35页。

③ 姜金兵：《监狱评论》第6卷，法律出版社2014年版，第388页。

不是恶人、坏人，是生理上的或心理上的病态才使其犯罪的。因此，要对这些有“病”的犯罪人进行治疗，用医学的、心理学的方法来医好他们。

心理学进入罪犯矫正是首当其冲的。弗洛伊德的潜意识理论、内驱力理论、人格理论和精神疗法等被监狱工作者关注和运用。从病情的诊断到拟定治疗方案，再到最后的个体治疗，罪犯作为具有心理疾病的患者，接受的就是纯粹的一整套心理治疗。特别是对酗酒、吸毒的罪犯，心理治疗的方法不断发展，将精神分析法、行为疗法、人本主义疗法等运用到罪犯身上。在医学和心理学进入罪犯领域的同时，心理学工作者、精神病医生、社会工作者等进入罪犯矫正场域，矫正者的多元化日益显现。

罪犯成为病人，矫正者成为医生，这两者更近乎“医患关系”。一般而言，在给病人治病的过程中，医生是掌握医疗知识和经验的职业者，而且医生是在为罪犯治疗疾病，恢复罪犯的健康。很显然，医生在知识和经验及职业所负责的优势，与患者形成的是高低不等的两方。言外之意，医生是为了你的病，医生都是为了你好，医生说的做的都是对的。这样，医生不管病人是否同意和愿意，不管病人是否配合和要求，只管凭借自己的想法给病人治病开药。特别是在矫正者和罪犯之间，罪犯这样的特殊病人，更是对作为医生的矫正者听之任之。尽管在后来的人本主义疗法中，医生不是主导者，与当事人的地位是平等的，且医生要尊重当事人的人格尊严，通过交谈技术达到治疗作用。但这种人本主义疗法的矫正者主要是非监狱里工作的社会工作者、心理学工作者。如果矫正者仍然是监狱的警察，那么原有的强制性关系仍然保留在两者之间，即便表面是平等的也无法掩盖实际上的不平等。而所谓的“医患关系”也是建立在强弱之下的，强者控制下的弱者是没有主体地位可言的。

3.“刑罚正义”下的“管控关系”

逐年上涨的犯罪率提醒人们思考矫正系统是否真的可以如愿。马丁逊的一颗炸弹引爆了对罪犯矫正的梦想，在否定罪犯矫正各种措施有效性的同时，监狱的负面影响更是凸显。美国 1985 年制定的《综合犯罪控制法》明确指出：刑罚目标不是复归社会，而是正当惩罚和控制犯罪。[①] 于是，针对矫正罪犯的措施受到了遏止并废除，而对罪犯以严厉的刑罚惩罚实现“刑罚正义”成为罪犯矫正、刑

① 张婧：《监狱矫正机能之观察与省思》，中国人民公安大学出版社 2010 年版，第 52 页。

罚执行目的所在。在罪犯矫正中广泛使用的不定期刑、假释等方法被严格限制使用。心理矫治虽然仍然存在，但罪犯不再被看成是可以治愈的“病人”。相应地监禁刑更多采用，重刑思想起死回生。当然，此时追求的刑罚正义，实现惩罚公平，已经与传统的已经消逝的历史上的威慑刑大不相同。威慑刑采用简单粗暴的手段对待罪犯，没有人性与人道可言，刑罚正义的回归是在矫正病人式的矫正后的转型。但正因为是转型而非转变，所以刑罚正义必不可免的是在前一罪犯矫正基础上的理性化的前进。由此形成了一种理性的、严格的管控关系。

之所以成为理性而严格的管控关系，是因为相对于其他矫正而论，刑罚正义下追求的公平强调刑罚的惩罚作用，因为对罪犯必然要更加严格而严厉。在原来的病人化矫正效果不佳后，管理罪犯成为矫正罪犯的主要任务，让罪犯遵循监狱的管理秩序，是衡量矫正效果的重要标准，因此称之为严格；同时，尽管严格且严厉的管理是首要任务，但并非毫无章法，而是在更加理性的、公平的前提下进行的，避免对犯罪人过度的惩罚。应秉持公平、合理的原则，使罪行与惩罚相均衡，进而使犯罪有尊敬地接受合适的惩罚。① 故此，管控关系中担当管理控制的主体自然成为矫正主体，而罪犯即便是有尊严也是为了实现社会防卫的渺小手段和工具，其他可能成为主体的矫正者因与“管”与“控”关系不大，也自然难以融进矫正关系中。

4.“恢复性矫正”下的“多方互动关系”

恢复性矫正是在恢复性司法的理念下展开的，恢复性司法是为了解决受害者的需求，鼓励加害者承担责任，并让那些受到不法行为影响的人参与到程序中来。② 恢复性矫正吸收恢复性司法的理念，在专业人员的组织下，采用受害者-犯罪人和解会议、家庭会议、监狱-社区方案等形式多样的恢复性措施，通过犯罪人与受害者及受犯罪影响各方的充分沟通，促使罪犯主动承担犯罪所引起的具体责任，促进受害者及社区理性对待犯罪，以达到增强罪犯适应社会能力，改善或修复引起犯罪和被犯罪所破坏的社会关系，减少重新犯罪的目的。传统矫正模式下监禁刑的封闭式与矫正社会化的矛盾、劳动改造异化的现实、罪犯法律责任与道义责

① 林茂荣、杨士隆：《监狱学：犯罪矫正原理于实务》，台湾五南图书出版公司 2003 年版，第 64 页。

② 霍德华·译赫：《恢复性司法》，章祺、阎刚等译，載狄小华、李志刚：《刑事司法前沿问题——恢复性司法研究》，群众出版社 2005 年版，第 29 页。

任的分离等方面存在问题，[1]恢复性矫正从多方利益出发，让多个主体之间的相互协调，通过多种方式呈现辐射性的作用，通过罪犯、被害人、社区等之间的互动来达到恢复原有的秩序和社会关系的目的。

恢复性矫正注重通过沟通、互动改善关系，注重罪犯和被害人的需求，同时关注到了其他受到犯罪影响的社区，形成了一个矫正系统。系统中，在矫正人员的组织下，大家需要在面对面的形式下进行谈话。特别是被害人与罪犯之间，在法庭审判过程中一旦没有达成谅解，那么，两者之间的怨恨仍然存在，甚至很深。如果能够通过一种较为缓和的方式缓解两者之间的关系，一方面可以对被害人的心灵和物质进行补偿，另一方面也是罪犯自身改变的内在动机。因此，恢复性矫正中，矫正者手中的权力除了刑罚所自带的强制力外，更多的是为罪犯能够与恢复性矫正中的他者进行有效沟通，罪犯能够被尊重地对待，成为自我改造的主体，与多方主体之间进行互动。只是由于目前恢复性矫正在适用上，取决于罪犯本人的选择、被害人的同意、社区的支持条件等细节方面，有局限性，但其所贯彻的矫正主体之间的互动关系确实提升了罪犯的矫正地位。

5.“循证矫正”下的“共同体关系”

当下，科学成为这个时代的主宰力量。无论是自然科学还是社会科学，人们都在试图寻找更简单、更精确的行为方式。当科学精神从自然科学向人文社会科学渗透，当更多的“学科”成为“科学”的时候，循证实践运动的兴起画出一道赏心悦目的风景线。在很多学科的实践中，即便是在人们的日常生活中，都在潜移默化地寻找证据为自己的行为作支撑。这种朴素的常识，符合了科学发展的逻辑，也是循证的最初形态。循证的循，意为遵循或根据；循证的证，即为证据。循证，简言之是遵循或根据证据的方法。我们从事任何工作，任何事情，都要遵循或根据证据所为。如在我国刚刚兴起的罪犯循证矫正工作，我们要关注矫正方案的过程，矫正过程的依据是什么，选择方案要以事实说话，以证据为根据。[2]循证中的证据是建立在对既往文献系统分析的基础上，追求大样本、多中心、随

① 狄小华：《多元恢复性刑事解纷机制研究》，法律出版社 2011 年版，第 191 ～ 194 页。

② 2012 年 9 月司法部在江苏宜兴召开了“循证矫正方法及实践与我国罪犯矫正工作”研讨班。此后，在江苏省确立了四个循证矫正的试点单位。

机对照试验的结果，是建立在群体水平上的考察。①

“循证”作为一种具体的方法即为循证实践。循证实践是通过实证研究方法，绝非传闻、轶事、单纯的专业经验，更非个人感觉，其重点关注被证实有效的方法。循证实践的核心是遵循研究证据进行实践，强调在实践过程中寻找“最好的研究证据”。循证实践是涉及研究者、实践者、实践对象与管理者四个方面的理论体系，研究者提供与实践相关的最佳证据；管理者进行协调，制定相关指南与标准，建立证据数据库，并沟通与其他三方的关系；实践者根据最佳证据进行实践；实践对象积极参与决策，与实践者一同制定实践的决策；最终的决策应是实践者经验、实践对象的愿望及研究证据之间所取得的平衡。②循证最初是从医学中走出，其理念扩及多个学科领域，出现了样式繁多的循证实践。如循证教育学、循证管理学、循证经济学、循证犯罪学等。循证实践运动兴起后，它不仅强化了人们希望遵循证据的信念，而且在方法论及具体的操作层面为人们提供了一整套可供参考的框架体系。③

循证不单单是强调了“遵循”与“证据”，同时，更进一步讲，循证也是一种有理有据的创新。因为如果只是单纯查证用证而不进行有序管理，不加以整理和积累，将难有突破和创新。因此，循证不仅是一套“遇到问题—循证解决问题”的科学决策方法，而且还是一套“总结过去—发现新问题—科学研究—创证解决问题”的科学发展机制。④故此，循证的循，在前述“遵循或根据”的基础上，还有“循环”的意思，但非原初的循环，而是螺旋式的上升循环。⑤

如今，循证已经不再是循证医学的专有名词，而是多个学科实践领域共同关注的方法论与指导思想，成为一种“遵循证据”进行实践的时代精神与文化信仰。随着实践者遵循证据进行实践的自觉性不断提高，社会要求实践者“循证”的呼声也越来越高，一场更为浩大、横扫整个人文社会科学领域的“循证实践”运动

---

① 王平、安文霞：《西方国家循证矫正的历史发展及其启示》，中国政法大学学报，2013年第2期。

② 杨文登：《循证实践：沟通研究与实践的桥梁》，中国社会科学报，2010年第126期。

③ 杨文登：《循证心理治疗》，商务印书馆2012年版，第13页

④ 李幼平：《循证医学》，高等教育出版社2009年版，第43页。

⑤ 钱洪良：《基于循证矫正解析的我国社区矫正问题分析》，商业时代，2013年第11期。

正在积极地酝酿中。[①]

循证本为一种方法论，对各种理论、各种学说、各种流派没有高低贵贱之分，只要能用充分的理由证明其有效性即可。因此，循证实践中的第一步就是收集和整理现有文献资料，从中寻找最佳证据。其次，循证整合了研究者、实践者、实践对象和管理者。循证的过程中有四个主体分别各司其职，但又彼此相通，融为一体。研究者提供的证据为实践者所用，实践对象的主动积极参与保证了循证的良好结果，管理者协调关系，分配资源。四方主体不再一盘散沙、单兵作战，而是为了一个目标而有所为。四方主体形成共同体，一个利益协调的共同体。与哲学上的共同主体相对应，某一群体主体只有在其成员都意识到自己的主体身份，能够相互尊重、相互协调、共同行动、共同面对相应的客体世界之时，才称得上一个共同主体。共同体的活力依赖于成员的活力，个体的活动总是和而不同，现实的共同体与理想中的尽管有差距，但通过共同的努力会无限接近。[②]

（三）刑罚目的决定矫正模式的样式

“狱制与刑制，有形影表里之关系，故二者之发达进步，必同时起。”[③]刑法的理性发展，刑罚制度的创新，行刑理念的嬗变，都会对监狱行刑产生深刻的影响。监狱作为刑法、刑罚及行刑理论与思想的“试验田”，其行刑效果也会以信息反馈方式作用于刑事法制的建设和完善，这既是刑罚机制运行的结果，也是刑法自身良性运行的要求。[④]

只要刑罚的本质不变，那么形式上再文明的监狱，也只能是“巧妇难为无米之炊”。上述无论是矫正模式决定的矫正关系，还是矫正关系决定的矫正主体范围，最根本的是刑罚目的使然。为什么要对罪犯施以刑罚，施以什么样的刑罚都可以从刑罚的目的上找到根据。如果我们把刑罚目的以刑罚的惩罚对象为立足点，可以分为三种类型：

---

① 钱洪良：《证据科学的循证视角》，证据科学，2013 年第 5 期。

② 郭湛：《主体性哲学——人的存在及其意义》，中国人民大学出版社 2011 年版，第 212 ～ 217 页。

③ 王元增：《监狱学》，北京监狱印行 1924 年版，第 1 页。

④ 张苏军：《中国监狱发展战略研究》，法律出版社 2000 年版，第 78 页。

1. 以行为为中心的惩罚性刑罚

既然“刑罚以剥夺人的权益与施加道德谴责为内容”[①]，刑罚自产生之日起便与惩罚形影相随，刑罚为惩罚而存在。在以什么为惩罚对象的问题上，行为成为首要者。做了什么样的行为，就应该接受什么样的惩罚，行为的性质和轻重程度决定这惩罚的性质和严重程度。这种聚焦于行为的惩罚性刑罚在上述的“劳动改造”下的利益关系、“治疗”下的“医患关系”和“刑罚正义”下的管控关系中体现。在这三种矫正模式下虽然形成了不同的矫正关系，但刑罚的目的都在于对所实施行为的惩罚。而行为之外的对象，如行为人的个体情况则不是惩罚考虑的因素。主要的原因是此时刑罚的目的在于惩罚，而不包括惩罚之外的其他目的。行为人要为自己的行为付出代价，且这种代价就是接受人身、自由、生命等被剥夺，也就是惩罚的真谛。

2. 以行为人为中心的改善性矫正

刑罚的承担意味着接受惩罚，但并不是所有的刑罚目的都是惩罚，还有为行为人改恶从善的改善性矫正。刑罚的目的不再以行为为中心，而转向了行为人，从行为人的个体入手，挖掘行为人犯罪的原因，寻找让行为人转变的因素。可见，这种以行为人为中心的改善性矫正不再单纯地看行为如何，而是关注到了行为人，以不同人的境遇和个体差异而表现出不同的矫正关系，但刑罚的目的都统一到了让行为人改“善”上面来。如在“恢复性矫正”模式下就是这种改善性矫正所形成的多方互动关系，就是因为注重人的因素，从而与人有关的因素会形成互动关系。

3. 行为和行为人兼顾的多元化矫正

如果只关注到行为可能会使刑罚个别化，而如果只关注行为人可能会使刑罚最原始的报复性丧失。因此，只有那种行为和行为人兼顾的情况下，才能使刑罚目的获得最大程度的实现。在循证矫正模式下可以认为是这种行为和行为人兼顾的表现。刑罚的惩罚不代表行为的改“善”，刑罚的改善也不代表对行为的惩罚，故此需要一种模式将两者收入囊中。循证矫正一方面要看到行为的客观表现，另一方面也要注重个体的不同，最终确定的矫正方案就是在行为基础上，兼顾行为人个体而形成的。

---

① 邱兴隆：《关于惩罚的哲学——刑法根据论》，法律出版社 2000 年版，第 1 页。

二、关系中罪犯矫正主体性的特质

在矫正关系中，罪犯作为刑罚执行的对象这一特殊地位，其主体性与其他主体相比必然有着特殊性。深入剖析罪犯作为矫正主体的特质，对于罪犯自我认知、他我认知以及处理好矫正关系中的各种关系，都是至关重要的。这里我们不是单纯地就罪犯而谈论罪犯，而是将罪犯置于所处的矫正关系中，从关系入手，以关系来拨开罪犯矫正主体性的特质。

（一）罪犯的矫正主体性具有依附性

从前述的主体间理论来看，主体与主体之间是共存的，只有互相承认与尊重才都可以成为主体，只存一方主体，便不可能存在主体间的关系，则回落到主客关系中。但主体的身份和地位以及活动必然受到其他主体的制约和影响，尤其是在面对与其身份和地位相对悬殊的一方，其影响程度关系着弱势一方是否能够成为主体和是否能形成两者的互动。

1. 罪犯的矫正主体性权利的依附性

罪犯在所有的行刑法律关系的参加主体中，是被动参与者，是义务的一方。[①]罪犯即便被承认了在矫正中的主体性地位，也因为身份的特殊、环境的局限、权利的部分剥夺以及自我认知的不足而使本该的主体性地位具有了对其他主体，特别是监狱警察的依附性。如果说罪犯的身份已经无法改变，监狱的环境已经无法拒绝，自我认知不足已成事实，那么，罪犯的权利并非完全不可实现。除了判决中已经被剥夺的权利外，罪犯与公民一样，都属于宪法上的权利主体，享有宪法上的基本权利，但与公民不同的就在于这些未被剥夺的权利在行使和实现的方式上是受到监狱这个封闭且管理森严的环境所限。很大程度上，罪犯的权利需要监狱机构提供必要的条件保障权利享受或实现。20 世纪 70 年代，在权利主义高涨时代下产生的人权主义改造观，认为罪犯有追求幸福的权利，是指国家有义务保障罪犯在被改造过程中提供相应的管理和服务，罪犯那些没有被明确剥夺的权利，国家当然要创造条件提供，比如罪犯的娱乐权、休息权、文化学习权等。从这个意义上讲，罪犯改造的过程当然是罪犯权利享有的过程。[②]因此，罪犯的矫正主体性权利不是自发可以实现的，是对矫正机构有一种必然的依附性。这就如上所

① 刘崇亮：《罪犯改造自治权论》，当代法学，2016 年第 3 期。

② 刘崇亮：《罪犯改造自治权论》，当代法学，2016 年第 3 期。

述，对于监狱警察来说，保障性权力即是为了罪犯的权利实现而提供保障性的措施，如果在保障性权力行使不利或者受到惩罚性权力和管理性权力的压缩或排挤，那么罪犯的主体性权利很可能就会形同虚设。也正因为如此，罪犯的矫正主体性地位往往处于有形式无实质的状况。

2. 罪犯的矫正主体性具有被动性

一旦开始刑罚执行程序，被告人成为罪犯，承受着人身自由被剥夺，权利被削减，加之监狱这些场所一贯的高压态势，即便罪犯的矫正主体性是既然事实，也会在主体性的实际层面无法充分显现。虽然现代监狱已称为罪犯矫正的场所，但思想矫正、心理矫治、道德教化、行为养成、职业技术教育、文化教育、劳动改造等内容都是作为强制性的义务而存在的。① 对罪犯而言，这些强制性的义务是其在矫正过程中必须要履行和遵守的，否则带来的会是不利于罪犯的结果。在这种情势下，罪犯的矫正主体性自发、自为的实现谈何容易呢？显然，罪犯主体性地位的实现是被动的，“他律”的，罪犯矫正主体性权利需要官方矫正权力的保障。也是如此，如果保障性不足或不利，被动性的矫正主体性地位就可能始终处于受动格局中受动性的存在。

（二）罪犯与其他矫正主体之间的交互性

1. 罪犯与监狱（监狱警察）的交互关系

监狱是国家的刑罚执行机关，掌握着大部分的国家刑罚权。罪犯是刑罚的执行对象，国家刑罚权的承受者。监狱拥有的国家刑罚权具体是由监狱警察来行使的，监狱警察成为国家刑罚权的代言人。国家刑罚权的强制性和法定“侵权性”使监狱警察与罪犯的地位呈现出悬殊的差异性，特别是当罪犯是那种罪大恶极之人时，差异性变得更加离谱，如同一个在天上，一个在地下。尽管如此，罪犯与狱警二者都是矫正的主体。如上所述，狱警是主导矫正主体，罪犯是自我矫正主体，两者的目标都是罪犯的改造成功。在矫正关系中，主体之间的关系是互为的、双向的，非单项式的存在。狱警的矫正权力保障着罪犯的主体性地位，没有狱警矫正权力的正当行使就不会有罪犯的主体地位；罪犯的存在是狱警存在的前提，如果没有罪犯国家就不会设立监狱，没有监狱也就不可能有狱警，狱警的职业发展也在一定程度上取决于罪犯群体的生灭。但很显然，只要有国家，犯罪就不可

① 刘崇亮：《罪犯改造自治权论》，当代法学，2016 年第 3 期。

能消失，罪犯也就不可能消失，狱警也必然随之存在。因此，作为主关系中的二者是矫正关系最关键和最重要的两方，他们在矫正关系呈现出彼此交互性的生存，且生存的质量也自然取决于二者的行为。

2. 罪犯与被害人的交互关系

被害人是犯罪行为的侵害者，这里是广义的理解，包括了直接和间接的被害人，如被害人的家属和亲友。而被害人与罪犯二者之间的关系如上已有论述，如果二者就因此而老死不相往来，被害人仇恨至终，罪犯或悔恨、或惭愧、或不以为然、或恍恍惚惚，那么实际上无论对于罪犯还是被害人都无疑是个悲哀。因为刑罚的执行仅是让罪犯在肉体上感受到了痛苦与折磨。如果完全隔离开二者，互听不见彼此的声音，那么刑罚的惩罚仅仅是表面最浅层次的惩罚，这样的罪犯矫正不会有预想的矫正效果。罪犯出狱之后不会有改善，甚至可能在监狱中相互影响而重犯。因此，无论是从恢复性矫正还是后来的综合性矫正来看，罪犯与被害人的关系应该通过刑罚执行过程中的措施来拉近和协调。恢复性司法下的恢复性矫正促进了罪犯和被害人的关系，无论是对罪犯还是对被害人，恢复性矫正都是将两者作为矫正工作的对象，反过来就是矫正主体，让罪犯参与到矫正活动中来，切身地感受和改变；让被害人从仇恨中慢慢地走出来，缓解犯罪给自己带来的伤痛，从“不杀不足以解恨”到“不杀也可以无恨”，从与罪犯敌对到接受罪犯的悔罪及补偿。恢复性矫正下给我们展现了一幅非常美好的、和谐的矫正画面。尽管在实践中，监狱等矫正机构执行方式有所不同，或者在执行过程中会有障碍，但作为一种可以将罪犯与被害人置于同一个平台中对话，理性地处理罪犯与被害人的关系的理念和程序是矫正主体关系中非常重要的一环。

在一些国家，被害人也是诉讼的主体，在刑罚执行程序中也不可忽视。对被害人心理和精神的抚慰需要从罪犯这个源头上着手，而罪犯的心理和精神的悔悟与顿悟也需要从被害人这个点突破与落实。因此，作为辅关系中的二者是矫正关系最柔弱也最坚强的，他们在矫正关系呈现出彼此交互性的生存，且存在着好与坏的不同结果。

3. 罪犯与其他参与人的交互关系

罪犯与狱警的交互主体性构成了矫正关系的核心，罪犯与被害人的交互主体性构成了矫正关系的弱点，当然罪犯与罪犯之间、罪犯与社区之间以及罪犯与其他矫正主体之间也是相互主体性。反过来，其他矫正主体如果不承认罪犯的矫正主体地位，视其为矫正客体，是等待着受惩罚的绝对对象，那么，交互主体性就不存在了。

4. 罪犯矫正主体之间的交互形成矫正主体系统

主体间关系就是要求双方互为主体，不能舍弃一方保全另一方，不能承认一者否认他者，这种交互关系就是一个系统。现代系统论理论认为系统是相互作用的诸要素的综合体，在系统中要素与要素之间存在着一定的有机联系，从而在系统的内部和外部形成一定的结构或秩序，每个系统由不同的子系统构成，而系统又从属于一个更大的系统，如此，系统整体与各要素之间，要素与要素之间，系统整体与环境之间，都形成相互作用和关联的机制。[①]矫正关系就是一个矫正系统，是一个人为的、开放的、动态的矫正主体系统[②]。说其“人为”，是因为这个系统并非自然系统而是人造系统，正是因为有了犯罪才会有罪犯接受惩罚，有监狱执行惩罚，但人类文明的发展要求监狱不能为了惩罚而惩罚，要施以人道主义和科学主义，应对罪犯进行矫正。可见，正是人类社会文明与科学的发展，在原本充斥了“恶”的监狱中人为地增加了一个带有人文关怀和温情的矫正。说其“开放”，是因为这个系统非封闭性的系统而是开放式的系统。矫正主体的范围并非一开始就固定不变的，而是随着对罪犯矫正的理论和实践的丰富逐渐发展而来的。在这个开放的系统中，会不断地融入新鲜的血液，系统也在逐渐扩大。说其“动态”，是因为这个系统非静止系统，而是动态系统，正是因为矫正系统的人为与开放性，使得矫正系统处于不断变化和发展中。从矫正之初到矫正之终，矫正主体会随着矫正措施的进行而发生从理论到实践的变化，有些主体理论上都可以称之为矫正主体，但在矫正实践中会根据不同的罪犯和不同的矫正方案选择不同的矫正主体参与到矫正活动中来，成为实际上具体的矫正主体。

（三）矫正主体之间的利益平衡性

1. 矫正主体之间的利益冲突

尽管参与矫正的几方都可以成为矫正主体，但他们参与矫正的目的和追求是不同的，利益冲突在所难免。以罪犯为中心点展开来看，罪犯与狱警的利益冲突

① 李国纲：《管理系统工程》，中国人民大学出版社 1993 年版，第 12 页。

② 林林：《被追诉人的主体性权利论》，中国人民公安大学出版社 2008 年版，第 63 页。

是明显的，狱警具有的惩罚性权力和管理性权力都会使罪犯的权利受损，使罪犯成为“阶下囚”，受制于狱警。在很多控制型的监狱中更是以高压的态势对待罪犯，有些罪犯会觉得他受到的刑罚痛苦好像是狱警给予的一样。罪犯的抵制、反抗常常成为监狱里的不稳定因素，对监管秩序造成威胁，而监狱的安全与秩序则是评价狱警工作质量的一个关键要素，直接关系到了狱警的职业考核，而这又是来自被监管的罪犯的行为。在利益面前，趋利避害是人的本性。无论是罪犯还是狱警，争取对己有利的是无可厚非的，罪犯为了自己的利益，不得不考虑到比自己更强的，自己认为可能会帮到自己的其他罪犯，于是就加入某个非正式群体中，或者与某些罪犯形成帮派。而这些非正式群体或者帮派与狱警的对立构成了监狱中监管和矫正的难题。

以罪犯为中心点展开来看的利益冲突还可能发生在罪犯与被害人的关系上。二者的关系上述已有陈述，但若从利益冲突来看，判决中刑罚和附带民事赔偿是罪犯要承担的责任，是否取得被害人的谅解也是刑罚量刑考虑的重要因素。附带民事赔偿和是否取得被害人的谅解，也会成为刑罚执行阶段的重要事项。

2. 矫正主体之间的利益平衡

矫正主体之间存在利益冲突的同时，实际上也在总体上保持着利益的平衡态势，如同能量守恒定律一样。矫正主体之间因为以主体的地位发生交互关系，这就决定了主体之间要充分理解和认可其他主体在交互关系中的独立存在，而不能为了自己的利益而不顾其他。特别是权力主体，很可能因职业利益的存在而趋利避害。但这种避害仅是在较短的一段时间内发生，在较长的矫正活动中，矫正者与罪犯等矫正主体之间保持了总量上的平衡。

3. 矫正主体的利益共同体

在矫正主体的利益冲突与总体平衡中，矫正主体间最终要形成的其实是一个利益共同体。在这个利益共同体中，存在着多元化的矫正主体，他们之间完全承认个体的差异和个体不同的短期目的，但最终形形色色的矫正主体在围观者来看，都是一个国家矫正领域中的一分子，代表着一个国家或地区矫正的水平，也表征着矫正的自我特点。他们要共同地面对外界的指责或称赞。当然，利益共同体中可以分为若干个不同的利益群体，每个利益群体的认知水平决定了矫正主体的利益共同体的自我认知的高低。如矫正者群体，不但要对自我的矫正职责明确，更为重要的是对其他矫正主体的同等视之，不轻视，不蔑视。同样，其他矫正主体，不管是罪犯还是其他辅助的参与矫正主体，对自我的认知和对他人的认知也是如此。因此，可以说，在利益共同体中，所有的矫正主体在不同目标的实现上最终实现了共同体的利益。

第二章　罪犯矫正主体的现代展开：从主体性到主体间性

第一节　罪犯矫正的主体性特征

当人的主体性地位彰显，具有了经验意义的理性人不再受制于上帝或者王权，社会的发展由人类自己掌控，主体性理念指引着方方面面。罪犯矫正已经远远抛弃了历史上对罪犯的非人处遇，惩罚的同时更关注对罪犯的矫正，使之成为守法公民，呈现了主体性的罪犯矫正构成了当下矫正领域的表征。

一、个人（矫正者或罪犯）在矫正中的主体性地位

主体性哲学中强调主客二元分化的思维方式，主体之外的“他者”都被边缘化，甚至当他者有了自己的独立意志，拒绝主体的某种需求时，就会被作为异质而贬低和排斥。主体性支撑的罪犯矫正强调个人在矫正中的基础性地位，而“个人”可能是矫正者，也可能是罪犯。但因矫正者具有天然的优势，当矫正者的矫正主体性地位确立之后便“岿然不动”，而罪犯即便在人权观念和现代先进矫正理念下上位，也仍难受主体之位。

1. 矫正者的矫正主体性地位

自矫正诞生之日起，矫正者即拥有了矫正主体性地位，刑罚是以“矫正可以矫正的罪犯，使不可矫正的罪犯不为害”的论断，表明可以矫正的罪犯与不可矫正的罪犯两者的区分由矫正者判断，至于采用何种“疗法”，配以何种“药物”，都是由专业的矫正者来决定的，罪犯只是承受者、接受者。矫正者所进行的一切矫正活动都被认为是为了罪犯好，为了罪犯早日离开监狱，回归社会。

我国监禁矫正措施主要包括：管理矫正措施、教育矫正措施、心理矫正措施、劳动矫正措施、刑罚执行措施等方面。每项矫正措施均包含数项不等的具体矫正措施，比如管理矫正措施就包括：军事化管理、严管、禁闭处分、封闭管理、制定《行为规范》、百分考核、警察监控等方面。该部分包含了对罪犯的分级处遇相关措施和内容。这种管理与被管理的关系直接与分级处遇衔接，几近于命令与服从的关系。很显然，矫正者作为管理者，直接行使矫正权力对罪犯进行管理矫

正，对罪犯而言，如态度不好，不配合，不接受，或者反抗等都会被视为不积极改造的表现。上述情况，在矫正机构平常的矫正活动中基本处于常态。而教育矫正措施，随着教育理念的发展，各地矫正机构根据地方特色发展了一些新的方法，如人格教育、耻感教育、道德教育、传统文化教育、生命教育、艺术矫治等。此外，为了罪犯刑释后能自食其力，顺利融入社会，监狱实务界与时俱进，根据罪犯刑释后的就业需要对罪犯进行技术教育，开展各类培训班。在教育矫正中，同教育领域师生关系类似，教师掌握着更多的话语权，并具有较高的权威，形成了话语背后的不平等的权力关系，构成了“以权力行使者为中心”，即矫正者为矫正主体和矫正中心的构造。至于其他矫正措施如心理矫治、劳动矫正等也同样是矫正者的“独白世界”。

2. 罪犯为矫正主体

如上，在法律规范或理论层面，罪犯是当然的矫正主体，这是人权观念的必然结论。矫正机构也积极倡导“从以监狱工作干警为本位转为以罪犯为本位，在罪犯的权利与义务的关系上，确立权利本位的取向；根据罪犯在改造活动中的特点确立他们的主体地位”。而“平等对待罪犯”的提出，尽管有些许争议，但作为矫正主体的法律地位已经得到了正名。有学者为了理清矫正主体而提出了“二层次主客体联结论”：监狱行刑主体是监狱及其民警，行刑客体是罪犯；改造主体是罪犯，改造客体是罪犯的犯罪思想和犯罪恶习。可见，罪犯为矫正主体似乎是理所应当的结论。但正如上所述，罪犯为矫正主体的身份更多的是一种形式，而实然上罪犯在矫正中近乎客体，坐实矫正主体还有距离。

矫正者视罪犯为矫正的对象，是其工作针对的具体目标，这在以往的矫正中，大多如此。如新中国成立之后的劳动改造，发展多年后演变成为监狱企业的经济利益服务，强迫性的劳动麻木着罪犯的神经，罪犯不得不为了加分减刑而劳动，无所谓劳动能力和劳动兴趣。对于增加罪犯社会适应性的技能培训，更多的是“监狱做给外边看的”的形式。而后康复模式、重新回归模式和劳动改造模式相结合的综合模式下，矫正者所进行的劳动改造、教育改造、管理和心理矫治仍然是单方面的灌输，即便是有互动也更多体现的是矫正者的经验运用，矫正机构的求稳目标。之后在恢复性司法带动下，矫正机构尝试进行恢复性矫正，从各方的需求着手，采取形式多样的恢复性措施，通过犯罪人与受害者及其受犯罪影响各方的充分沟通，促使罪犯主动担责，促进受害者及其社区理性对待犯罪，达到增强罪犯适应社会能力，改善或修复被犯罪破坏的社会关系的目的。恢复性矫正以其互动性和自主性给罪犯为矫正主体做好了铺垫，通过赋予积极角色，使犯罪人实施积极的行为。这种美好的愿景勾画了罪犯矫正主体性的实现，有些地方提出带有恢复性矫正精神的“受害人谅解制度”“亲情套餐工程”等，但遗憾的是，恢复性矫正需要有被害人的案件才能适用，且一般更多的适用于对社区矫正或其他刑罚较轻的罪犯，对那些没有被害人的，或者重刑犯则很难谈及适用。所以恢复性矫正听起来好听做起来难。新近循证矫正刮起了一股强劲风，其将矫正实践者、管理者、矫正对象、研究者作为四方主体各负其责又彼此配合，有望给予罪犯矫正主体性的重新回归。笔者将在后文进一步介绍。

二、主体的理性主义至上

理性，是主体性理论中的核心概念。所谓理性，是指人具有认识世界的能力，而世界本身是有秩序地和有规律地变化着的。主体性的理性主义一方面推动社会发展，另一方面，理性与科学主义结合后逐渐滑向狭隘的“工具理性”。若以这种异化了的、非人格的“工具理性”对待主体，就会被当成物理事实来看待，人在这个世界上存在的那种独具韵味、不可替代、丰富多彩的价值和意义就会被忽略掉，人的主体性在被高扬的同时也在被片面化、狭隘化，并且最终被异化。在罪犯矫正中，矫正活动从始至终都深陷在理性主义的包围中，虚幻的矫正被异化。

主体性哲学确立之初的17、18世纪，“理性”和“自由”是人的最高本质，人是目的而非手段。理论上提升人的地位并没有给罪犯的地位带来改变，尽管当时已经存在名为矫正机构的教养院和习艺所，但这里是地狱一样的场所，毫无矫正可言。随着自然科学向社会科学的渗透，主体性哲学呈现出人的主体性繁盛之景，实证主义大行其道。人积极地、能动地、创造地掌握科学技术，以便最大限度地征服自然、创造更多的物质财富。人们认识犯罪成因的深度和广度扩大，从外观的行为深入到行为人本体，从自我意志扩展到生理、心理和社会，全面渗透着科学的气息。如曾经兴盛的医疗模式以及与其相适应的康复政策，将罪犯视为病人，强调罪犯自身存在的心理或生理问题，利用医学以及心理学的方法进行治疗，同时将“社会复归”作为处遇的目的。因此，发扬了基于同情和博爱之上的人道主义精神。但遗憾的是，矫正理论与实践的境况是“把犯罪人置于客体的地位，在心理学家、教育家和精神病学家仁慈的矫正下，服刑人员就像天竺鼠一样，被不停地用于新的实验。实际上是开启了一种无限制的、压制性的、家长式的和说服性的刑罚实践和惩罚模式，强加给服刑人他不想要的文化和粗暴地操纵他的人格”。矫正被异化为社会镇压的遮羞布，罪犯个人必须接受刑罚义务的社会责任论来满足国家防卫社会，以矫正之名行控制压抑之实。

在矫正效果屡受诟病，不断受到各方质疑的情况下，矫正制度逆转，古典学派下的报应主义抬头，以实现“公平正义”的正义模式，尽管其不排斥矫正，但对矫正的关注被抛在了“公平、报应”观念追求之外，甚至有时会成为社会防卫的最好援手。至于后期的恢复性矫正和新近的循证矫正尚未形成矫正的主流，难称罪犯为矫正主体。

可见，如此的罪犯矫正中，尽管矫正人道主义、公平、法治精神等逐渐被发扬，但罪犯的矫正主体地位并无实然存在，成为所谓矫正主体的是代表国家行使刑罚权的矫正机构及其矫正者，主体的理性反映的也正是矫正者的理性智慧。

三、以社会利益为中心

主体性哲学强调在人与自然的关系中，人类中心主义是解决问题的关键和宗旨，在主客二元分明下，人类对于战胜自然雄心勃勃。应对犯罪的问题，科学的认识犯罪并解决犯罪问题成为刑事实证学派，不同于以往的刑事古典学派（包括报应主义和功利主义）的差异所在。它将关注的重点从行为转向行为人，从而包含了刑事矫正的观念，并开启了社会防卫功利刑罚的特殊预防之路。“我们坚信，科学真理的成就将把刑事司法变成一种自然功能，用以保护社会免受犯罪这种疾病的侵犯。”“头等重要的是保护社会不受犯罪侵犯。”[①] 安塞尔将社会防卫称为“社会如果要生存，它便必须通过镇压犯罪与矫治罪犯而保护自身”。既然刑罚的目的或者最重要的目的是防卫社会，那么，一切可能危害社会的行为都会被纳入防卫的范围。人身危险性作为衡量可能危害社会行为的基点成为刑罚启动、执行、罪犯处遇的根据，保安处分自然也成为防卫社会的当然之选。在最初的实证学派那里，只要目的正当可以不择手段，可以实施无罪施罚、株连无辜、轻罪重罚与

① ［意］恩利克·菲利：《实证派犯罪学》，郭建安译，中国政法大学出版社1987年版，第21页。

加重行刑等不公正的刑罚，使刑罚即使求之功利也失之公正。可见，在以社会防卫为目的的刑罚根据下，尽管存在着对罪犯的矫正措施，实际上罪犯仍然是实现防卫社会的手段。

而后，主体性哲学进一步发展，在面对矫正无效论等对矫正效果质问的声音中，矫正制度转型，一方面正义模式下确保了“主权国家在更广泛的疆界范围内提供‘法与秩序’，并更有力的强化了国家控制”。另一方面面对监狱爆满、经费紧张的问题，进行多种社会化矫正活动，社区性刑罚被接受。同时为了维护社会秩序，确保社区公众安全，对罪犯进行危险评估和危险控制。在以社会利益为中心下，矫正罪犯成为守法公民，矫正罪犯本身并无独立的存在价值。

第二节　以主体性为特征的罪犯矫正之殇

在罪犯矫正中，主体性原则被贯彻到矫正活动中，呈现出特有的运作逻辑。由于过分强调形式理性和既有秩序的维持和恢复，因而以主体性为特征的罪犯矫正出现了一些无法回避的问题。

一、矫正中的对立性有余，合作性不足

围绕着罪犯的矫正形成了一系列关系，罪犯与狱警，是矫正关系中最重要，最直接、最关键的关系组。在我国矫正活动中，狱警既是刑罚的执行者，又是矫正的实施者。在监狱这个特殊的环境下，“维稳”的目标始终是悬挂在监狱工作人员头上的警钟。什么样的关系最为稳定呢？显然，上命下从，严格听指挥守纪律的军事化管理是首选。但监狱不同于军队，军人的使命不同于罪犯的使命，罪犯的主体性权利与义务被客体化为服从，主体的积极性、主动性微弱，更无创造性可言，在监狱等矫正机构中狱警的惩罚权扩张，矫正权缩小，罪犯的矫正主体性被惩罚权压制而艰难寻找渺小的“存在感”。当罪犯矫正主体性尚未成为矫正实践的常态，即便是听命于、服从于矫正机构，也更多是违心而不得已为之，用表面的“合作”敷衍以求得可能对己的减刑、假释。

二、矫正中的“顾后性”有余，未来性不足

矫正的诞生始于对犯罪的认识从“行为”转变为“行为人”。如何矫正行为人，

自然要对其过去进行解剖，因此，矫正活动围绕着矫正对象的已然犯罪，进行各种过去式挖掘。当不被看好的过去呈现出来的时候，在矫正者的意识中已经认定了矫正对象是一个什么样的人，而进行的矫正活动也是在这样一种感觉和情绪中进行。罪犯入监的人身危险性评估而后进行的分级管理，在“顾后性”的标准下分而治之。罪犯所进行的强制劳动，是日后考核的重要标准，并非旨在日后回归社会，毕竟罪犯犯罪原因各异，但劳动是强制而为。“为了防止再度发生，我们必须记住过去发生的事情。但是我们必须忘掉与之相关联的感觉、情绪，只有忘记，我们才能够向前走。”①矫正罪犯也是如此，罪犯要记住过去自己曾经给社会、他人造成的伤害，并寻求更好的弥补，但不必然让罪犯始终沉浸在过去中，以什么样的心态和行动面向未来更为关键。故此，把罪犯改造成守法公民，降低重新犯罪率，维护社会秩序，这是外在的标准和要求，而罪犯发自内心的“重新做人”，人们发自内心的宽容、原谅和宽恕需要矫正体系建设性地应对和发展。

三、矫正中的“中心论”之困

“以人为本”，在罪犯矫正领域以“何人”为本有不同的声音。一些人认为，应该以罪犯为本，注重罪犯应有权利的实现；有人认为“以人为本”，首先体现提高监狱领导的执政能力，培育职业化监狱民警队伍，然后才是罪犯的尊严和应有权利。也有观点认为“以人文本”的科学发展观，既要保障罪犯人权，也要关注狱警的权益保障，两者是处于同一过程中相互联系，相互影响，相辅相成的辩证关系。虽然上述的观点都有罪犯在矫正中的一席之地，但实践中罪犯的矫正主体地位仍是虚位，罪犯与狱警之间、罪犯与其他矫正参与者之间的对话渠道还不畅通，甚至阻塞。而往往在谈论或践行以一方为本或双方兼顾的情况下，无论是以罪犯为中心还是以矫正者为中心，在矫正场域中，极容易从一个中心滑向另一个中心，从一个极端走到另一个极端。

首先若以罪犯为中心的矫正。所谓罪犯本位，就是指监狱工作干警在罪犯改造活动中，应以最大限度地维护罪犯的合法权益为出发点，以充分调动罪犯的改造积极性为己任，以使罪犯成为拥护社会主义制度的守法公民和适应社会主义市

① ［英］安德鲁·瑞格比：《暴力之后的正义和和解》，刘成译，译林出版社2003年版，第34页。

场经济发展的有用之才为目标，为改造罪犯尽心尽力。这里以罪犯为本位等同于以罪犯为中心。在“以人为本”思想的倡导下，矫正中围绕着罪犯这个圆心，为了使其成为守法公民而矫正。矫正从罪犯的矫正需要出发，调动罪犯的矫正自主性、自觉性，激发其自我矫正热情，所谓内因是事物变化的根本。如此这样的矫正效果是最优的，进而实现刑罚惩罚与改造的目标。但实际上，矫正者往往是一厢情愿地进行着自认为对罪犯有用、对罪犯用心良苦的矫正方法，而罪犯本人是否真心改过，是否向善而为则是未知数。加之矫正者的优越地位和具有的惩罚权，以罪犯为中心的矫正，不自觉地走向了以矫正者为本位的明显指向性的“他向矫正”。也就是说，此时的矫正活动，罪犯缺乏作为矫正主体的主动与自觉性，而是听命于矫正者的受动者。“主体的思想，处于自我与他人之间的动态平衡中，没有自己的思想，该主体将丧失自身的主体性，沦为他人的客体。”以罪犯为中心的矫正滑向了受矫正者支配、掌控的矫正，以罪犯为中心的价值只剩下理论上的空壳。

另一方面，即便罪犯没有沦为客体，在矫正者的引导下主动改造，“以人为本”的人仅仅是罪犯也不无问题。矫正活动中罪犯是自我矫正主体，矫正者是行使矫正权力负有对罪犯进行矫正的职责和义务的一方。监狱法第一条“惩罚与改造，预防与减少犯罪”即为监狱法的目的，第五条则规定监狱人民警察“管理监狱、执行刑罚、对罪犯进行教育改造等活动，受法律保护”。由此，矫正者行使的矫正权力的确是为了使罪犯成为守法公民，但并非为了使罪犯成为守法公民而成为守法公民，否则，矫正者也会失去自身的独立性，成为改造罪犯的工具或手段。“警察的管理权无法行使，教育权无法体现，警察的人格尊严被贬损的情形时常发生。而警察屈服于上层的管理，逼迫于外界的压力，不得不委曲求全。”

对于以矫正者为本位的矫正，在2003—2004年曾经围绕着“平等对待罪犯”的问题展开了争鸣：一部分观点强调“平等对待罪犯是我们未来十年打造新型监狱的核心理念”；一部分观点反对平等对待罪犯，而主张“监狱人民警察始终处于主导地位、支配地位，警察和罪犯的法律地位从来都是不平等的”；一部分观点认为在一定条件下、一定范围内，如人格，我们与罪犯是平等的，另一方面，在一定条件下、一定范围内，我们与罪犯又是不平等的，因而“必然平等对待罪犯”的结论是不准确的。从上述是否平等对待罪犯的问题上可以看出，罪犯无论是在理论还是实践中，与矫正者平起平坐是不现实的，但“平等对待”并非完全相同的权利与义务，而是对待不同人、不同群体的态度问题。矫正中的矫正者无疑是支配、主导整个矫正过程的，这种支配和主导在矫正的狭小的空间中，有惩罚权推动和管理权加码，矫正者实际上有的不仅仅是主导地位，而相当于绝对的统治地位。“主体的思想，过度迷恋于自己的思想，则会把自己封闭在一个狭小的精神城堡中，陷入停滞、僵化的独白主体性状态。”因此，围绕在矫正者权力的场域中，罪犯无论在理论上和立法上是否为矫正主体，都已经被矫正者的权力所压制，“以人为本”在矫正实践中往往被划入了矫正者掌控的“为本”中。固然，矫正者对矫正活动的垄断地位有利于树立矫正者的权威从而保证监狱秩序的稳定。

当前，在我国矫正领域中，“以人为本”仍然是关注罪犯的人权，以罪犯为中心。但如果从罪犯和矫正者两者均为矫正主体的视角看，主体与主体之间并不存在必须要找到一个中心，必须要定了一个为本的思维。上述无论是以矫正者为中心还是以罪犯为中心，都是在主体性思维下的二元对立，由此带来的问题尽管以罪犯为中心更强势，但我们也不能忽视同为矫正主体“罪犯领航者”的矫正者。这就需要矫正变换思维，从主体性的思维中突破出来，走向主体间性。

第三节　从主体间性看罪犯的矫正主体性

一、主体性的客体限制

主体间理论的视角是注重每个主体受到其他主体的认知与行为的影响和制约，以此分析罪犯矫正过程中，罪犯的矫正主体性明显表现为客体限制。

罪犯由于处于刑罚执行对象的特殊地位，从进入矫正机构的那一刻起，就必然成为矫正者和其他矫正主体所直接对待的对象，成为刑罚执行程序的对象化客体。在这样的现实情境下，罪犯主体的自在和自为必然会遭到被客体化对待的处遇，其基本的公民权利除了被依法剥夺之外，基本上是被冻结、克减或者被剥夺。故此，罪犯矫正主体性需要明确一些必要的制约性要素。

首先，罪犯主体地位确认是被动的、“他律”的，而不是“自律”的，“自在自为”的。[①] 在刑罚执行程序中，罪犯的矫正的启动、矫正的进行及至刑满释放，罪犯作为主体存在，都是受动性的。相较于此前被追诉的状况下还有类似于沉默权等防御的权利，而在刑罚执行中，要么是被剥夺了权利，要么就是无法行使权利。这充分说明罪犯主体地位被动性的特征。

其次，罪犯主体性地位是在主体间性下的主体性。罪犯的主体地位往往要取决于其他矫正主体的地位和价值取向。在矫正环境中，罪犯的主体性地位不是独立存在的，而是在其他矫正主体的交往中表现和确认的。如果其他矫正主体，特别是权力主体始终将罪犯视为矫正的对象，那么罪犯的主体性地位或者沦为客体或者有名无实。由此可见，罪犯主体性地位和主体性权利很大程度上并不取决于罪犯主体自身，而是在现代矫正理念进步，现代矫正模式发展下逐渐实现的。

再次，罪犯的人身自由受剥夺或限制状态的情况下，主体性权利是最低限界的权利。事实上，当一个人出于被压制状态的时候，更容易表现为反抗性、防御性，而与其他主体则表现为对立性。罪犯在这种状况下，会最大限度地使用仅有的最低限度的权利，尽可能地保护自己的利益，争取减刑或者其他有利处理。

二、主体性的认知模糊

罪犯的主体性不仅仅是需要其他主体的认可，还需要自我认知的明确。而罪犯的认知往往处于模糊中，对自我的权利和自我的地位的认知处于懵懵懂懂的状况。

首先，罪犯对自我身份的认知模糊。很多罪犯如果不是那种“几进宫”的累犯，他们对自我的认识还是不清晰的，甚至对监狱等矫正机构到底是怎样的都没有清醒的认识，可能只是知道自己的未来一段时间没有了自由，至于没有了怎样的自由，在里面做什么都是无所知道的。因此，他们对自我罪犯的认识大部分停留在最初的浅显层面。

其次，罪犯对自我主体性的认知模糊。罪犯既然对自我身份的认知欠缺，那么对自我主体性的确认自然就无法通达。罪犯身处牢狱，人身自由受剥夺，时刻听命令，遵指挥，尽管也会有受教育和学习的机会，即便是知道自己即使是罪犯的身份也享有基本的权利，但这种权利意识很容易被监狱的高压氛围所掩盖。因

① 林林：《被追诉人的主体性权利论》，中国人民公安大学出版社 2008 年版，第 37 页。

此，罪犯对自我主体性的认知大部分处于被动的模糊状态。

最后，罪犯对其他矫正主体的认知模糊。罪犯虽然都是经过了法院的审理判决，但法院的审理过程有多大的影响直接作用于他们，他们对所侵犯之人是怎样的认识，他们对监狱等矫正机构的人员是如何看待的等问题在罪犯的心里更多的是一种自我的主观推断。面对被害人，罪犯可能会认为自己已经失去了自由，就是受到了处罚；面对其他矫正主体，罪犯可能会认为这些人就是管制自己的，不让自己逃跑的，等等诸如此类。

罪犯主体性的认知模糊直接导致了罪犯主体性的虚位，缺少也难以实现主体性及其权利。

三、主体性的人格异化

罪犯在矫正机构中惯常的客体限制以及对自我和他我的认知模糊，直接导致了主体性人格的异化。

罪犯在人身自由等各个方面都受到限制和剥夺的情况下，其态度往往是消极的，常常表现为焦躁、多疑、易怒等心理，随之在外在的行为方面表现为伪装、规避、狡辩等顽劣特质。如同很多犯罪学家所言，罪犯与常人是存在心理和行为上的不同的。所谓“大多数犯罪人中，高尚的情感总是带有病态的、过分的和不稳定的色彩”[①]。而“犯罪人格是一种严重的反社会人格，是在个体生物与社会的因素制约下的最终趋于犯罪的稳定的心理结构，对于犯罪行为具有原发性”[②]。这些针对犯罪人的心理和行为描述，我们并不是要表示对罪犯的偏见和差别对待，而是要正视他们人格异化的一面，运用各种适当的矫正措施和方法改善他们。因此，现代刑罚早已经不再是原始的那种单纯惩罚犯罪和预防犯罪的工具，而是考虑到罪犯释放后是否能够回归社会，重新社会化。“国家不能总把自己看成刑罚权的主体，而应该首先负起使个人得到改善，使反社会的人重新社会化的义务。”[③]

下面以河北省部分地区未成年犯罪的调研数据为例，来说明未成年人犯罪现象所显现的主体性人格异化。

---

① [意] 切萨雷·龙勃罗梭：《犯罪人论》，黄风译，中国法制出版社 2000 年版，第 89 页。
② 魏建馨、张学林：《犯罪心理学》，南开大学出版社 2003 年版，第 122 页。
③ 马克昌：《近代西方刑法学说史略》，中国检察出版社 2004 年版，第 345 页。

（1）从犯罪主体来说，就性别而言，在所调查的 579 起案件中，当事人为男性的共有 522 起，当事人为女性的共有 57 起，可见男性是未成年人犯罪的主要群体（见图 2-1）。年龄方面，我们的数据显示：犯罪时的年龄是 14 岁的占 0.7%，15 岁占 4.7%，16 岁占 16.2%，17 岁占 40.7%，18 岁占 37.7%，平均年龄 17 岁（见图 2-2）。由于发育年龄提前和频繁接受不良文化影响等原因，未成年人犯罪平均年龄比之前 10 年下降了 1 岁，未成年人犯罪日益向低龄化方向发展。不满 14 周岁的未成年人实施抢劫、强奸等严重性案例不断增加。从文化程度来看，文盲占 3%、小学学历占 22%、初中学历占 54%、高中学历占 13%，未标明占 10%（见图 2-3）。18 岁以下群体总辍学率达到 84%。

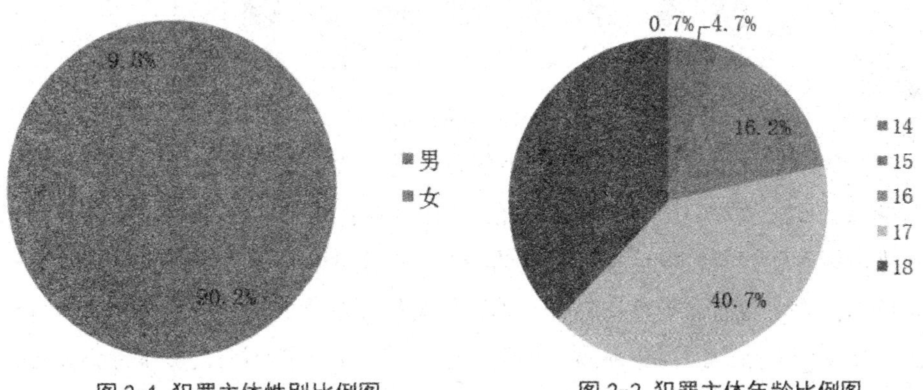

图 2-1　犯罪主体性别比例图　　图 2-2　犯罪主体年龄比例图

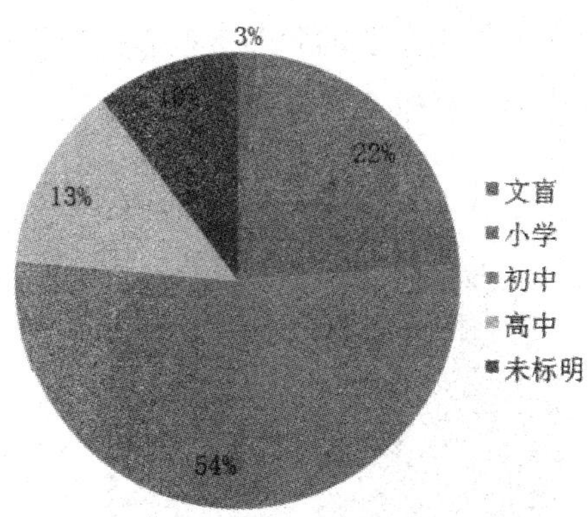

图 2-3　犯罪主体文化程度比例图

（2）从犯罪类型来说，暴力犯罪、经济犯罪是未成年人犯罪的主要形式，其犯罪率高居前列，暴力与经济犯罪属于未成年人能力之内的犯罪类型，犯罪成本低，十分常见。而性犯罪、毒品犯罪是近两年开始凸显出来的犯罪形式，十分值得我们警惕，并应在其未达到成熟状态时进行预防（见图 2-4）。

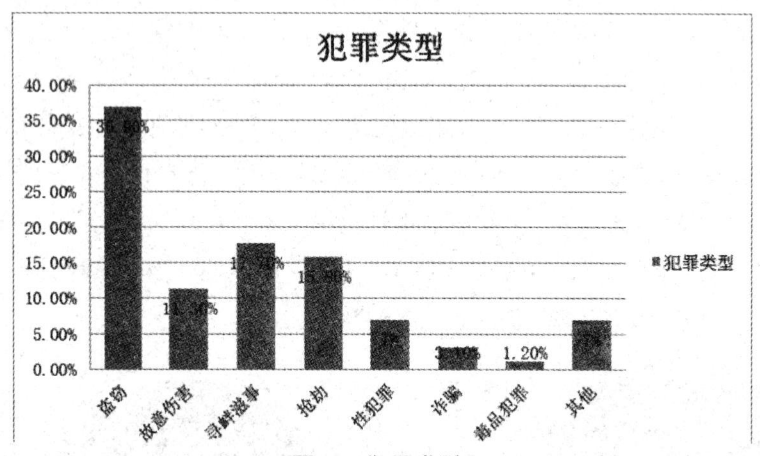

图 2-4 犯罪类型

（3）从犯罪的组织形式来说，团伙犯罪是未成年人犯罪的主要形式。在已调查的共计 524 人中，团伙犯罪类型的比重达到了 65.5%（见图 2-5），其中还包括未成年人受他人教唆后实施犯罪的情况。就团伙犯罪而言，由于未成年人缺乏足够的体力、智力、胆量和经验，单独作案往往难以成功，结成团伙可以互相壮胆，减少作案阻力，使犯罪易于得逞。这种团伙如果被不法人员掌握和控制，或随着团伙骨干成员年龄的增长，将会演化为带有黑社会性质的、有组织的专业化犯罪集团。这种犯罪形式中主要的犯罪类型为抢劫、盗窃与寻衅滋事。出乎我们意料的是，盗窃罪作为一种以个人犯罪为主体的犯罪类型也出现在了这里。

图 2-5 犯罪组织形式比例图

（4）在二次犯罪的统计中，579 个当事人里，有 108 人有过犯罪前科，即二次犯罪率接近 18.7%（见图 2-6）。这个数字对于未成年人这个群体而言是偏高的，也就是说每五个未成年犯当中就会有一个再次犯罪。可见，对于未成年犯罪群体的矫正是十分重要和严峻的社会问题。

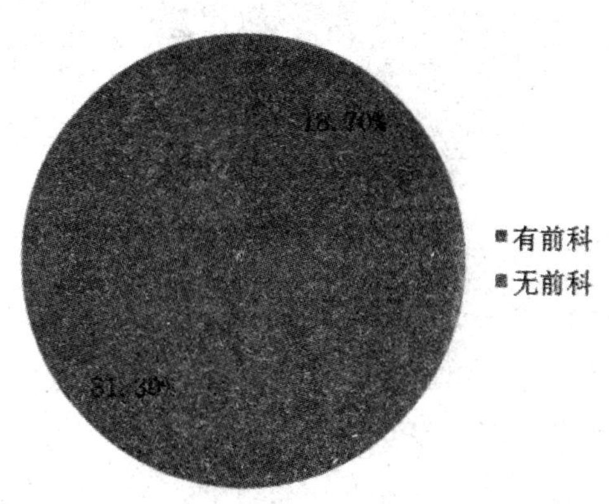

图 2-6　二次犯罪比例图

（5）据所有案件统计中有相关信息的 447 起案件里，我们发现有 172 起案件的当事人是无业者，非在校学生共有 368 人，学生 79 人。这些人一部分是辍学后待在家中，一部分外出打工却没有固定的工作，有固定工作的很少，也基本都是托靠家庭关系。可以得出的结论是，过早地离开学校并接触社会对于未成年人的成长非常不利，复杂的社会现状对于未成年人的影响是十分难以预估的，这些未成年人群体如果得不到妥善的管理，也会成为社会中的不安定因素。而在校生中的犯罪当事人多是被学校忽略的差生，一定程度上受到了校园歧视，间接导致校园暴力的发生。这些学生在学校里也没有得到应有的平等教育。另外，学校周边若存在十分嘈杂的环境，就十分容易对未成年人产生负作用。

（6）在涉及案发性质的 455 人中，有 275 人的案发属于突发性质，180 人属于有计划性的犯罪（见图 2-7）。共同犯罪所占比重也达到了 65.5%。未成年人正值青春期，是成长中的敏感阶段，容易受他人影响，也容易行事冲动。如何安全度过这一成长阶段，就需要家庭与学校两方的共同努力了。在这一成长阶段中，一旦有家庭或学校的缺失，那么发生我们不想看见的后果的概率便会大幅上涨。很多看似偶然的发生，也并非不是必然。

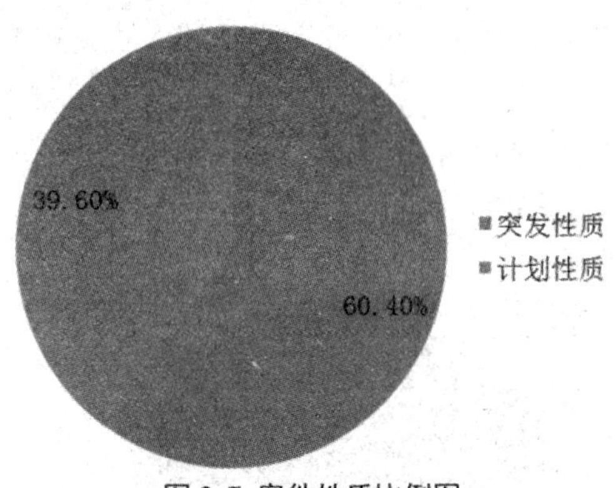

图 2-7 案件性质比例图

（7）在涉及被害人情况的 579 人当中，有 152 个被害人是具有过错的，占比为 26.3%（见图 2-8），同时也有第三人存在一定过错的，这其中当事人多为家境较差，家庭教育缺乏者。从数据中可以得出的结论是，未成年人对于情绪和行为的控制力较低，常常不能正确认识自己的行为。但是这些数据也说明了我们每个人都有可能在不知不觉中成为犯罪的催化剂，保护和预防未成年人犯罪除了寄希望于社会、学校、家庭等因素外，不要把我们自身置之度外。

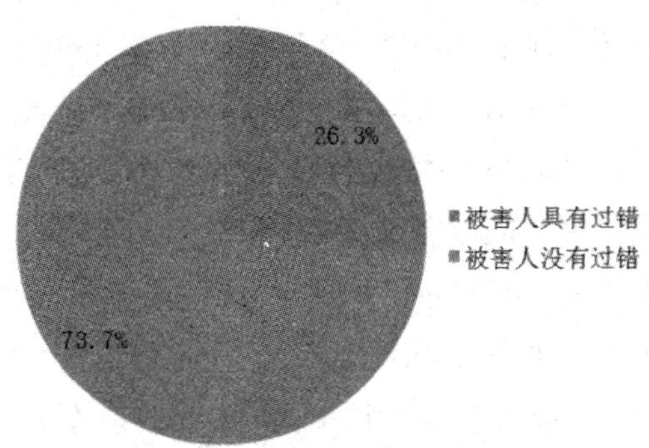

图 2-8 被害人是否有过错比例图

（8）本次统计中，我们对未成年犯罪人的家庭情况进行了调查，从调查结果来看，有三成的犯罪未成年人家庭不全，有的是幼年丧父（母），有的是父母离异。家庭不健全对未成年人的影响是很大的，他们在单亲家庭中生活易产生自卑心理，如果父母离婚后对孩子的关注和照顾跟不上，未成年子女更容易叛逆，犯罪率相较于完整家庭来说也更高。在此次调查有数据可知的涉及的 424 人中，家庭完整的有 297 人，占 70%，家庭不完整的有 127 人，占 30%。在 341 起案件中，涉及家庭教育方面，犯罪人员家庭教育正常的有85起，占25%，与父母关系不好缺少父母管教的237起，占69.5%，父母较为溺爱的19起，占5.5%（见图2-9）。

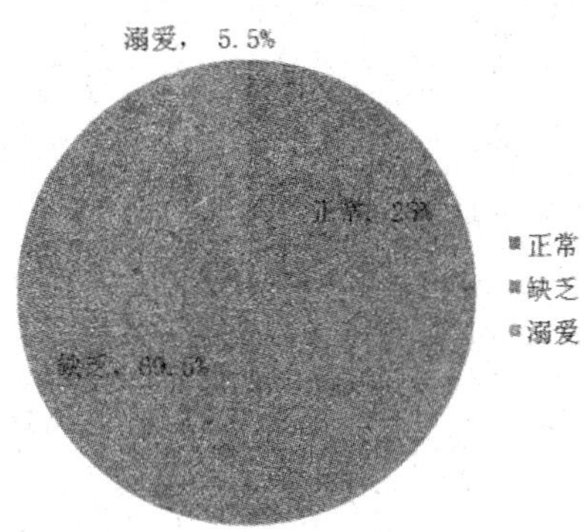

图2-9 犯罪人员家庭教育状况比例图

调研成果的重要观点：未成年人犯罪根源的讨论。

（一）家庭因素

在调研过程当中，我们接触到的未成年犯罪案件中提到的最多的因素就是家庭，占比超过六成。我们将这些案件归纳后发现，在家庭因素中，有两个要素占到了绝对主体地位：家庭变故与家教缺失。这两个要素之间互相影响，互相作用，在我们看来，所有家庭方面的原因都脱离不了与其的干系。

1. 家教缺失

家庭教育对于每一个未成年人的成长都产生着至关重要的影响。拥有一个良好的家庭教育对于未成年人的先天性格、价值观的塑造是十分关键的。家教缺失占到所有未成年犯罪案件中家庭问题的69.5%。

家教缺失又主要分为两种情况，其中一种是主要监护人与当事人之间分隔两地，造成这种情况的因素包括：监护人外出打工，子女在家留守；未成年人跟随亲属外出打工或上学等。未成年人因为这些原因而处于一个近乎无人看管的环境，就如同没人打理的野草一般。在缺乏一定程度的监管保护之下，这些未成年人有更多自由的时间和空间，有的因为缺乏来自己亲人的关爱而去寻求其他精神寄托，所以很容易被他人诱惑、哄骗，或沉迷于玩乐，从而荒废自己。例如很多人迷上了上网聊天，打网络游戏等；有的交友不慎，拉帮结伙、打架斗殴，甚至因为与社会上的不良青年交往而走上了违法犯罪道路。

另外一种情况则更为常见，一些看似正常的家庭因种种原因导致家教不力。这其中有一种原因十分重要却又十分容易被忽略掉，便是监护人（父母）文化水平过低导致的家庭教育的缺失。一般情况下，父母文化水平过低并不能看作是未成年人犯罪的显著诱因，但是双亲在未成年人成长过程中的榜样作用和对子女的教导方法对于未成年人今后的成长具有深远的意义，父母的启蒙式教育往往会为子女今后道路的选择埋下关键的伏笔。

在这里，因父母的文化较低，其教导孩子的积极性往往也随之降低，本着“孩子大了，上学时间长，什么都该明白了”的态度，心理上对子女的教育产生了一定程度上的忽视。此外，当子女的文化认知程度与父母的不相匹配时，文化认知较低的家长们更习惯于用自身丰富的生活经验来解决问题和教导子女，而年轻人们又更加偏向于对新知识的运用，如此一来在他们之间便会出现“文化代沟”。在“叛逆心理”作祟下的未成年人对于家长们的选择往往会出现不认同的情况，而家长们也不会轻易放弃自己坚持多年的“真理”，这种差异性进一步导致了家庭的内部交流出现问题。当然，最好的情况则是子女们吸取家长们的经验，家长们也尽量去了解新文化、接受新知识和新理念，更加理解子女。但是，更多的情况是，监护人因为自身文化水平有限而只专注于供养子女上学和保障他们的衣食住行，却没有更进一步的交流。

2. 家庭变故

家庭变故对青少年的负面影响不仅仅体现在家庭教育上的缺失，更大的负作用在于使未成年人得不到一个能够健康成长的家庭环境。家庭变故的主要情况有至亲离世、父母离异和主要监护人因不可抗力无法在未成年人身边生活，导致单亲或无亲家庭的产生。

一般而言，一个普通的完整家庭由父母和子女组成。而单亲家庭是指因丧偶或离异由父亲或母亲单独与孩子组成的家庭。在家庭教育中父亲和母亲在教育子女活动中所起的作用是不同的，对孩子的影响也是不一样的。正常来说，母亲给孩子更多生活上的关怀和照顾，情感上的慰藉；父亲则更多地培养孩子独立勇敢的精神，增强孩子处理危险事物的能力和独立性。在单亲家庭中，由于一方的缺失，导致家庭结构的不完整，这不仅会使孩子缺乏父亲或母亲一方的教育，同时也会导致家庭经济发生困难。人的精力有限，家人常因忙于工作和生计，疲于奔命，无暇顾及孩子的教育。长期发生下去，单亲家庭孩子的身心发展受到影响，容易走上违法犯罪的道路。

那么离异家庭环境对其子女到底会产生哪些影响呢？总的说来，父母离异前后，未成年子女会意识到以往安慰、和平、温馨的家庭在发生变化，潜在的危机孕育其中，引发了身心紧张的情绪状态，产生一系列的心理反应，以及对随之发生的重大事件的调整能力差，而这种反应又过于强烈和持久，超过自身的调节和控制能力，就会阻碍、干扰他们正常人格的健康发展，甚至诱发犯罪心理。

此外，父母离异后，有的会重新组合家庭，其子女有了继父或继母。对于子女来说，过去与现实形成强烈的反差，他们通常适应不了陌生的环境，诸如生活习惯、经济状况、情感交流等方面，都易产生冲突及适应性障碍。同时，离异家庭子女对继父或继母对自己待遇公平与否极为敏感，自我关注性极强。一般说来，离异后重新组合的家庭，父母教育子女方式的适当性相对完整家庭来说是较差的，亲子关系也不太协调，甚至有的子女的生存基本保障也会发生问题。未成年子女对新家庭的满意程度较低，在委屈绝望之余便会走上犯罪的道路，甚至酿成家庭及社会的悲剧。如调研中某案件里 17 岁的陆某，父母离异后随父亲生活，父亲再娶生下一女孩，陆某一直因怀疑父亲和后母偏爱异母妹妹而苦闷。一天，妹妹因与其他小孩玩耍不慎摔伤，后母认为是其所为，对其臭骂一顿并向其父亲告状，其父亲又将他痛打一顿。林某因此萌生杀机而将同父异母的妹妹杀死。

除此之外，家庭经济的变化也对未成年人的成长有所影响。根据统计的有效数据，336 个犯罪人员中，家庭比较富裕的有 50 人，占 14.9%，家庭经济情况不好的有 148 人，占 44%，家庭收入一般的 138 人，占 41.1%（见图 2-10）。

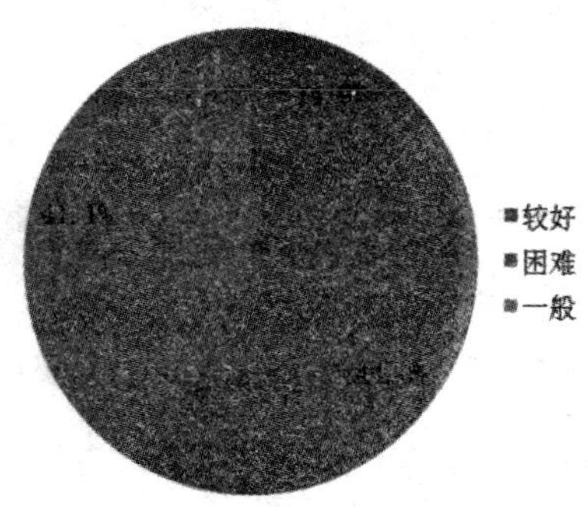

图 2-10 犯罪人员家庭经济情况比例图

（二）学校因素

学校是未成年人生活的主要环境之一，它对未成年人的影响具有十分重要的导向标作用。但是，现在的有些学校在这一方面无论是主观上还是客观上还存在一些问题，成为未成年人犯罪的一个不可忽视的因素，其主要表现在：

（1）部分学校办学理念落后，极度忽略在校学生的思想道德教育与法制观念教育，过于追求升学率，不顾学生全面发展的需要，对成绩较差的学生教育管理不力，出现“教书不育人”的状况。不注意对学生进行正当引导，造成一些学生不懂法，不讲道德，不懂得自尊、自重和自爱，缺乏修养，无正确人生观和奋斗目标。导致学生一旦走向社会便迷失方向，陷入违法犯罪的行列。

（2）部分学校存在歧视学生情况，对于一些差生放任不管、讽刺挖苦、打骂体罚，甚至出现对于差生的隔离情况。这些“特殊对待”加深了这些学生群体的厌学心理，进而过早辍学，进入社会。这些辍学的未成年人因心智不成熟在社会中迷失，误入犯罪的道路。根据有效数据，238 个犯罪人员中，其中在学校状况为一般中等水平 60 人，占 25.2%，成绩较差 140 人，占 58.8%，成绩不错 38 人，占 16%（见图 2-11）。

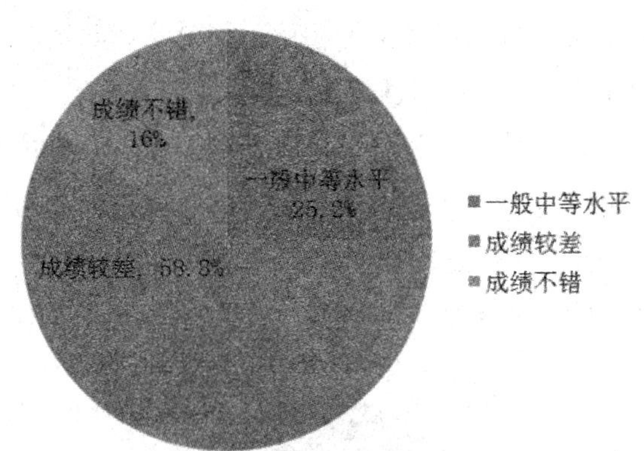

图 2-11 犯罪人员在校学习状况比例图

（3）学校周边治安环境差，且存在 KTV、网吧、录像厅等未成年人不宜场所，特别是在城市周边一些发展落后地区，除了这些娱乐场所学校周边还存在严重的不良社会风气，打架斗殴十分常见，严重干扰了学生的正常生活节奏，使一些学生在耳濡目染中染上不良习惯，进而误入歧途。

（4）辍学问题。辍学问题虽然不是由于学校方的主观原因所造成的，但是客观上学校教育的缺失对未成年人的影响是十分重大的。根据调研统计数据显示，在所有案件中当事人辍学的比例为84%，远高于在校学生的占比。在辍学学生中，因家庭经济因素而辍学的比重又占到了60%以上，学生主观上选择辍学的占到其次，这些未成年人因学习成绩差或者厌学心理自己不想读书从而选择离开学校。辍学的阶段集中在了初中，可以说是未成年人心智初步成型的重要过渡阶段。这些未成年人早早辍学，在社会上打工，更有的一天书都没有读过，完全是文盲。有许多未成年人成长在农村家庭，家中子女较多，父母以务农为生，基本上没有改变“靠天吃饭”的命运，家庭收入普遍较低，几乎只够维持全家人的温饱，至于未成年人教育的开支则不一定有保障，这样就使得大量的未成年人辍学。而农村地区也确实成为未成年人辍学的高发区，其辍学率几乎是城镇地区的3倍。辍学后的未成年人有相当一部分选择了外出打工，对于外出打工的未成年人来讲，因为他们素质偏低，缺乏相应的就业与生存技能，难以找到工作或找不到自己满意的工作。有些未成年人选择在饭店打工或在工地当民工，工作累，收入又低，形成较大的心理落差，很容易被一些社会不良人员拉拢进行犯罪活动。未成年人具有极强的可塑性，这种特点有其两面性，十分容易受到社会上不良因素的影响，若没有得到有效监管，那么他们将极易误入歧途。

学校文化环境对青少年成长的影响。学校文化作为一种环境教育力量，其目标就在于创设一种氛围，构建学生健康人格，全面提高学生素质，通过学校健康向上的精神因素以及良好的物质环境给予学生积极的影响，从而实现教育的目的，对学生的健康成长有着巨大的影响。学校可以通过充分利用其丰富的资源，开展多姿多彩的课外活动，为青少年提供发展的空间，在学习态度、价值观念和生活目标等方面对青少年施加潜移默化的影响。总之，学校文化环境对青少年学习的指导、思维的开拓、文化的熏陶和保障起到了重要的作用和影响。师生关系和学生之间的关系也对青少年的成长发展有重要影响。宽松、融洽的校园人际环境，可使青少年心情愉悦，调节和控制情绪的能力得到增强，人格得以健康的发展。一旦学校教育缺失，那么未成年人就将失去这个能使自身良好成长的平台。在步入社会之前，学校的这一阶段是至关重要的，也是不可或缺的。

（三）社会因素

社会因素相较于可以尽量纠正的家庭和学校两方面是最难以改变的，当今社会环境的复杂不是一朝一夕形成的，也不是说改变就可以改变的。因此，我们每个人都应具有对于社会上的未成年人保护和关爱的义务，只有这样，才能让他们在成长过程中走更少的弯路。社会因素成为未成年人犯罪的重要因素，具体表现为以下几个方面。

1. 公众的监管意识淡薄

国人的古谚“各人自扫门前雪，休管他人瓦上霜”虽然是作为反面教材一直宣扬的，但也说明了社会的沿革思想和现状。在我们的社会中，素来没有看管别人孩子的说法。大家会认为自己的孩子应当由自己看管，别人随便管教你的孩子是不对的。这一方面是大家的自我意识作祟，另一方面则是社会现状的表现。

国外对于未成年人年龄上的限制性规定比我国要明确得多。许多国家对于未成年人喝酒、抽烟、过马路等行为有着明确的年龄规定。例如售卖烟酒的老板看见是青少年来购买时都会要求其出示身份证件，证件上的年龄达到法定的年龄才会将烟酒等物卖给他。但是我国在这方面并没有明确的规定。许多孩子很小就开始抽烟、喝酒，不仅对自己的身体造成了极大的伤害，也导致未成年人在精神上容易被诱导成为犯罪分子。

同时，由于我国人口多，经济发展水平不高，社会相对于一些发达国家而言显得较乱。公众的自我保护意识较高、较封闭，警方的人力、物力也有限，不可能顾及所有的人，没有办法对社会上的每一个孩子都做到完全的保护。但是我国民众的社会监管意识还是应当提高，这不仅是为别人的孩子着想，更是为自己着想。

2. 文化市场的失控

由于文化市场的失控，不良文化泛滥已经成为未成年人犯罪的直接诱因。各种充斥着暴力、淫秽内容的音像制品及网络游戏等对未成年人产生了不可忽视的腐蚀作用。未成年人处于求知和学习的人生阶段，其主要的行为的习得方式就是模仿。这样，有些媒体上大量的暴力渲染就容易成为他们模仿的对象。久而久之，一部分未成年人在性格上表现出极强的攻击性，并且残忍、好斗，遇事时头脑简单，很容易把暴力作为解决问题的方式。此外，沉溺于上网也是诱发未成年人犯罪的一个原因。由于网络本身的这种隐蔽性，上网便成了很多处于心理闭锁期的未成年人缓解内心紧张、释放内心积郁的理想选择。在网络游戏、网络聊天过程中，虚拟的人物可以不受法律和道德的规范，未成年人的心理随意性被无限放大。有些未成年人长期痴迷于网络，由于他们没有经济来源，为了支付高昂的上网费用，很可能实施抢劫、盗窃等经济性犯罪。

3. 社会人员对于未成年人的影响

在未成年人犯罪中，因交友不慎而导致未成年人走上犯罪道路的例子数不胜数。在调研统计中，在所有有关当事人的访谈记录中，承认自己交友不慎的占总计的 22.3%。所有案件中，因不良朋友或受他人教唆的占交友不慎的 68%。

这类犯罪的起因一种是因为未成年人思想不成熟，心理扭曲。未成年人的心理是半幼稚、半成熟状态，是充满着独立性和依赖性，自觉性和盲目性错综矛盾的时期。他们的情感世界十分脆弱，极易受到外界影响而迅速变化，情绪不稳定，自控能力差，理智控制不住情感，激情导致行为上的盲动。在情感的波动下，级易产生所谓的正义感、同情心、报恩等主观意愿支配自己的行为。当他们在家庭、学校或社会上遇到难题时，只相信自己，相信伙伴，而听不进家长和教师的话，被身边的不良朋友引诱得越来越远，愈陷愈深，不能自拔。一两次犯罪行为成功得手的侥幸心理，更强化了他们的犯罪意识，直至陷入深渊。

另一种则是虚荣心作祟，在与朋友或他人交往过程中，因为打赌或者玩笑性质的提议，当事人出于心理冲动而做出一些不法举动。这种类型看似十分幼稚，但的确符合未成年人的幼稚心态与不成熟的思想，他们并不具有纯粹的犯罪动机。在调查中，据有效数据显示，579 个犯罪人员中，只有 29 人表露出了明确的犯罪目的（见图 2-12），是明知故犯。归结到底，未成年人的法律意识与分辨力过低是其根源，这在未成年群体中已经成为普遍现象，后面将会着重阐释。

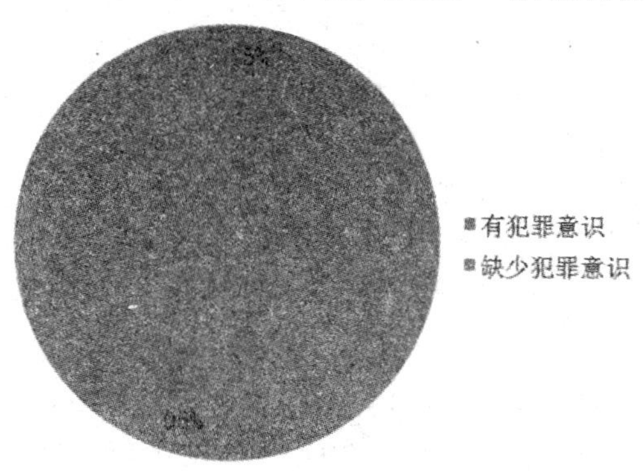

图 2-12 犯罪人员犯罪意识比例图

（四）自身因素（内部原因）

1. 身体因素

犯罪的发生与人的体力的发展是相适应的。有些未成年人，体力不断得到发展，具备了犯罪的能力，开始犯罪。许多未成年人是在犯伤害与强奸罪的同时，开始了盗窃犯罪的生涯，最后，随着自己犯罪生涯的推进，犯罪类型会由暴力型向智能型发展。未成年人的生理特征在这一时期主要会有以下变化。

身体外形发生剧变。身高迅速增长、体重逐渐增加。同时，内分泌系统、神经系统、内脏各个器官也都发达起来，体型也明显变化。从青春期开始，两性在体型上的差异逐渐明显，这一时期的少男少女们，朝气蓬勃，精力旺盛，办事莽撞，缺乏理性思考，热情过高，理智不够。如缺乏正确的引导，对他们放任自流，一旦遇上不良因素的影响，他们就会走向歧途，走向犯罪。

体内机能进一步健全。在这一时期，最大的特点就是性的萌芽和成熟。这时，由于性激素分泌的增多，性腺发育开始成熟，性机能迅速发展起来，开始有了性的冲动。性激素分泌量达到一定程度时，性的生理冲动与体验往往出现超常，对性有一种敏感，所以对满足性的生理需要比较强烈。有些未成年人，由于过早地接受了两性方面的刺激，使他们难以控制自己的欲望，以致走向犯罪和堕落。

2. 心理因素

扭曲的心理因素是未成年人走向犯罪的另一个主要原因，下列心理的畸形最易导致未成年人走向犯罪：

（1）逆反心理的畸形。逆反心理是每一个渴望独立的未成年人都具有的一个心理，发展严重的时候，他们就会抗拒社会道德和法律，并刻意与父母、老师的规定、纪律对着干。这种心理常驱使未成年人出走、自杀、犯罪。

（2）好胜心理的扭曲和演变。好胜心理是未成年人普遍的心理特点，引导的恰当，会成为他们奋发上进的内在动力。但如果缺乏正确的引导，这种心理就会演变为意气心理和报复心理。在这种心理的暗示下，他们喜欢模仿电影、电视里的情节，甘为朋友赴汤蹈火，两肋插刀，常常为哥们儿去打架斗殴、抢劫、盗窃，甚至行凶杀人。他们视打架斗殴为“英雄”之举，视冒险亡命为“快乐”。将好胜心的满足，建立在暴力与他人的痛苦之上。这种好胜心的扭曲和演变，是未成年人暴力犯罪的一大因素。

（3）性心理的扭曲与强化。在这一时期，他们对性有一种好奇心和“尝试欲”。在人性道德和法律的约束下，少数未成年人的性心理产生了扭曲，偷偷看黄色小说、色情报刊、黄色录像，甚至想模仿尝试其中的黄色情节，寻求刺激。这种扭曲心理的不断强化，使少数未成年人失去控制能力，一旦条件适宜，就会实施攻击性的“性发泄”，走向性犯罪。

（4）利己欲、消费早熟心理的恶性膨胀。在现实生活中，有些孩子的家长，不对子女进行适当的教育，反而对子女过分娇惯、溺爱，使子女养成任性、自大、自私自利的不良性格。强烈追求个人吃喝玩乐，往往会产生低收入高消费的矛盾，在心理上出现挫折感，为达到这种不正常心理的平衡，便走上偷、抢、骗的犯罪道路。

（5）意识观念上的不成熟。这里的意识观念不仅仅指的是对于事物的分辨意识低下，更主要的是指现如今未成年人的法律意识颇为淡薄。在倡导法制社会的大环境下。未成年人不管是因为不懂法而犯罪还是因为犯罪而不懂法，我们都要专注去往好的方向去努力，做好对于未成年人普法的工作是十分重要和紧迫的，不只是口号宣传，我们更需要实践。

3. 性格因素

在统计的数据中，爱好上网、打游戏、聊天 164 人占 28.3%，性格内害羞、不善交谈 140 人占 40.5%，性格外向开朗、活泼 158 人占 45.7%，性格不温不火的有 48 人占 13.9%（见图 2-13）。

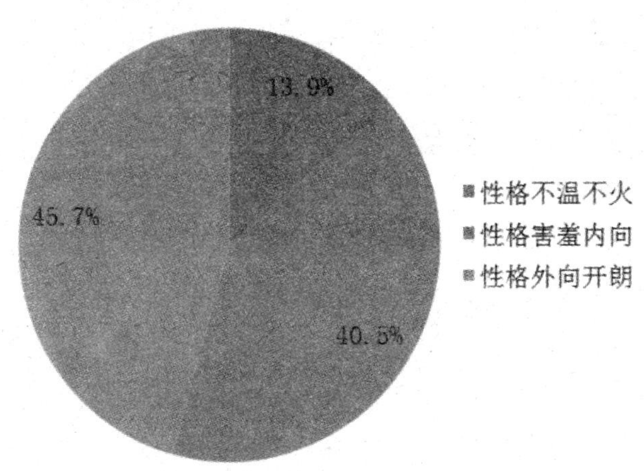

图 2-13 涉案人员性格情况比例图

对策建议：

（1）家庭环境方面。每个家庭都必须对子女负责，维护家庭和睦，创造良好的家庭氛围。父母要从自身做起，给子女当好表率。同时，要加强与子女的交流，尊重子女的意见，发扬家庭民主，反对家庭暴力，掌握好子女的思想动态，及时做好疏导工作，筑牢预防未成年人违法犯罪的第一道防线。对于家庭存在变动的情况，相应社区应当完善应援措施，倡议周围力量为其提供帮助，为青少年的成长尽可能营造稳定的环境。同时，每个家庭也有着监督子女完成九年义务教育的重要职责。

（2）学校教育方面。要适时开设心理教育课、法制教育课，要让未成年人学习一些基本法律知识，使他们懂得什么事可以做，什么事不能做，促进在校学生的全面成长。加强学校管理，提高教师队伍整体素质，充分发挥学校对未成年人教育的主阵地作用。加强对学校周边环境的管控，联合有关部门进行整治，使未成年人脱离周边环境的隐性负面影响。

（3）建立学校与家庭的衔接渠道。《预防未成年人犯罪法》第十条规定：“学校在对学生进行预防犯罪教育时，应当将教育计划告知未成年人的父母或者其他监护人，未成年人的父母或者其他监护人应当结合学校的计划，针对具体情况进行教育。”学校可以将班主任定期家访或开家长会作为考核其工作的主要内容之一，并将关心帮教“后进生”“双差生”或有其他不良行为的学生的教师作为先进典型加以表彰，以求改变应试教育下只看重教师的教学成绩的不正常现象。

（4）建立网络化管理体系。整合各方面资源，运用法律、市场和经济的手段，取缔那些无照经营、违法经营、侵害未成年人身心健康的非法网吧。同时，通过充分整合发挥网络主管部门的资源，对网络信息严加管制，令“网络毒瘤”的传播渠道受到打击，让未成年人有一个绿色的网络信息浏览环境。

（5）刑罚适用上适当放宽。对失足未成年人要注重实施司法保护。未成年人犯罪案件由专人审查、慎重处理。特别是针对犯罪情节较轻、主观恶性不深、危害不大的在校未成年犯罪嫌疑人，在不影响诉讼的前提下变更强制措施，先取保候审，尽量避免给一时失足的未成年人可能带来的负面影响。同时，也保护了未成年人依法应受教育的权利。同时大力做好帮教感化工作，为这些未成年犯罪群体提供积极的法律援助，在审查未成年人刑事案件过程中，要查清犯罪事实、核准证据，着重实施帮教感化，激发失足青少年的悔罪心理，树立其改过自新的信心。

（6）给失足青少年更多的宽容。未成年人犯罪后将对其产生非常重大的影响，他可能受到社区的歧视，长此以往，这些曾经触犯过刑法的未成年人就可能认同犯罪身份，从而可能实施更为严重的犯罪行为。这就需要社会外界在监督好未成年罪犯的同时，给他们更多改过自新的机会，让他们再次参与到正常的社会生活中来。

（7）人流量较大的地市保持稳定和适当的经济增长率，积极促进职业技能教育的发展，加强对流动人口的管控。随着各地外来人口增多，对当地经济带来活力，也对当地人员的就业带来压力，未成年人就业的空间受到挤压。解决就业问题最根本的措施是要保持稳定和适当的经济增长，并且要加强对初中辍学少年的职业或技能培训。现在社会十分缺少面对初中生开展的职业技能培训学校或机构，导致辍学的孩子没有技能，也不能找到合适的工作。近几年职业技术人员的社会需求量较本科生的需求量更大，职业技术培训工作应当得到重视。从犯罪未成年人中流动人口约占三分之一的数据情况来看，必须加强外来务工人员的管控，对于外来务工人员的子女在升学、就业等方面要提供便利。

第三章　罪犯为矫正主体的生成：主体间的认知论

第一节　矫正主体的内向性与外向性

一、主我与客我

“主我”又称“主格的我”，是个人在社会活动中觉察到的“主动的我”。由美国心理学家詹姆斯创用，美国社会学家米德用它分析人格的发展。米德认为，主我是属于个人主体的主动的自我，与“主我”相对应的“客我”是呈现在外部世界中的社会的自我。主我与客我交互作用，自我观念才得以形成。

“客我”是内容，是自我意识的社会关系性的体现，是对自己的评价以及别人对自己的评价。例如，我评价自己道：“我是一个卑劣的人。”这里的“我”实际上指代后面的“卑劣的人”，是客体化了的对象，是客我。而有着卑劣感的、感到自己是卑劣的“我”，则是主我。

米德最早从传播的角度对人的自我意识及其形成过程进行了系统研究。他提出的“自我”概念是符号互动论的核心。作为区别于“身体”的“自我”，米德认为“自我”可以分解成相互联系、相互作用的两个方面，即“主我”(I)和“宾我”(Me)。他认为，完整的自我，既是“主我”又是“客我”，两者都包括在“自我”中，并在特定情景中互相支持。

米德对“主我”与“客我”的概念作出了如下的解释：“‘主我’是有机体对其他人的态度作出的反应；‘客我’则是一个人自己采取的一组有组织的其他人的态度。其他人的态度构成了有组织的‘客我’，然后，一个人就作为‘主我’对这种‘客我’作出反应。”“当一个人作为‘宾我’时，他将按照他人对他的态度来左右自己，或对自己作出反应。他的自我评价是他所设想的他人对他的评价的结果。‘宾我’是按照有意义的他人和整个共同体的观点来设想和认识自我，它反映了法律、道德及共同体的组织规范和期望。当一个人作为‘主我’时，他会意识到自己是一个主体，它代表了人的冲动的倾向和自发的行为，它是不可计算的、创造的和不可预测的。正因为有了独一无二的‘主我’，‘宾我’才能成为一个客体。可以说，人格（自我）乃是一个‘主我’与‘客我’不断互动的过程，这类似于有机体与环境的不断地互动。”

二、主我和客我的关系

米德的这些思想可以看出，“主我”与“客我”两者内在一致，“主观”可以理解为主观地看待我，站在主我的位置上来看待我；而“客我”可以理解为客观地看待我，站在客我的位置上来看待我，具有一种社会视角。从这样的关系中，我们不难发现，当主体的认识位移到他人态度的立场上，承认和采纳他人的态度，进而反观自身的过程。主我，是当作出现在精神自我中的主动一方，属我的一方或本我、自我的一方，它是在他人的经验、他人的态度以及外部的经验进入了精神自我之后的生成的。离开对物、对他人、对社会群我的觉知和意识，精神自我就只能是一种可能的形式。主我召唤客我，他人和社会的存在、经验与态度是主我赖以生成的基础。另一方面，没有客我对主我的转化，主我作为对客我的反应也无法出现。主我既是客我向主我的生成，进而也是向主我的生成。客我作为他人、社会组织给予个我的态度，实实在在培养着主体参照他人和社会组织的态度回应他人与社会，作为对他人、社会的态度加以态度之反应的主我，其回应的态度根本的内容还是来自他人和社会，客我在态度上为主我提供典范，提供文本，提供形式。① 这样一来，就是以客我来设定主我，主我是客我的主我。

三、罪犯为矫正主体的内向性与外向性

按照米德关于主我和客我的分析，对罪犯而言，身处于监狱等矫正机构，主我的形成需要一个阶段。因为所处环境、接触人群、交往行为等都与之前完全不同，罪犯的思想和认知的转变随着入监时间而变化。这与所谓的“监狱人格”有关，但又不同于此。

所谓“监狱人格”，指由于长期服刑生活而造成的人格畸变。服刑者人格的主要特征是屈从、卑微、双重人格、缺乏活力与创造性。（1）屈从。服刑者由于长期被强制监管改造，逐渐变得失去其原有个性，一切听命于他人，缺乏自己的独立见解。（2）卑微。在自我意识与自我评价上，不适当地降低自己的价值，变得过分谨小慎微，在生活细节上也不敢自作主张。（3）双重人格。在管教干

---

① 胡潇：《论客我自我与主观自我》，求索，2001 年第 5 期。

部面前是一副屈从、卑微的面孔，在私下却流露出内心的真情实感，甚至凌辱、欺侮比自己更弱小或处于困境的其他犯人。（4）缺乏活力与创造性。监狱人格是长期服刑生活所造成的消极后果，它不利于罪犯的彻底改造，同时也将造成重返社会后的适应不良，在沸腾的社会生活和竞争机制面前遇到困难。矫正机关应当防止和纠正监狱人格的形成。

罪犯主我的形成与“监狱人格”相比较，有实质的不同。两者从表面上看，都存在着主体对外界环境和群体的依从，都有对他人态度的回应。但罪犯的主我是自省的结果，“监狱人格”则是罪犯畸形心理的反映。罪犯的主我形成离不开特定的矫正环境，每个罪犯主体在这个过程中，都会从自己的角度，从特定的侧面来建构着“客我”。在“客我”的建构中，也会使主我体现出不同的内容。当主我做出反应之后，或者说当主我对所在环境做出行动之后，也会形成不同的主体间关系的变化。正因为此，“监狱人格”是罪犯在主我形成中的不健康反映，形成监狱人格的罪犯几乎将自己客体化，并没有进行自省，完全成为他人或环境的对象。具有监狱人格的罪犯是没有积极性、主动性、进取性的。他们的消极忍受、被动承受，已经丧失了基本的人格尊严，不可能成为矫正的主体。因此，我们可以得出结论，罪犯的主我是指在罪犯服刑过程中，在矫正环境、矫正关系的影响下，形成的对自我身份的认同和刑罚责任承担的一种认知。可见，罪犯的主我形成一方面来源于自我的反省，另一方面来源于其他矫正关系中矫正主体的态度。

矫正主体的内向性与外向性，对应主我和客我。外向性是罪犯被他人认知和评价描述的方面；内向性是涉及内在因素，可以解释为什么罪犯被他人认为是这样的。

矫正主体的内在性和外在性主要源于个体性和社会性。前者强调自身需求的满足，是个人对自身需要的特殊的肯定关系；后者强调对其他主体需求的满足，是个人对身外其他主体需要的特殊的肯定关系。内在性与外在性并不是对立存在的，而是相互交织的，他们共同构成并丰富了罪犯作为矫正主体的内涵。

第二节　罪犯为矫正主体内向性的价值指向：人格尊严与意志选择

内向性包含了两个方面的价值指向，首先是罪犯作为矫正主体最为基本的人之为人的尊严感，其次是罪犯在矫正过程中的意志自由、自主和自决，也即意志选择。

一、罪犯为矫正主体内向性的基础：人格尊严

按照人格心理学的定义，自尊是个体作出的自我价值判断后产生的主观感受和体验，是自我情感方面的内容。“每个具有主体性的人都有自己独立的人格，有自己的尊严，尊重其人格和自尊，即是尊重人的生命的价值。”[①]因此，罪犯作为矫正主体内向性的基础，就是体现为尊重人之所以为人的人格尊严。自尊意味着自我能够清楚地看待自己作为人的价值与尊严，以积极的态度去对待和正视自己的不足，同时承担自己对生活和他人的责任。于罪犯而言，自尊意味着能够清醒地看待自己：即便是罪犯也是人，有作为人的价值和尊严，应该以积极的态度看待和正视自己所犯之罪行，同时也要承担起自己对未来生活和他人包括被害人的责任。“真正的自尊者通过对自己提出独立自主的要求，自律而以己度人，自重而不专横跋扈，自由而不放任自流。在对待事业方面，把创造性的参与视为人生意义所在。在对待他人方面，他不愿陷入依附关系，既拒绝迎合他人也不想他人奉承自己。”[②]

从以上可知，人格尊严首先是自省的，然后才是他人的对待。罪犯在监狱等矫正机构中，首先要对自我有起码的认知，那就是：我即使是罪犯，我也有人格尊严。这是基础，如果没有自我的人格尊严的认知，也不会受到他人的尊重。

二、罪犯为矫正主体内向性的核心：意志选择

人的主观能动性表现为人的独立、自主、自为、自觉，康德把人的理性选择能力作为意志，自由是意志的体现，没有自由的意志就没有意义。选择就意味着行为是自愿的，是基于本人的意志自由而做出的。柏林认为，自由有消极和积极两种。其中，积极自由观来自主体要成为自己的主人的愿望，我希望成为我自己的，而不是别人的意志行为的工具；我希望成为一个主体而不是客体，受我自己的自觉意识和理性的推动，而不受来自外在的因素的支配。[③]

① 林林：《被追诉人的主体性权利论》，中国人民公安大学出版社2008年版，第27页。

② 陈根法、汪堂家：《人生哲学》，复旦大学出版社2004年版，第77页。

③ 林林：《被追诉人的主体性权利论》，中国人民公安大学出版社2008年版，第29页。

罪犯虽然身处囹圄，有些罪犯也被剥夺了政治权利，但他们仍然作为最基本的人存在，在拥有作为人的尊严基础上，也同样具有相当范围的意志选择，这种意志选择与矫正行为相联系，是罪犯能否成为矫正主体的重要表征。因为意志选择本身就是表示人的主体能力与状况，罪犯作为矫正主体就具有了与矫正有关的选择。只有罪犯能够按照自己的意志进行选择，才能充分地体现主体能动地吸收了对主体有价值的信息。罪犯在选择时形成了矫正关系，是主观能动性的集中体现，也体现了主体的自主性和创造性。①

第三节　罪犯为矫正主体外向性的价值指向：主体平等与维权救济

一、罪犯为矫正主体外向性的基础：主体平等

人作为独立自为的主体，主体的存在都是相互的，主体以对方的存在为条件。如果要想不把自己和他人当作工具或者手段，前提就是首先有人人平等的理念。这里的逻辑就是主体间的思维，人和人之间是主体间的关系时，主体之间平等，彼此都是目的，而非他人实现目的的手段或工具。也正是从主体间的意义上来审视平等，才能清楚地分析现实中众多的不平等。也即，在传统的主体性的意义上，主客对立的基础上，只有自我是主体，自我以外的他者均为实现自我目的的手段，根本谈不上所谓的平等。现实社会中，人的身份背景不同，但他们都是平等的个体。“法律面前人人平等”，这里并不是法律已经先在地赋予了人平等的地位，而是人本来生而就是平等的，进而立法和司法都必须遵循平等的理念。正所谓“如果说司法对于他们是公正的、不偏不倚的，那唯一的理由就是他们都是人”，“创造权利的东西恰恰就是确认人们的平等，这种确认的平等先于司法，是平等创造了司法和构成了司法”。② 在罗尔斯的《正义论》中，平等被视为正义的两个原则中的第一条原则，“每个人对与其他人拥有的最广泛的基本自由体系相容的类似自由体系都有一种平等的权利”，“一个正义社会汇总的公民拥有同样的基本权利”，对每个公民给予平等对待，赋予同样的权利。第二个原则是扩展了平等

① 陈兴良：《刑法的人性基础》，中国方正出版社 1999 年版，第 279 页。

② ［法］皮埃尔·勒鲁：《论平等》，王允道译，商务印书馆 1988 年版，第 23 页。

的内涵，将机会的平等纳入其中。而机会的平等实际上就是程序正义的应有内涵。认为“在纯粹的程序正义中，不存在对正当结果的独立标准，而是存在一种正确的或公平的程序，这种程序若被人们恰当地遵守，其结果也会是正确的或公平的，无论他们可能会是一些什么样的结果”[①]。

以上均是对人人为何平等、如何平等的经典阐述，对于罪犯而言，这样的理论自然也是适用的。当然，平等的实现要依靠法律的保障和调整，法律首要的任务就是调整因每个人根据其价值而获得待遇的不平等之关系。

二、罪犯为矫正主体外向性的核心：维权救济

罪犯为矫正主体外向性的实质表现就是主体间关系的协调与统一，在主体平等的基础上，外向性的核心和关键就是主体间发生利益冲突或者矛盾时，如何消解矛盾，缓和利益冲突而达到重新的平衡。这就是需要给予被侵犯权利一方，有为了争取权利实现的救济。正所谓无救济无权利，无救济的权利就如同空中楼阁般虚无缥缈，无法落地。在主体间关系下，主体之间是利益冲突但可以协调的共同体，罪犯与其他矫正主体也是如此。

在监狱等矫正机构中，罪犯历来被视为弱势群体，他们的人身自由被剥夺，基本的一些权利虽然存在，但若真正实现却是非常困难的。一方面有作为监狱这些矫正机构安全的考虑，另一方面也有作为矫正人员他们一贯高高在上的管控思维影响。因此，罪犯的矫正主体地位因为在其他矫正主体的客体化对待而无法落实到位，在这样的情况下，罪犯的权利救济机制更显重要。维权救济保障着罪犯主体自我的权利基础，也是在主体间关系中对其他主体漠视的一种挑战或反抗。

---

① ［美］约翰·罗尔斯：《正义论》，何怀宏译，中国社会科学出版社1988年版，第62、86页。

第四章　罪犯为矫正主体的存在：主体间的权利论

第一节　权利的主体性与主体性的权利

当前社会是一个权利的时代。关于权利，不同的时代，不同的著作，不同的学说，权利的定义可谓复杂纷繁，我们无意做出一个全面而精确的权利概念，也无意争长论短各种观点。在此我们把权利与人权等同视之，不再区分两者。尽管权利已经渗透到了社会生活的方方面面，但我们不难发现，权利如果是从人本身出发，也就是主体性的论证视角，而没有充分认识到权利的关系属性，那么权利就可能一直是人们高呼的声音而已。权利的关系属性就是主体间的视角，权利实质上体现的是一种社会关系，是通过相互间的承认来阐明和实现的。罪犯的矫正主体权利也是如此。本书即是从主体间性出发，将罪犯的矫正主体权利置于矫正关系中，将罪犯的矫正主体坐实。

一、权利的主体性与主体间性

我国学者很早就提出了权利成立的五要素：利益，即权利之所以成立，是为了保护某种利益；主张，即利益需要有人提出主张或诉求，才可能成为权利；资格，即提出利益主张有所凭借，分为道德资格和法律资格；权能，即前面的利益、主张或资格应该具有相应的权威和能力；自由，这是权利的本质属性，指的是权利主体可以不受外来干预或胁迫，按照个人意志去行使或放弃权利。对权利来说，这五项要素必须同时满足，缺一不可。[①] 这里学者的关注点在于权利的构成和具体内容，权利的主体和权利的内容没有区分，我们需要转换思维和视角，来分析权利。

1. 权利的主体性

“传统的自然法，首先和主要地是一种客观的‘法则和尺度’，一种先于人类意志并独立于人类意志的、有约束力的秩序。而近代自然法，则首先和主要是一系列的‘权利’，或倾向于是一系列的‘权利’，一系列的主观诉求，它们起

① 夏勇：《人权概念起源——权利的历史哲学》（修订版），中国政法大学出版社 2001 年版，第 44 页。

始于人类意志。”[①]从这一论断可以看出，权利首先是通过自然法而确定的自然权利，且这种自然权利来源于人的理性，也就是人的主体性与权利相生相伴。权利首先就是主体性的表现，本身就是一种主体性的价值诉求。正是人通过行使自我权利，实现权利，达成了自我的目的，充分显示这作为主体的身份和地位。但这个过程中，在实现自我目的的同时，其他主体是何种地位，形成何种关系则成为权利论证的两种范式。主体性视角下的权利，裸露地彰显着主体的私人自主性，无法与其他主体共处。而主体间性视角下的权利则充分揭示着权利的社会属性，充分反映着社会化了的权利，人的主体性也不断得到强化。

2. 权利的主体间性

米德从社会心理学的角度探讨了人权的起源。米德认为：“个体化不是一个独立的行为主体在孤独和自由中完成的自我实现，而是一个以语言为中介的社会化过程和自觉的生活历史建构过程。”[②]凭借语言，通过引进“主我”和“客我”这一对基本概念，米德表明，人类自我意识本身就包含了主体间性的概念：只有在学会了从符号意义上再现的第二人称视角的“客我”来认识他自己的行为，主体才能获得一种自我意识。人权正是与个人通过社会化确立、维护和实现自我联系在一起的，是主我和客我的融合，即个体的要求获得了普遍化的他者的承认。[③]当我说“我有权利”时，那并不意味着我拥有一项针对你或针对政府的要求，而是意味着“你和所有其他人拥有和我一样的权利，以及我有同样的责任来尊重你的权利，正如你也不得不尊重我的权利一样”[④]。其他主体对我的权利表示尊重，或者我对其他主体的权利表示尊重，是彼此主体性的自主性的承认，权利扩展表现出了主体自主抉择、自主实现的过程。

米德关于权利的关系属性随着哲学语言学的转向，在哈贝马斯那里得到了升华。哈贝马斯的交往行动理论，以语言为媒介，理解为意向，通过对话、商谈达成共识。交往行动的有效性在于言语行动中，其认为我们生活的世界就是由话语构成，同时交往理性渗透于交往理性中。就是在那种“理性的言语情景”中，哈

---

① ［美］列奥·施特劳斯：《霍布斯的政治哲学》，申彤译，译林出版社 2001 年版，第 3 页。

② ［德］尤尔根·哈贝马斯：《后形而上学思想》，曹卫东译，译林出版社 2002 年版，第 172 页。

③ 严海良：《从主体性到关系性：人权论证的范式转向》，法制与社会发展，2008 年第 5 期。

④ ［美］乔治·赫伯特·米德：《心灵、自我与社会》，霍桂桓译，华夏出版社 2003 年版，第 308 页。

贝马斯对权利的论证完全就是主体间的视角。首先我们需要将哈贝马斯的交往行动进行分类，如表 4-1 所示：

表 4-1 哈贝马斯的交往行动分类表

行动者	关联世界	关系特征	行动取向	核心	有效性
目的行动	客观世界	主体、客体孤立，非互动	行动成功	行动计划	真实性
规范调节行动	社会世界	共同服从规范关系，非互动	遵守规范调节自己行为	遵守规范	正当性
戏剧行动	主观世界	主体间相互关系，但非交流，而是单向、被动	吸引观众接受自我表现	自我表现	真诚性
交往行动	客观世界、社会世界、主观世界	相互主体性、互动性、非工具性、非目的性、非策略性	主体间尊重与承认、交换意见尝试共识	相互理解	真实性、正当性、真诚性

表 4-1 中是哈贝马斯将四种行动和不同世界相对应，并将它们之间的关联以及每种行动的特征、行动取向、核心、有效性所做的论述。在四种行动中，第一种目的行动是行动者以成功为取向，通过选择有效的手段，以适当的方式运用这些手段，来实现某种目的的行动。目的行动的核心是行动计划，虽然行动过程涉及主体和客体两方面的关系，但两者之间不是互动的，因此不是相互关系，而是主客体孤立存在。行动者的行动与主体对客体的目的性利用相关，也就是说，只有行动在客观世界中能够有真正可能实现的时候，行动才是真实的。所以，行动者是一个孤立的行动者，考虑的是行动的成功与否，行动展现的是目的工具理性，行动者对客观世界的目的行动影响其他行动者，但是具有手段和目的的关系。第二种规范调节行动是作为社会群体或团体的成员，以遵守共同的价值规范为取向的行动。行动者考虑的是行动是否符合社会规范，满足规范的行动就是合理的。因此规范调节行动的核心是遵守规范，即一个社会群体所形成的一致意见，是对成员普遍化的行动要求。正因为此，社会规范是外在于主体的普遍化要求，而不属于主体自身，甚至是人们对规范的认同过程都显得不那么重要，最重要的是遵守规范来调节自己的行动。可见，规范调节行动中人们的关系也不是一种相互的关系，是共同服从或遵守规范的关系而已。第三种戏剧行动是行动者在观众面前以一定的方式表现自己，是行动者通过行动表达内心的主观世界，目的是使得观众看到并接受自己表现的东西。“因此戏剧性行动的核心是自我表现，行动取向

是吸引观众，但这里因为行动者没有与观众的合作和交流，行动者的意向是单向的，观众则是被动接受的，行动者与观众之间并不是主体之间的相互关系，而是表演和观看、表现和接受的关系。”[①]第四种交往行动是在对以上三种行动的反思和扬弃下提出，是“为了实现理解的一种主体间性活动，是两个以上的具有语言能力和行动能力的主体间为了协调行动计划并实现共识的一种状况、过程和关系”[②]。可见，交往行动是通过语言作为沟通的媒介，实现主体间相互沟通的过程。交往行动的行动取向则是主体间尊重与承认、交换意见，尝试共识，因此其核心是相互理解。行动主体之间是相互主体性、互动性、非工具性、非目的性、非策略性的；交往行动中，人与世界包括了三个世界发生联系并根据理解和协商原则，做出相对的意思表达。因此，交往行动的有效性同时具有真实性、正当性和真诚性。

在四种行动中，交往行动被清晰地凸显出来。交往行动作为一种社会主体间相互理解的活动。因此，交往行动在主体间性中跳出了主客二元思维，强调主体间的交互关系，关注“主体与主体”的关系，确认自我主体与对象主体间的共生性、平等性和交流性。因此，“在主体间概念的烛照下，主客两分导致的对立顿然雪融冰消，霸权式的单向关系，让位于主体间的协商与对话，以达成理解与共识，但中心格局由此得以结构，主体间对话与商谈，赋予原本被认为是他者的客体以主体的地位。他者被解放了，而理性交流及主体间的相互影响由此成为可能”。交往行动理论下的权利离不开商谈原则，从商谈原则可以得出权利从人本身转向了人与人关系的维度，也就是主体间性。

通过以上分析，我们可以得出这样的结论：权利是主体性的标志，无权利不可能是主体，也无法体现主体性；权利的行使和实现过程，实质上是一种主体间关系的表达，即个体的权利并不是个体完全自由选择和行使的，而是受到其他主体的制约。

二、罪犯矫正权利的主体性与罪犯的主体性权利

如上所述，既然个体的权利充分体现了主体性，罪犯虽然是正在接受刑罚处罚的人，但也仍然是人，具备人的主体性。同时，更为重要的是，在矫正活动中，

① 任岳鹏：《哈贝马斯：协商对话的法律》，黑龙江大学出版社 2009 年版，第 64 页。

② 哈贝马斯：《交往行为理论》（第一卷），洪佩郁、蔺青译，重庆出版社 1994 年版，第 119 页。

罪犯作为矫正主体，具有矫正主体的权利，这种权利也充分体现着矫正权利的主体性。笔者主要针对罪犯作为矫正主体而言，具有的矫正权利来谈其所体现的主体性。

罪犯作为矫正主体在理论上是没有任何疑义的，但在现实中，其主体价值的存在及体现与否，取决于其主体性的自我张扬和与其他矫正主体的关系互动。也就是说，罪犯的矫正主体地位一方面取决于主体的主体性，另一方面取决于主体之间主体间性的协调和统合程度。

罪犯主体的主体性是作为基础性的存在，罪犯自我的认知是内向性价值的基础，要求罪犯清醒地认知到作为罪犯的自己是什么样的地位，其并不是矫正机构单纯惩罚和管教的对象，而是矫正活动的主体，只有在自己发挥积极主观能动性的情况下，才会有良好的矫正效果。罪犯矫正主体的书本或法律化，是罪犯认知的重要方面。监狱法和其他相关法律对罪犯矫正权利的明确规定，可以给予罪犯更确定的自我认知。但实际上，只要罪犯作为矫正主体的资格存在，其具有的相关矫正权利就都可以纳入主体权利的范畴。或者说罪犯主体的矫正权利是从应然的角度对权利的界定。法律规定存在着这些权利，但并不意味着罪犯能够意识到进而去主张，去行使，这种客观的静态的权利规定仅是体现着罪犯作为矫正主体的地位。

罪犯的主体性权利与上述不同的地方在于，其在矫正主体权利的背景下讨论，是罪犯作为矫正主体最为本质的权利，是罪犯成为矫正主体最集中的价值诉求和核心内容。矫正主体性权利充分表达了罪犯强烈的主体意识，具有非常鲜明的主观能动性，罪犯会自主地主张，不仅仅是被动接受。

第二节　罪犯矫正主体性权利的构成

一、罪犯矫正主体性权利的矩阵图

罪犯矫正主体性权利的构成是从最初的自然状态下的“元权利”出发，在矫正活动的进行中展开，进而具有随矫正进行的生成性权利。如此，就构成了一个纵横交错的体系，形成了罪犯矫正主体的权利矩阵。

“权利是一种相互关系，是权利规范起作用的共同体的每一个成员和每一个他者的关系，这种关系，借助于他们共同具有泛化的他人的态度而得以存在。”[①]可以显见，权利构成是在主体间的关系中，权利的实现受到其他主体行为和态度的实质影响。特别是对罪犯的矫正权利而言，权利实现的成本在封闭性矫正机构的背景下更高，受到的制约因素更大。甚至很早就有学者认为，权利是交换而来的，你所拥有的权利需要别人的认可，但别人的认可不是无条件的，你要出让点什么才好。[②]

在以往学者的论述中，对罪犯的权利并没有作出相应的分类，原初的自然权利和矫正活动具有的权利两者不仅有时间上的不同，还有逻辑层级和具体内容上的差异。在前文我们已经阐述了矫正主体具有的内向性和外向性价值指向，罪犯矫正主体的元权利是其最核心的权利，其在矫正活动中也贯穿始终，同时随矫正活动进行外化为具体的矫正权利。图 4-1 是罪犯的矫正主体性元权利和矫正生成性权利矩阵图。

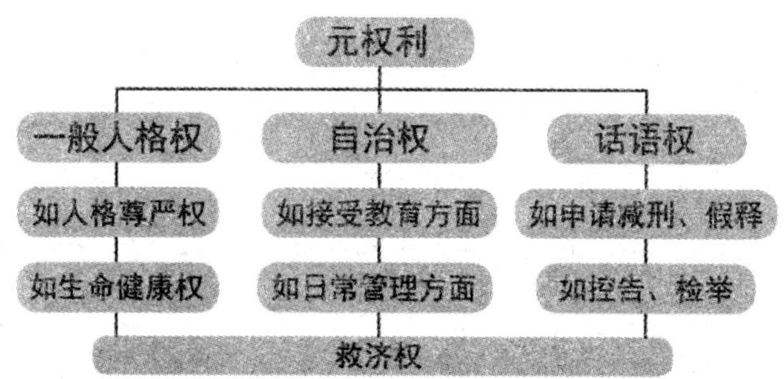

图 4-1　罪犯的矫正主体元权利和矫正生成性权利矩阵图

二、罪犯矫正主体元权利的主体性表征

（一）罪犯一般人格权的主体性

自古以来，罪犯被当作是工具、奴隶，几乎不享有权利，任意的酷刑、虐杀司空见惯。罪犯的权利保障问题受到关注，应该说是近现代随着社会文明程度的发展而出现的。在西方人文主义思想兴起的带动下，人权主义的运动在各国呈现蓬勃发展的态势，罪犯的人权随之也得到国际社会的关注。在各国的法律中，或

① ［美］贝思 J. 辛格：《实用主义、权利和民主》，王守昌等译，上海译文出版社 2001 年版，第 32 页。

② 陈舜：《权利及其维护——一种交易成本观点》，中国政法大学出版社 1999 年版，第 5 页。

多或少地都赋予罪犯法律人格，确认了罪犯的法律地位。理论上，关于罪犯的权利保障问题的研究在漫长的探索过程不仅有重要的思想也对实践产生了重要的影响。早期一段时间的理论界，对罪犯是否享有权利的本源性问题还是存在巨大争议的。贝卡利亚在其法学名著《论犯罪与刑罚》一书中，首次明确提出呼吁社会关注罪犯的人权保障，并且提出了有罪必罚、罚当其罪、废除死刑、无罪推定等具体的法律原则，对推动罪犯权利保障起到了重要的作用[①]。此后的1777年，英国监狱学家约翰·霍华德出版了《英格兰及威尔士监狱状况》一书，揭露监狱的惨状，批判监狱弊端，建议改善监狱环境，要求建立符合人道特点的适宜犯人身心健康的狱内环境[②]。除了霍华德和贝卡利亚外，英国的边沁和美国的威廉·佩恩以及本杰明·拉什等学者也从不同方面、不同角度对罪犯权利问题进行了探讨。而后随着罪犯矫正在相关理论研究和司法实践的发展成熟，西方学者特别是在人权思想的影响下，对于罪犯权利保障问题的研究较为深入、具体和全面，并且较早地就形成了相对比较成熟的理论体系。

在我国，漫长的封建社会一直以来是受到儒家传统文化的影响，推崇的是君权和家父主义至上，而对于自身的个人利益往往被忽视，至于罪犯的权利就更是另当别论了。发展到20世纪80年代，随着西方人权思想的影响以及国内经济社会文明发展、法治观念的觉醒，学者们也开始研究作为罪犯而言其权利到底如何的问题。

越来越多的人关注罪犯权利问题，中国人权研究会名誉会长朱穆之就认为监狱人权保障是整个人权事业的重要组成部分，监狱是人权公开受到限制的地方，容易发生对人权的忽视和侵犯。因此，监狱人权保障如何，可以说是一国人权状况好坏的重要标志之一[③]。学者对罪犯的权利问题多是从监狱学的角度，侧重于研究刑事司法制度。但所谈到的罪犯的权利为探讨罪犯一般人格权保障奠定了扎实的基础。

罪犯的一般人格权是关乎其人的基本生存发展的权利，即使罪犯身份存在特殊性，权利能力受到一定剥夺或限制，但是对其一般人格权而言，进行切实有效

① 贝卡利亚：《论犯罪与刑罚》，中国大百科全书出版社1993年版，第116～120页。

② 金鉴：《监狱学总论》，法律出版社1997年版，第146页。

③ 朱穆之：《监狱人权保障是整个人权事业的重要组成部分——全国监狱人权保障理论研讨会论文集》，2003年3月。

的保护是具有深厚的法理基础和重大的现实意义的。

1. 罪犯一般人格权保护的理论基础

罪犯实施了危害国家或社会的犯罪行为，必须接受法律制裁。大多数罪犯被剥夺或限制了部分权利，这是维护社会安全稳定、保障人民合法权益的必然要求。但罪犯仍然享有一般人的权利，应该受到法律保护。

（1）罪犯一般人格权保护具备民法理论。

罪犯的犯罪行为具有的严重社会危害性和可非难性使其受到了刑法处罚与制裁，剥夺了其刑法上规定的权利，但是其作为人的基本权利（除非法律做了明确的剥夺或限制）不应当与其他社会成员存在任何的区别，例如罪犯的民事权利方面。事实上，因为受到刑事处罚，罪犯的民事权利行使也自然会受到不同程度的限制或剥夺，但是国家并没有完全否定罪犯作为人的属性，他们仍然具有人的价值、尊严和理性，其一般人格权必须受到保护。

我国公民从出生时起到死亡时止，具有民事权利能力，依法享有民事权利，承担民事义务。所以，毋庸置疑，作为我国公民的罪犯是绝对具有民事权利能力的，只是因为要承担刑罚的惩罚，罪犯在“自由”这一民事权利被剥夺了而已。

我国法律将自然人的民事行为能力分为无民事行为能力、限制民事行为能力和完全民事行为能力三种类型，并且以年龄及精神状态作为划分标准。那么，按照我国法律规定，年满 18 周岁且精神正常的公民就已经具备了完全的民事行为能力，而对未满 18 周岁或者有精神疾病的依据法律规定享有相应的民事权利，具备从事相应的民事行为的资格。所以，只要罪犯是中国公民，就依法具有相应的民事行为能力。

一般人格权是所有民事主体所固有的，且是以人格利益为客体，为维护民事主体独立人格所必备的权利。[①] 作为一种所有民事主体的固有权利，可以得出这样的结论，即人格权是一种自然意义的天赋权利，是原始的，与生俱来的权利，它始于出生，终于死亡。所以，只有出生和死亡才是对一般人格权有实质影响的法律事实。也正因为此，罪犯仍然是民事主体，即便被依法判决有罪，也并不能够影响其一般人格权权利行使的法律事实。故此，罪犯依然享有一般人格权。

① 杨立新：《人格权法研究》，中国人民大学出版社 2005 年版，第 14 页。

（2）罪犯一般人格权保护具备刑法理论依据。

我国刑法的刑罚体系预先设定了各种刑罚适用的特点，法院在选择何种刑罚时已充分考虑了报应和预防的目的，重罪重判，轻罪轻判，这也是罪刑相适应原则的要求。刑罚是对罪犯用以实施犯罪的一定权益的剥夺或限制，因而刑罚的实际执行在客观上可以消除或限制罪犯的再犯罪条件如：死刑以剥夺罪犯的生命为特征，死刑的适用与执行使罪犯的再犯能力彻底丧失；无期徒刑、有期徒刑以永远或一定时期内剥夺罪犯的自由为内容，其再犯能力在刑罚执行期间一般也近乎完全地被剥夺。[①]因此，可以看出，是否有必要将一项权利依法剥夺，往往取决于这项权利是否能够影响罪犯的犯罪行为。而一般人格权作为一项民事权利，其本身的存在和行使对于罪犯的犯罪能力有无是没有实质影响的，既不会增强也不会减弱。因此，罪犯的一般人格权并没有被剥夺的必要性。

另外，按照我国刑法规定，刑事处罚的手段主要是通过剥夺人的自由及某些罪犯的政治权利来实现，并没有在判决中剥夺罪犯的民事权利。按照罪刑法定原则即法无明文禁止皆可行、法不禁止即自由，刑法既然没有明文规定要剥夺罪犯的一般人格权，那么，在罪犯应享有一般人格权。

（3）罪犯一般人格权保护具备人权理论依据。

人权本质上是一种自然权利，而非法定权利，是在人类进入文明社会之前就依据自然法则而享有的权利。卢梭早就在《社会契约论》中提出：“人生而自由，却无往不在枷锁中。”[②]并由此提出了“天赋人权”的重要理论。“天赋人权”强调人人都是平等的，每个人所拥有的权利并不因个体的差异而有所不同。《世界人权宣言》开篇即强调：人人生而自由，在尊严和权利上一律平等。人人有资格享有本宣言所载的一切权利和自由，不分种族、肤色、性别、语言、宗教、政治或其他见解、国籍或社会出身、财产、出生或其他身份等任何区别。

罪犯即使在身份上有别于一般的社会主体，其一些权利受到了一定的限制和剥夺，但是其作为人而存在的天赋的、自然意义上的权利是无法被剥夺的，也不能被剥夺，也就是和其他人没有实质差别。罪犯的一般人格权也应当受到保护。

---

① 朱建忠：《论罪犯的生育权》，山西高等学校社会科学学报，2002 年第 11 期。

② ［法］卢梭：《社会契约论》，何兆武译，商务印书馆 2005 年版，第 4 页。

2. 保护罪犯一般人格权的现实必要性

（1）作为一个庞大的罪犯群体是整个社会不容忽视的一部分。

如果我们不看国外的犯罪率，仅仅以我国的现实为例。我国2012年的数据显示全国共有监狱681所，在职监狱人民警察30万名，押犯164万人。这里还没有包括那些被限制了自由，没有在监狱中行刑的罪犯。可以显见，罪犯群体是一个多么庞大的社会群体。伴随着我国进入社会转型的关键时期，社会矛盾激化，纠纷也呈现多元化。在依法治国，建设法治社会不断深入推进的背景下，对于违法犯罪行为的追究将较于前时期更加强调有效性，对犯罪的惩治力度也会不断加强，面对罪犯的数量还可能会出现持续激增的现象，我国不能忽视罪犯这个群体在整个社会结构中的位置。

（2）罪犯的一般人格权受到侵害的现象普遍且严重。

罪犯数量庞大，监管场所往往人满为患，很容易导致罪犯的基本权利无法得到满足，特别是罪犯的生命权、健康权、隐私权等一般人格权受到侵害的现象十分严重。基于对罪犯普遍的仇视和鄙视心理，使得罪犯的一些正当权利不受重视。如强制罪犯剃光头在目前很多矫正机构中依然大量存在，用编号代替罪犯的姓名等现象也是十分普遍。强制剃光头无法从法律上找到依据，而更多的是为了将罪犯与正常人进行区别，方便管控。但这种做法明显是将罪犯单纯地作为监管的客体，侵害了罪犯作为人的主体性地位和人格尊严。用编号代替罪犯的姓名也同样损害了罪犯的人格权，罪犯的姓名权并没有被法律剥夺，在其被监管的过程中应当得到尊重和保护。更应值得注意的是，在罪犯的正当权利受到剥夺或限制时，他们并没有有效途径维护自己的合法权利，救济手段严重缺乏，进而加剧了其一般人格权被侵害现象的发生。

（3）保护罪犯的一般人格权是弱势群体的权利保障的重要部分。

弱势群体在整个社会中的地位都是处于非常不乐观的状况，法律的公平和正义对弱势群体的体现就是对其权利提供完善的保障。所谓公正，最深刻本质的内涵就是对人的价值尊严与基本生活的确认和保障。罪犯在刑罚执行期间受到的刑事处罚以及社会对其的强烈谴责都可以说是罪有应得，但罪犯无论是在监管场所中服刑还是刑满释放后回归社会都存在着被人否定和排斥的问题，罪犯应当被归入社会弱势群体一族。正因为如此，罪犯的一般人格权也特别容易受到侵害。对罪犯人格权的保护体现了对罪犯这个弱势群体权利的保障，是我国社会实现公平正义的体现。

3. 我国罪犯一般人格权保护的立法现状

我国对罪犯权利的关注尽管较之前有了很大的发展和进步，罪犯的权利也得到更多的保障，但一般人格权的保护在立法上还是有很多的不足，亟待完善。

（1）我国对罪犯一般人格权保护的立法现状。

随着法治观念的不断深入以及人权理念的引入，我国立法也逐渐对罪犯的权利进行了规定。这些体现在很多法律规定中，主要的是以下几个方面：

《宪法》规定了公民的人格尊严不受侵犯，禁止采用任何方法对公民进行侮辱、诽谤和诬告陷害。《宪法》从“根本法”的最高度对公民的一般人格权利进行了保护，而罪犯不会因犯罪受到刑事处罚而失去公民资格，其一般人格权在宪法层面上得到了保护。

我们以原来的《民法通则》为例，该法的第九条规定：公民从出生时起到死亡时止，具有民事权利能力，依法享有民事权利，承担民事义务。那么，罪犯应该和其他民事主体一样享有民法规定的民事权利，其一般人格权利无疑也会受到法律保护。同时《民法通则》第九十八条规定：公民享有生命健康权。第九十九条、一百条则对姓名权及肖像权作出了规定。

《监狱法》第七条规定：罪犯的人格不受侮辱，其人身安全、合法财产和辩护、申诉、控告、检举以及其他未被依法剥夺或者限制的权利不受侵犯。第十八条规定：女犯由女性人民警察检查。由女性警察检查的规定有效保障了女性罪犯的身体隐私权。第五十条、第五十一条、第五十二条、第五十三条、第五十四条、第七十一条具体规定了罪犯的食物量生活标准、被服配发、生活习惯、居住条件和卫生医疗保健等，保障了罪犯在监禁条件下正常生活和身体健康。《监狱法》第十四条也明确规定，监狱人民警察不得有下列行为：刑讯逼供或者体罚、虐待罪犯；侮辱罪犯的人格；殴打或者纵容他犯殴打罪犯。监狱的人民警察有前款所列行为的，构成犯罪的依法追究刑事责任；尚未构成犯罪的，应当予以行政处分。

《看守所条例》第二十三条规定：人犯在羁押期间的伙食按规定标准供应，禁止克扣、挪用。第二十五条规定：人犯每日应当有必要的睡眠时间和一至两小时的室外活动。看守所应当建立人犯的防疫和清洁卫生制度。第二十六条规定：

看守所应当配备必要的医疗器械和常用药品。人犯患病的，应当给予及时治疗，需要到医院治疗的，当地医院应当负责治疗。这是对罪犯健康权的保护。

公安部颁发的《看守所留所执行刑罚罪犯管理办法》第五条规定：罪犯的人格不受侮辱，人身安全和合法财产不受侵犯，罪犯享有辩护、申诉、控告、检举以及其他未被依法剥夺或者限制的权利。

（2）我国对罪犯一般人格权保护的不完善。

首先，以罪犯刑事化的权利为主，民事权利的保护范围狭窄。纵观我国目前的相关立法，尽管从高到低有宪法、法律、法规等不同位阶层面对罪犯一般人格权的问题已经存在着不同程度的涉及，但从内容上看，实际上民事立法领域在具体针对罪犯这一特殊主体的一般人格权保护上是鲜有明文规定或者例外规定的。

对罪犯一般人格权的保护，最直接的规定是《监狱法》。但问题是《监狱法》是刑事司法领域的规范，其不可能对罪犯的民事权利作出规定，当然，我国的《监狱法》也并未对民事权利的保护作出规定。如《监狱法》第十四条仅规定可监狱的人民警察不得有下列行为：索要、收受、侵占罪犯及其亲属的财物；刑讯逼供或者体罚、虐待罪犯；侮辱罪犯的人格；殴打或者纵容他人殴打罪犯；监狱的人民警察有前款所列行为构成犯罪的，依法追究刑事责任；尚未构成犯罪的，应当予以行政处分。这些规定虽然已经触及到罪犯一般人格权的一些方面，但并不是专门性的完整性的规定。而一般人格权是公民民事权利中最基本的一种类型，即便是罪犯，也具有公民资格，也应当有具体的民事立法来加以规制，这样才能对罪犯的人格权保护起到切实有效的作用。

其次，对于罪犯一般人格权的规定过于概括化。在没有民事立法专门的保护的情况下，关于罪犯一般人格权的保护的法律规定散见于不同的部门法和行政法规中。因此，在这种情况下，对于罪犯的一般人格权保护的规定缺乏详尽性、具体性。即便是已经对罪犯一般人格权保护有规定，但在多个法律原则性的规定下显得松散、笼统、模糊，缺乏实际操作性。《宪法》对公民人格尊严的规定更多是一种带有明显的宣言式的口号，而《民法通则》中的原则性的规定，因为不具体和针对性不强而确实收效甚微。在目前的规定中，都是对所有公民的民事权利的规定，并没有明确指出罪犯的一般人格权这一概念，也没有对罪犯的一般人格权作出特殊规定，我们现在认为罪犯一般人格权已经有了法律的规定也只是理论界的延伸保护。

正是由于立法上的不足，导致矫正人员难以形成罪犯权利保障的观念，也造成矫正人员在执行刑罚的过程中对自己的行为难以形成合理的预期，给矫正人员侵害罪犯的一般人格权留下了很大的空间。所以，我国立法中过于原则性，缺乏具体规定是有效保护罪犯一般人格权的重大障碍。

再次，缺乏有效的救济措施。所谓无救济则无权利，公民的权利受到侵犯时需要及时的救济，如果权利被侵犯后得不到及时有效的救济，那么，权利就形同虚设，毫无存在的意义。

纵观立法规定，目前我国对罪犯一般人格权保护的立法中多为禁止性规定，即以“不得侵害罪犯一般人格权”的模式为主，但对于已经受到侵害之后的救济却少有规定。寥寥几条的规定如《监狱法》第十四条，也以行政处罚进行追究后果。这样的追责规定实际上对罪犯一般人格权的保护是不利的。在这种情况下，罪犯的一般人格权受到侵害时，其救济是附属于行政机关的内部机制，而非罪犯作为矫正主体自身的维权行为，明显根本无法达到充分救济的目的。因此，罪犯作为权利主体，当受到侵害时，必须得到有效的救济措施才能真正受到保护。

4. 罪犯一般人格权保护的例外限制

如上所述，虽然罪犯不能因为犯罪要承担刑事责任就失去了一般人格权，但也不能把罪犯的民事权利绝对化，绝对地认为没有被法律剥夺的民事权利，罪犯都能够和其他公民一样地自然享有。这就忽视了监狱法及其有关的监狱管理制度对罪犯民事权利的影响。作为最基本的民事权利，罪犯的一般人格权在进行保护时也要进行适当的限制。

（1）罪犯人格权保护必须在保障社会公共利益的前提下。

社会公共利益与个人的基本权利有时候是存在一定的利益冲突的。路易斯•亨金说，在特定的时间和特定的环境下，每项权利实际上都可能让步于某种公共利益。[①]博登海默认为，公共利益意味着在分配和行使个人权利时决不可以超越的外部界限，否则全体国民就会蒙受严重损失。[②]罪犯实施了犯罪行为，在侵害了他人合法权益的同时，更为重要的是严重危害了社会公共安全和秩序。这是自有

① 路易斯•亨金：《宪政•民主•对外事务》，生活•读书•新知三联书店1996年版，第142页。

② 博登海默：《法理学》，邓正来译，中国政法大学出版社1999年版，第317页。

犯罪时起就明确的。对罪犯进行刑罚处罚、剥夺或限制其一定的权利，这种做法本身就是维护社会公共利益的一种必要手段。既然如此，在保护罪犯未被法律限制或剥夺的权利时，也应当考虑到这种权利是否对公共利益造成影响，这种影响的后果多大，是否违背了公序良俗等基本原则。也就是说，罪犯一般人格权的保护是在保障社会公共利益的前提下进行的，比如罪犯隐私权的限制保护，人身自由在一定程度上的剥夺等。

（2）罪犯一般人格权保护以惩罚性为原则。

不论刑罚的目的经历多少变化，惩罚始终是刑罚的初衷。刑罚的执行不仅要警醒已经犯罪的人，使其在矫正机构中努力改造，最终重返社会，同时，刑罚的惩罚性也客观上发挥了对其他人的教育警示作用，减少其他人违法犯罪发生的可能性。因此，刑罚的惩罚性是刑罚设定的第一要务，正因为如此，罪犯的权利就必须受到相应的限制，否则就无法达到上述刑罚的目的。罪犯如果在权利的行使和实现上与其他社会成员的权利没有任何差别性对待，那么，那些犯罪的人不会为自己的犯罪行为付出任何代价，他们感受不到应该有的痛苦，刑罚就根本达不到惩戒效果。因此而言，对罪犯一般人格权的保障的同时需要考虑到社会公众朴素的正义观，以及公众对罪犯这一群体的普遍的否定性评价，遵循对罪犯的惩罚性原则。

（3）罪犯一般人格权保护以维持矫正机构的正常秩序为前提。

矫正机构的正常秩序是保障罪犯自身权利的屏障，在良好的矫正秩序下，罪犯才能有效顺畅地行使权利。稳定的秩序不仅能够保障刑罚目的的实现，还可以防止罪犯在实现自己的权利的过程中受到其他主体的侵害。因此，罪犯在矫正场所中主张个人的一般人格权，必须以矫正场所的正常矫正秩序为基础。

5. 罪犯一般人格权保护法律制度完善

一般人格权是民事权利中最基本、最重要的一种，不管罪犯实施了多么严重的危害社会的行为，只要法律没有剥夺其生命，基于身份特殊，罪犯的人格权保护受到一定限制的前提下，其一般人格权就始终应当受到保护。我国目前对罪犯一般人格权的保护需要在立法上进一步完善。

（1）在统一的民事立法体系中明确罪犯的一般人格权。

罪犯人格权的规定更多是在刑事立法中有规定，但缺乏明确的民事立法规定，使民事权利中最重要的权利之一的人格权无法得到有效保护。

任何一项制度，即便得到普遍承认，如果没有明确的规范层面的正式立法规定，也必然得不到支持和发展。在民法典编纂的契机下，协调现行的立法，建立统一的民事立法体系尤为重要。如我国的《婚姻法》在规定禁止结婚的类型中并未规定罪犯这一主体的婚姻问题，那么，实际上就意味着只要罪犯不存在《婚姻法》规定的禁止结婚的情形就是可以结婚的。但2003年10月1日施行的《婚姻登记条例》规定：结婚登记，男女双方应当共同到一方当事人常住户口所在地的婚姻登记机关办理结婚登记。这样的规定也就意味着罪犯无法办理结婚登记，也就在事实上就造成了罪犯丧失了结婚自由权。同时，罪犯在面临人格权受到侵害时，也难以在现行的《侵权责任法》领域找到合适的救济方式。因此对罪犯人格权的保护必须建立独立统一的民事立法体系，以避免纷杂的各个部门法中产生很多冲突的规定也避免了有关机关利用这些漏洞互相推诿，不承担自己应尽的责任。

（2）在规范执法中提升监狱执法人员素质。

《监狱法》第十四条明确规定，监狱人民警察不得有下列行为：刑讯逼供或者体罚、虐待罪犯；侮辱罪犯的人格；殴打或者纵容他犯殴打罪犯。监狱的人民警察有前款所列行为的，构成犯罪的依法追究刑事责任；尚未构成犯罪的，应当予以行政处分。虽然法律对某些行为作出了禁止性的规定，在矫正实践中还是会出现了一些体罚、虐待罪犯导致其身心遭受巨大伤害的事件，其中当然有一部分原因在于立法体制的不完善，但更多的是执法不到位、违规操作等问题导致了这样的后果。

在中国传统等级观念的影响以及对罪犯鄙视的心理驱动下，矫正人员更多的是将罪犯作为客体来对待，在执行刑罚的过程中无视其作为人的主体地位，进而更难以将保障罪犯人格权利的观念贯彻在执法行为中。因此，要建立更加完备的检察监督机制，使驻所检察工作制度化、规范化，充分发挥检察院对监狱的执法监督权，检察院派驻专门的机构进入监狱管理系统中，对监狱执法进行实时实地监督，把对监管场所的法律监督真正落到实处，以有效监督反推监狱执法更加规范化、合法化。同时要强化监狱执法人员的法律意识，将罪犯享有人格权的观念灌输到执法人员的心中，使其准确定位自身与罪犯之间的关系，形成职业伦理，提升执法人员素质，强化队伍建设，使执法人员侵害罪犯人格权的现象能够不断减少。

（3）不断完善侵害罪犯人格权的救济措施。

要想权利得到最为有效的保障，就必须设计一套公正有效的救济机制。完善的救济制度是权利实现的基础。目前我国对于罪犯一般人格权受侵害的救济措施并不健全，有必要在立法中不断加以补充完善。

第一，完善矫正系统内的救济，保证罪犯控告权、申诉权的行使。《中华人民共和国看守条例》第四十六条规定：对人犯的上诉书、申诉书，看守所应当及时转送，不得阻挠和扣押。人犯揭发控告司法工作人员违法行为的材料，应当及时报请人民检察院处理。但是，罪犯的申诉控告是由监管机关转送，如果不利于监管机关或监管人员，就很难传出高墙之外，甚至罪犯还可能因此遭到打击报复。为了使罪犯的控告权、申诉权能够得到实现，在矫正系统内需要进行救济程序的完善。首先，对有关机关的处理和答复规定期限，对违反规定的，依法追究责任；其次，罪犯控告、申诉的渠道，不仅可以向监管机关行使该权利，还可以向有关监督机关进行控告和申诉；再次，控告、申诉的有关材料不必受到监管机关的检查；最后，允许会见律师，由律师代理罪犯人格权受到侵害的控告、申诉的相关事宜。

第二，完善行政诉讼受案范围和程序，保障罪犯诉权的有效实现。我国法律明确规定，矫正机关对于罪犯的侵权行为属于刑事司法行为，不在行政诉讼的受案范围内。也就是说罪犯的权利受侵害，也不能向法院提起行政诉讼，唯一的救济途径就是控告、申诉。在当前的诉讼制度下，我国是可以通过扩大行政诉讼的受案范围，将罪犯一般人格权受到矫正机关侵害的案件纳入行政诉讼的范围内，依法追究矫正机关领导以及其他直接责任人的行政责任来实现罪犯诉权。

同时，如果是受到其他在押的罪犯的侵害时，可以对其提起民事侵权诉讼来维护自身的合法权益。这就是普通的民事案件，只不过发生案件的场所是在矫正机构。因为罪犯之间依然还是处于平等的民事地位中，其一般人格权受到损害，理所应当可以得到侵权救济。但是在罪犯提起民事诉讼时，由于其人身自由受到限制，在审理过程中的应诉存在困难。在这种状况下可以将法庭搬进监狱，对被监禁的服刑人员没有委托代理人，或者无力委托代理人，以及虽委托代理人但必须出庭的，在监狱中开庭审理，保证罪犯诉权的实现。

树立正确的罪犯权利观，保护罪犯的合法权利，对于维护社会主义法制秩序，促进对罪犯的教育改造工作，提高改造罪犯的社会效益有着十分重要的意义。2016年6月14日，《国家人权行动计划（2012－2015年）实施评估报告》发布，其中表明在这4年间我国在罪犯的人权保障方面做出了巨大的努力，也取得了一定的成效。随着司法体制改革的稳步推进，权利保障、公正司法、文明执法都将能够得到进一步落实，让监狱只是罪犯改造的场所而不再成为人们眼中法治缺位的黑暗之处将指日可待。

（二）罪犯自治权的主体性

1. 罪犯矫正自治权的基本法理

罪犯矫正是一项系统化的工作，是人类有组织、有计划的社会实践活动。虽然我们在认识论上已经统一了矫正的哲学基础，但作为一种独特的社会实践的改造活动，如何才能使行刑效益最大化，才是问题的关键。不管是思想改造、行为矫正、心理矫治、道德教化、习惯养成，还是职业技术教育、文化教育、劳动矫正，这些矫正的内容统统都是作为强制性的义务而存在的，而这种义务是否意味着绝对的强制性呢？抑或是矫正本身就存在着一定的自主性？更或者准确地说从一定意义来看，改造或者矫正对于罪犯而言也是一种权利？

传统的刑事司法理论认为惩罚与矫正存在着冲突，刑事司法一方面要实现公平正义，对罪犯进行惩罚，另一方面又要对罪犯进行矫正，使其不再犯罪，两者之间存在着尖锐的矛盾。因为惩罚基本是一种封闭的体制下的强制教育，是对罪犯的人格的一种伤害，难以达到改造的目的，进而会造成更多的犯罪。[①] 那些主张以惩罚或威慑论为主导观念的行刑理论中，因为矫正是在惩罚机能或威慑功能发挥的基础之上进行的，所以矫正也应当是绝对的强制性。只是这种绝对的强制性矫正相较于基于自愿的矫正的负面效果更为显著。

近年来，随着在全球范围内的社会福利主义行刑观念的兴起和流行，矫正过程也是罪犯权利保障过程的观点开始被表达和传播。这种观点认为，尽管罪犯因过去的犯罪行为必须接受报应和惩罚，但这种报应和惩罚不是漫无边际，而仅限

① 张旭、蔡一军：《恢复性司法践行理路探析——以欧洲的实践为视角》，当代法学，2007年第4期。

于被拘禁在狱内服从一定的监管纪律，除此之外，受刑人与公民一样，都属于宪法上的权利主体，享有基本的人权和权利。为了能够让受刑人享受或实现这种权利，国家应积极地为受刑人无偿提供诸如治疗等改造活动。这种基于人权主义的改造论发端于20世纪70年代初期，发挥着促进监狱行刑的科学化和人权化的作用，至今被一些学者和部分国家奉为监狱行刑的重要理论之一。[①]这种人权主义矫正观是权利主义高涨时代的必然产物，是法治主义矫正观深入发展的必然结果。

把对罪犯的矫正活动视为罪犯的权利，从主体与对象的相对性看，对于国家和监狱而言，罪犯的矫正则应当被视为义务。但最终监狱对罪犯的矫正活动不管在不同国家和社会其本性和特征如何发展变化，都不可能改变国家对罪犯的矫正是一种特殊的权力的定位。既然矫正作为国家的一种权力，对于罪犯而言就必须具有强制性，这种强制性表现为罪犯必须无条件地服从国家安排的一系列矫正活动，也就是说矫正对于罪犯而言就是必须履行的义务。但是，这种强制性的义务又并非绝对性和单一性的，因为在现代法治条件下还意味着罪犯矫正具有一定程度的自主性，即罪犯应当享有一定的自治权。但是，罪犯享有一定的矫正自主权并不能推演出改造就是一种纯粹的权利，它的实质是国家在对罪犯强制性矫正的前提下，可以让罪犯享受一定的自治权，自主约束，自我矫正，罪犯甚至对矫正计划或方案有一定自由的选择。[②]

按照近代西方宪政条件下的基本原则之一的“自我决定权”，成年公民本人拥有完全决定自己行为并对此负责的自我决定权。但是，因为违反了法律被国家施加一定刑罚的罪犯不可能拥有完全意义上的自我决定权。罪犯只能在监狱行刑法律关系的框架内参与到改造活动中来，也即意味着罪犯任何的活动都受到行刑法律关系的约束。人权主义改造论者认为罪犯有追求幸福的权利，是指国家有义务保障罪犯在被改造过程中提供相应的管理和服务，对于罪犯那些没有被明确剥夺的权利，国家当然要创造条件提供，比如罪犯的娱乐权、休息权、文化学习权等。从这个意义上讲，罪犯矫正的过程当然是罪犯权利享有的过程，而对罪犯矫正自主权的尊重也是实现罪犯上述权利保障的基本路径。

---

① 王云海：《监狱行刑的法理》，中国人民大学出版社2010年版，第67～68页。

② 刘崇亮：《罪犯改造自治权论》，当代法学，2016年第3期。

2. 罪犯矫正自治权的意义

罪犯在矫正机构中的矫正活动有两个最为明显的目标：第一就是如何实现回归社会，第二是罪犯本身如何实现应有权利的有效保护。而作为对罪犯的刑罚来说，其惩罚功能似乎并非为这两个目标而设，恰好相反，甚至是阻碍或延缓这两个目标的实现，而罪犯矫正自治权与这两个目标相辅相成。罪犯矫正自治权的意义主要表现在以下几个方面：

（1）罪犯矫正自主权是罪犯最基本权利的保障。

罪犯的权利本来就因为具有不同于一般公民的特点，其权利是受到限制的，不充分的，并且具有不容易行使的特点。因此，罪犯权利的保障在矫正机构的矫正活动中处于非常重要的地位。不仅关系到了监狱等矫正机构矫正目标的实现，也是监狱法治化的具体表现。但罪犯权利的保障又是一个非常复杂的系统化工程，要求必须有一个较其他场所更为顺畅的机制，除了立法层面的保障外，还有监狱等矫正机构在监管方法措施上的合理性和科学性。但是，在实践中，历史的经验证明罪犯的权利与监狱等矫正机构的秩序相比，永远处在“千年老二”的地位，无法得到真正的平衡。因为“监狱秩序并不会以特殊的面目出现，像普通的社会秩序一样，它是通过一个具有复杂的力量影响的系统和大量具有起良好作用的控制策略来获得的，我们通过早期的监狱社会学知道，在犯罪人的社会和文化背景之间有着一个重要的联系，这些联系提供了调和剥夺或监狱所施加的痛苦的一个基本框架。在考夫曼、福柯等的作品中，它们都注意到了机构系统性的问题和惩罚权力运行的关系”①。

众所周知，刑罚的惩罚机能若要实现，给人更为直观的感受就是让罪犯遭受痛苦。不管在何种矫正模式下，矫正机构都主张强调矫正秩序的维护。但矫正秩序必须借助矫正的多重权力机制来进行维护，也就是在矫正权力的多重维护机制中，罪犯的权利最容易受到剥夺或侵犯。矫正机构的良好秩序有赖于纪律的推行，需要依靠强大的警察权力来实施。如果纪律演变成为刑罚功能中惩罚的工具，那么矫正秩序和人性人道的天平很容易就滑向了秩序倾斜。因为在任何一个权力掌控的环境中，矫正机构越是强调纪律，罪犯的权利越是难免受到侵害。

---

① Roger Matthews，Doing time：anIntroduction to the sociology of imprisonment，St. Martinsp Ress，1999，p.29.

问题在于，如果那些强调纪律的方式能够对罪犯的矫正起到非常明显的作用也算可以，但实际上，绝对式的命令与管制没有像预期的那样对罪犯的矫正产生良好的效果。目前大多数的矫正机构中都采用的是军事化的管理模式，罪犯必须要严格服从矫正人员的指令，完成分配的任务，在罪犯矫正所有的领域，包括罪犯的生活现场、学习现场、劳动现场无一例外。

反思军事化管理的矫正模式在行刑实践中并不理想的状况，其中有一个非常明显的现象便是，惩罚的权力贯穿始终，罪犯基本丧失了改造的自主性。

从我们对河北省深州市监狱军事化管理的调查统计可以看出，军事化管理本身在狱政管理中并不会明显提高行刑效益。更值得深思的是，军事化的狱政管理不但使得罪犯自主矫正的意愿丧失，而且还会使罪犯权利的空间面临被压缩的艰难处境。而对罪犯矫正自主性的提倡，则能够进一步拓展罪犯权利的空间。固然，矫正机构的纪律是维持监狱矫正秩序最基本的手段之一，但任何的纪律和规定都应当以尊重人格尊严为最低限度原则，监狱等矫正机构亦然。矫正机构的纪律和规程在维护和规范矫正秩序稳定的同时，另一方面必须使得罪犯基本权利得到应有的保护。因此，矫正机构纪律和规范能够实现双赢的实现路径就是提高罪犯矫正的自主性，即提高罪犯的矫正自治权。若要提高罪犯在矫正过程中的矫正自主性，就需要对以军事化管理为主的矫正模式进行矫正变革，以达到罪犯有权利、有条件地能够在一定程度上自我决定矫正的一些方面。这样一方面能够提高罪犯的矫正效果，另一方面为罪犯权利的保障和实现尽量地提供一个相对宽松的外部环境。故此，在极力追求监管安全的同时，尽量使狱内的生活与社会的生活形式和状态接近，接受、认可并认同罪犯是权利的主体，以营造一个能够使罪犯从内心自发地产生矫正愿望和动力的环境。

（2）罪犯矫正自主权促进行刑目标的实现。

我们应该把罪犯经过刑罚的矫正成为守法公民作为行刑的目标。我国行刑的目标在一段历史时期曾经是塑造“新人”，这是一种政治矫正模式下的历史产物。认为矫正的客体仅仅是罪犯的思想，罪犯的犯罪行为来源于其自身腐朽低级的思想，以矫正思想为主的矫正活动意味着罪犯矫正的自主权的丧失。这是因为从思想到行为的转化必须做到高度的统一，才有可能使罪犯对自己身份的认同，成为所谓的新人。吴宗宪教授认为，如果监狱管理人员和罪犯改造人员无限制地进行旨在促使罪犯之间一致化的管理和改造活动，努力按照一个模式管理和改造罪犯，这会进一步加剧罪犯的监狱化烙印，会更加深刻地剥夺罪犯的自主性、能力性。从此以往，就会将罪犯训练成一切服从别人指挥、自己失去思考和判断能力的“机器人”，就会将罪犯变成释放后难以重新适应社会生活的“废人”。①一个国家矫正机构的目的作为国家行刑的最终归宿，是这个国家行刑的方向和目标。任何一种刑罚的矫正目的在本质上都不可避免地具有一定的功利性。中国模式下的矫正的具体内容在现代矫正系统内大致包括：思想改造、心理矫治、行为矫正、道德教育、文化知识教育和职业技能教育等。随着矫正多元化的展开，可以说，只要能够对罪犯的思想和行为有益的教育和矫正的措施就都可以囊括到矫正的范畴中来。

放眼世界，不同国家及地区的行刑目标有所不同。法国刑法明确规定，对犯罪人的自由刑的执行，不但被视为保护整个社会和保证对被判刑人犯的处罚，还被视为是有助于被判刑人犯改正过错，为其最终重返社会做准备。②丹麦刑事执行法第三条规定，刑事处罚之执行，必须既关注处罚之执行，又关注帮助或者影响被定罪人过上合法持久之正常生活之需要。③我国台湾地区监狱行刑法第一条明确规定，徒刑、拘役之执行，以使受刑人改悔向上，适于社会生活为目的。

从各地行刑或改造目的的表述来看，我国大陆地区监狱法规定的“将罪犯改造为守法公民”与其有着较明显的差异，最为关键的是对矫正目的定位的不同认识。我国大陆地区可以借鉴法国或我国台湾地区的规定，把矫正的目的定位于“让罪犯顺利重返社会”。这种表述表面上看与现在的“把罪犯改造为守法公民”并没有什么不同，但却在内涵上具有实质的区别。这是因为“守法公民”在目标定位上带有浓厚的理想主义的政治的色彩，不适合用于具有法律性质的监狱法的矫正目标。对罪犯的刑罚执行理论一般包括了惩罚与改造，但是一个众所周知的事实便是惩罚机能本身带有不可克服的弊端。作为学者们诟病的惩罚机能最为严重的问题就是罪犯监狱人格，罪犯刑满释放后再次走向社会将难以重新融入社会或

① 吴宗宪：《罪犯改造论——罪犯改造的犯因性差异理论初探》，中国人民公安大学出版社 2007 年版，第 232 页。

② [法]卡斯东·斯特法尼：《法国刑法总论精义》，罗结珍译，中国政法大学出版社 1998 年版，第 425 页。

③ 谢望原：《丹麦刑法典与丹麦刑事执行法》，北京大学出版社 2005 年版，第 79 页。

遭到社会排斥。因此，一个重要的问题就是如何使罪犯重返社会后正常融入社会生活。而行刑机构就应当在罪犯重返社会之前就为其创设再社会化之条件。矫正与惩罚不同，是刑罚人为增加的、人造化的功能，客观上对惩罚的本质机能有救济作用。

罪犯矫正的自治权，开宗明义就是要罪犯以主体的身份参与到矫正活动中来，改变原来罪犯完全被动参与矫正的做法。罪犯以主体身份参与到行刑法律关系中来，以重返社会为目标。重返社会的矫正目标是一种合理的矫正政策，可以将所有具有现实矫正可能的社会复归方案和措施，针对不同的罪犯，在合适的情况下加以运用。

近年来，在英美等国家兴起的矫治社区项目（Therapeutic Community），就是遵循罪犯自愿参加矫正的基本原则，在专业的矫正官员的指导下罪犯甚至可以选择矫正方案。该项目为了充分使罪犯感受"社区"的概念，通过结构的、非结构的方法影响罪犯的家庭态度、社会观念与个人行为。1999 年宾夕法尼亚州矫正局在 5 个监狱开展了矫正社区项目的调查试验。调查发现，参加矫正社区项目的罪犯相比不参加该项目的重新犯罪率大致能够降低 10% 以上，说明矫正社区项目对减少重新犯罪和促使罪犯顺利重返社会作用显著。[①] 从国外的这个矫正项目的运行过程来看，促进罪犯在矫正中能够自主地积极转变服刑态度，关键的一点在于使矫正机构本身成为罪犯居住的社区。因此，对于罪犯改造自治权的实现，矫正机构需要提供相应的改革措施，转变观念，从控制改造模式向文明矫正模式转变，尤其是避免把矫正机构变成一个绝对的权力控制机构，尽可能地促使矫正机构成为一个真正的正式群体居住的社区，把罪犯作为这个特殊社区中的正式居民，根据不同情况、不同状态的罪犯给予相应宽松的改造环境。这样就在一定程度上打破了原有传统矫正机构的封闭，有机会让罪犯在惩罚的功能下积极主动寻求自我矫正。

3. 罪犯矫正自治权的实现路径

郭明教授认为，现代刑罚是一种怪诞的复合刑罚，在刑罚的口袋里，不仅装着报应的正义，而且装入了那些自以为具有政治、道德、人格、知识等优越性的组织或个人，自觉或不自觉地以高尚或正义之名得以实现政治、伦理、人格等超

① 翟中东：《国际视域下的重新犯罪防治政策》，北京大学出版社 2010 年版，第 318 页。

司法利益。[1] 因此，刑罚的功能必须在惩罚之外有另一个更为上层和高位的功能来补齐惩罚过程中可能夹杂着的种种超司法利益。罪犯矫正自治权就是刑罚效益实现的一种路径，具体的措施至少应该有几下几方面。

（1）以矫正技术的改善来扩大罪犯改造自治权。

很多人认为“罪犯是集恶习于一身的人”，但在犯罪学家看来，罪犯只不过就是千差万别的生物个体。罪犯的犯罪原因千千万万，但也并非所有的犯罪都是因为人格缺陷、心理障碍、认识因素、行为养成等所造成。循证矫正的兴起和繁荣已经证明，对什么类型的罪犯矫正效果最佳。即治疗重点放在高风险的罪犯身上。一部分罪犯实际上并没有多大的再犯罪风险，对于这类罪犯而言，对其再进行矫正就是浪费司法资源。且还容易引发监狱化人格，适得其反。经过科学的再犯风险评估后，对再犯罪高风险的罪犯，运用循证矫正的理论和方法，必须有针对性地制订严格的矫正方案，具体包括人身风险评估、心理干预、劳动矫正、教育矫正等综合性的矫正方案。矫正方案中的具体措施和效果还应当成为刑罚执行变更制度的标准，如罪犯的假释和减刑都可以通过矫正方案中的具体效果来评估。

在对罪犯进行了科学分类与评估之后，罪犯的矫正自治权具有了可能实现的技术性基础准备。以监狱为例，当前我们国家的监狱分类主要以刑期长短和犯罪性质来划分，但有的地区监狱分类十分混乱或模糊。以刑期长短和犯罪性质来划分，监狱被分为重刑犯监狱、中刑犯监狱和轻刑犯监狱。监狱内部监所一般也应当依据犯罪性质进行分类关押、分类改造。但无论刑期的长短还是犯罪的性质都无法具体体现罪犯再犯风险的大小，一个长刑犯也可能再犯的风险很小，而一个短刑犯很可能再犯的风险很大。

在罪犯的矫正项目中，矫正强度的大小关涉矫正资源的合理配置。对于不适当的强度会浪费矫正资源，很多研究表明，对低风险罪犯如果提供高强度（Intensive）的矫正很可能增加罪犯的犯罪行为。如果对高风险的罪犯没有提供相应的高强度矫正，其重新犯罪率超过 51%，而若提供了相应的高强度矫正，其重新犯罪率将减少几乎一半，仅为 32%。[2]

---

① 郭明：《改造：现代刑罚的迷误及其批判——兼及刑罚范式革命与制度变革的思考》，环球法律评论，2005 年第 5 期。

② James Bonta & D. A. Andrews, Risk-need-responsivity model for offender assessment and rehabilitation, Public Safety Canadareport 2007, p.10.

从上述的分析可以看出，我国可以借鉴这些来自实证的数据，以罪犯再犯罪风险评估指数为标准对罪犯进行分类，并对监狱分类。在此基础上，对于那些没有再犯罪风险的罪犯完全可以给予更大的矫正自治权。当然，对于那些再犯罪风险较高的罪犯则减缩矫正自治权。如美国的做法就非常典型，将再犯罪风险程度较低的罪犯关押在低度警戒监狱。低度警戒监狱通常较高度警戒监狱赋予了罪犯更多的自治权，监狱为罪犯提供了非常多的矫正方案，诸如职业培训、文化教育、心理矫治、工作释放、学习释放等方案，有的还提供家庭会见，罪犯可以和家庭成员在一起。甚至有的开放式监狱的环境与监狱外的环境没有两样，罪犯可以享有较大的活动自由和对矫正方案选择的权力，改造的自治权较大。而在最高警戒监狱，监狱的管理十分严格，罪犯受到全方位、不间断的监管，罪犯改造的自治权十分有限，惩罚机能的发挥较低度警戒监狱十分明显。①

（2）以矫正内容的完善明确罪犯的矫正自治权。

既然不同的罪犯再犯风险不同，而矫正的干预也会有不同的效果。那么，矫正自治权也会随之而异。根据对罪犯再犯罪的风险评估结果，对再犯罪风险高的给予高强度的矫正干预，坚持以严格管理为主，矫正自治权会相应缩减；而对再犯罪风险较低的罪犯不宜高强度的矫正干预，可以在一些方面扩大矫正自治权。

一是教育矫正的自治权。美国学者约瑟夫•罗格斯把矫正计划分为四种情形：一种是对任何犯罪人都没有效果的矫正计划；第二种是只对一些犯罪人有效果的计划；第三种是对某类犯罪人具有特殊效果的矫正计划；第四种是有些罪犯根本不可能得到改造，并不是矫正计划本身的问题。②在我国的罪犯矫正中，罪犯所有矫正手段和措施都是强制性，既然强制就不可能赋予罪犯可以选择的权利。如此一来，参照上述约瑟夫•罗格斯划分的四种情形，采取那些对任何罪犯都没有效果的矫正方法或者将只对一部分人有效果的矫正方法，强加于另一部分的罪犯身上，那么矫正的效果很容易适得其反。所以，我们主张针对再犯罪风险程度不高的罪犯，特别是那些矫正期间表现较好的罪犯赋予矫正自治权。一方面允许再犯罪风险低的罪犯深度参与矫正方案的制订过程，增加矫正主体的积极性；另一方面扩大其在矫正机构中原有强制性矫正手段的选择权。比如

① James A. Inciardi，Criminal justice，Harcourt Brace College Publishers，1999，p.452.

② G. Larry，Essentials of corrections，Wadsworth Publishing，2004，p.17.

扩大罪犯教育改造项目方面的自主选择权，罪犯对娱乐项目、职业技术培训、文化学习项目、会见次数的自主选择。罪犯具有了自治权之后就意味着这些罪犯可以选择教育矫正项目的内容和方式，也包括可以不参与某些方面的教育改造项目。比如有些罪犯他们的犯罪行为与原因与有无正当职业之间并没有关系，所谓无犯因性，这类罪犯完全可以不参加相关的职业技术培训。当然，最主要的是这些罪犯对某些矫正措施的自主选择后不会影响日常考核，否则就失去了矫正自治权的应有意义。

二是日常管理的自治权。由于环境和境域的影响，对于绝大部分罪犯而言，罪犯更需要人格的尊严，特别关心能够建立正常人际关系交往的需求。我们国家的罪犯在矫正机构中，生活的场景完全和社会是隔绝的状态，监狱的绝对封闭使得罪犯脱离了原本的生活场景，长期的监禁生活常常使罪犯刑满释放后再社会化受阻。近年来，我们国家监狱系统广泛兴起的亲情会见、公用电话设施、商品超市、体育设施、绿色网吧等，都是为了在监狱内模拟一定程度的社会化生活场景，为罪犯人格与心理上奠定基础，帮助他们能够快速复归社会。

有了这样的基础后，对于占据了刑罚执行重要部分的罪犯日常管理方面，不仅关乎矫正机构的稳定秩序，也关系着罪犯矫正效果的高低。但不同罪犯在日常管理方面也不应该“一刀切”，根据其再犯风险的等级进行适当的区别化处理不仅可以降低矫正人员的工作量，更为重要的是可以取得事半功倍的矫正效果。因此，可以对再犯罪风险较低的罪犯，在日常管理方面赋予其一定的矫正自治权。以英国的为例，英国D类监狱为开放式监狱，关押那些可以信任的、适合在开放式监狱中服刑的罪犯。这类监狱几乎没有什么严密的监管措施，大多只是象征性的栅栏，监狱不会把罪犯严密监管起来，通常罪犯自己管理自己房间的钥匙，罪犯可以参加监狱组织的劳动，也可以每天都到周围的社区中去工作。[①] 这样的矫正措施对我国未来矫正机构的矫正措施改革提供了一个创新的矫正思路，是非常有益的探索。

具体而言，赋予罪犯在日常管理上的矫正自治权，就是赋予罪犯在生产和生活管理方面自主管理权。比如在对监舍的生活管理上，监舍的内务卫生是否可以考虑交给罪犯自己进行管理。因为毕竟最终绝大部分的罪犯还是要返归社会，

① 吴宗宪：《当代西方监狱学》，法律出版社2005年版，第82页。

赋予罪犯在日常管理方面的自主权利实际上是基于罪犯对自己日常生活管理的自治、自律和控制能力，为以后的复归社会做好基本的准备。

（三）罪犯话语权的主体性

罪犯的话语权，简单地说就是罪犯享有说话的权利。罪犯的话语权是作为罪犯刑罚执行中一项最为基本而且是普适的权利，对于罪犯的刑罚执行过程中的矫正，乃至对保障罪犯其他基本权利的依法享有，都具有不可或缺的地位。

1. 罪犯话语权的权利解析

罪犯的话语权，最通俗的解释就是罪犯说话的权利，也就是罪犯能够具有表达自己的意愿，与他人交流信息和沟通心理的权利。大多数的罪犯尽管处于监禁，其公民的权利也相应受到了部分限制或者剥夺，但是，罪犯说话的权利，表达意愿的权利作为最基本的权利是享有的。

首先，话语权，是任何人都具有的一项具有自然属性的天然性权利，罪犯也不例外。罪犯不因为犯罪被剥夺自由而就失去了话语权。说话是一个人健康的生理体征和意志的存在，当然也包括盲语，或者是带有某种意思表示的肢体语言，用以表达思想，表示意愿，传递信息，表达需求，等等。这是任何人都无法剥夺的天然权利，本质上就具有绝对不可被剥夺性。

其次，罪犯的说话语权，虽然本质上是自然权利，但其又是罪犯的一项非常重要的，表明其矫正主体性的社会性权利。罪犯尽管因为被判刑而承担刑事责任，大多数的行为自由受到了限定或剥夺，但是罪犯的所有社会的属性并不会因为刑罚执行而消失，罪犯的应然社会属性依然存在。罪犯在刑罚执行中，不论是否监禁都需要与社会、家庭成员之间进行必要的情感交往与交流，通过沟通来获取社会上的日新月异的文化知识，以及其关心的与家庭相关的信息。可见，罪犯在刑罚执行中，与社会进行的有限交往和与家人之间的情感互通，大都要以“话语”为媒介来实现的。话语权使罪犯与矫正机构之外的人形成的一种特定社会关系，具体来说就是一种用人类语言的方式而构成的社会成员之间的话语关系，也正是因为有了这样的社会成员之间的话语关系才表明罪犯在矫正机构中的矫正主体地位，也是其矫正权利的表征样态。

再次，最为关键的一点，罪犯的话语权也是罪犯的一项最基本的法律性权利。在我国的《监狱法》中是没有明确罪犯这项话语权的，似乎表面上监狱法是不承认罪犯享有话语权。但实际上罪犯在刑罚执行过程中，其话语权的行使无处不在。关涉刑罚变更的减刑、假释等法律性事项，必须通过罪犯行使话语权才有可能实现。而针对矫正中涉及的学习、生活、教育等也是罪犯话语权的一种表达方式。归根到底，话语权实质体现的都是一种法律关系，一种法律行为。另外，《监狱法》明确规定了罪犯的辩护、控告和检举等权利，这些权利的行使和实现过程，大多数情况下都是要以罪犯话语权的享有为基础和前提条件的。可以说，话语权的享有和行使集中体现了罪犯矫正中与矫正机构形成的法律关系，也是矫正主体性的表征之一。

如上所述，罪犯的话语权是集自然权利、社会权利、法律权利于一身，对罪犯矫正具有重要作用，其实质体现为对罪犯人格的一种尊重。矫正机构对罪犯人格的尊重，表现为罪犯享有说话权，罪犯话语权的实现是罪犯人格受到尊重的一种基本形态。固然，在监狱等封闭性的矫正机构中，行刑环境的高压态势下，罪犯的这种话语权肯定会有较多的限制，同时也会受限于其罪犯本人情绪情感意愿的表达，相关诉求的反映和相关知识的获得。另外，罪犯亚文化的传播，也是通过罪犯的语言来实现的。罪犯亚文化形成于罪犯的语言，是在特定的矫正环境下形成的特定语言，对罪犯的矫正会有潜移默化的影响。当然，一般来说罪犯的话语权虽然在整个罪犯的矫正活动中对于刑罚执行特别是监狱的行刑是根本无法起到导向作用，也左右不了监狱的行刑环境，但却实实在在反映和渗透着矫正机构对罪犯人格的尊重程度。

最后，罪犯的话语权，是罪犯执行各种刑罚方式的必要要件。在罪犯的刑罚执行中，矫正机构的行刑要以话语为条件，也要以话语为载体。罪犯是否认罪伏法，是否能够积极接受矫正，是否能够积极参与矫正等矫正过程中的信息，都是通过罪犯的话语传递的。话语在某种程度上是罪犯接受矫正的一种态度，是罪犯矫正效果的一种表现。同时，现代矫正中，矫正机构对罪犯施以文明管理，就是要赋予罪犯说话的权利，鼓励罪犯表达其想法和诉求。

综上所述，罪犯矫正话语权的享有彰显出现代矫正的文明，是现代罪犯矫正的应有之意。

2. 罪犯话语权的类型

在现代文明社会中，罪犯在矫正中享有话语权。因为矫正机构具有对罪犯进行矫正的绝对权力，是话语权的掌握者，而使得身处特殊境遇的罪犯，不易在刑罚执行的话语世界里发出自己的声音，但较之于前文明时代，还是在很多方面体现了罪犯具有最基本的话语权，概括起来有以下几种类型：

（1）说明性话语权。

说明性话语权，是罪犯向矫正人员反映问题、说明情况的一种话语之表达。这种说明性话语有两种，一种是主动式说明，即罪犯主动向矫正人员说明有关需要说明的事项，因为表现为罪犯矫正的积极性，是极为肯定与提倡的。另一种是被动式说明，即罪犯是在某种情况下被动地向矫正人员陈述情况。因这种是罪犯被动地报告其问题，交代其余罪，不是出于罪犯的主动与自觉，但如果罪犯能够如实说明或报告相关情况，也是值得肯定的。

（2）申请式话语权。

申请式话语权，是指符合减刑或假释条件的罪犯，向矫正机构主动提出其减刑或假释申请意向的一种表达。对罪犯的减刑与假释及其他刑罚之变更，符合法定的条件与考核的依据，由罪犯本人提出申请意愿，递交申请书，以表示自己对减刑或假释的愿望。这种申请式话语，体现了矫正机构对罪犯话语权的一种尊重，是现代行刑理念的一种进步。

（3）学习培训性话语权。

学习培训性话语权，是指罪犯在矫正机构组织的学习培训过程中可以对某项内容表达意见观点或者某种需求。这种学习培训性话语权比如：罪犯在参加矫正机构组织的政治、文化、技术学习时对某项知识的学习话语；罪犯在小组学习培训时，或评比时，或讨论时，所进行的一种话语表示。

（4）情感性话语权。

情感性话语权，是指罪犯与其亲属所进行的一种话语表达。其主要在罪犯与亲属间进行，是罪犯与亲属间所进行的一种亲情之语。

（5）交往性话语权。

交往性话语权，是罪犯在矫正机构所进行的一种因交往所需的话语表达。这种交往在罪犯行刑的过程中，主要是限于矫正机构内进行，其交往的对象大都是与其一起生活与学习的狱友，也包括对其进行管理与教育的矫正人员。

（6）诉请性话语权。

诉请性话语权，是指罪犯在矫正的过程中，因其申诉、控告、检举，或者对矫正行为存有某种抱怨，或者涉及其民事、家庭、婚姻等方面的个人需求而向矫正机构所提出的一种诉求性话语表达。

3. 罪犯话语权所受到的限制

罪犯的话语权在矫正过程中是应该享有的，这是一个不容置疑的事实，但不得不承认，罪犯的话语权在刑罚执行过程中，因身份特殊，处境特殊，必然是受到种种限制的，可以说罪犯话语权是受限制的权利。

（1）话语的内容受到正当性限制。

与普通人的言论自由权不同，罪犯的话语权的自由度，特别是话语所表达的具体内容在特定的身份和特定的环境中受到因刑罚执行带来的限制。首先，类似于不利于社会主义发展的政治性言论，不利于和谐社会构建的社会性言论，是所有人都要受到限制的。罪犯除了这些普遍受限制的话语外，其不利于罪犯矫正秩序、矫正环境安全稳定的话语，也明令禁止。矫正机构对罪犯所表达话语的内容的评估也是判断罪犯是否能够接受矫正，是否积极矫正的一个的考量依据。

（2）话语的形式受到文明性的限制。

《监狱法》第七条规定："罪犯必须严格遵守法律、法规和监规纪律，服从管理。"在这条规定中就已经蕴含了罪犯的话语需要遵守矫正机构文明管理的秩序，遵守矫正机构文明的要求。另外，《监狱法》所规定的不得"聚众哄闹监狱"，不得"辱骂人民警察"和《服刑人员行为规范》所规定的罪犯要"言谈举止文明，不讲脏话、粗话"，要"礼貌称谓他人"，"服刑人员之间互称姓名，不起（叫）绰号"等，都非常充分地显现了对罪犯话语权的一种文明性的限制。

（3）话语表达的时机受规范性限制。

《服刑人员行为规范》规定，罪犯"就寝时保持安静，不影响他人休息"，言外之意，除非有特殊需及时向民警报告的事项，罪犯在就寝时是不能说话的，不能相互言语，以妨碍他犯之休息。在遇到警官，或要向警官反映情况时，应站立说"报告"等。这些都是对罪犯话语权实现时的一种规范性限制，也是在享有权利的同时，需要承担的义务。

（4）话语的真实性受到实质限制。

《服刑人员行为规范》规定，罪犯在“与警官交谈时，如实陈述、回答问题”。可见，这里的“如实”就是要求真实表达事实。不仅如此，罪犯在矫正过程中，也被要求不能随意搬弄是非，更不能口出狂言，绝不能诬陷他人，更不能弄虚作假。罪犯提请的减刑、假释，在狱务公开时按照法定程度所提出的异议，这应当是罪犯真实意思和真实情况的表达。

综合来看，罪犯的话语权所受到的限制可以认为是罪犯在享受权利的同时必须履行的义务，这些义务并非额外强加给罪犯的负担，而是在正常的刑罚执行过程中，罪犯所付出的代价和应然的行为准则。

4. 我国罪犯话语权的部分缺失

在罪犯已经享有了话语权的前提下，罪犯话语权的享有还是处于文明社会的发展阶段，除因其罪犯本人的素养、习俗、性格等内生性因素外，还受到监狱诸多因素的影响，存在着某种缺失的情形。

（1）法律明确规定的缺失。

《监狱法》在几次的修改中特别重视罪犯的权利，并相应地增加了有关罪犯权利的规定，诸如有“其他未被依法剥夺或者限制的权利不受侵犯”，并且在很多的条文里实际上也或多或少隐含或涉及罪犯话语权的保护。同时不得不承认的是，从整体上看，《监狱法》对罪犯的话语权的规定还存在着明显的缺失，在具体条文中并没有非常明确地规定罪犯的话语权以及权利保障的措施，使得监狱民警在保障罪犯话语权的享有上还不能切实做到有法可依，有法可循，在矫正过程中罪犯话语权更多基本上还是处于一种人为管理的态势之下，具有较浓厚的人为色彩，体现的是经验性思维模式。缺乏立法的罪犯话语权始终处于零散摇摆的状态，无法落实。

（2）公众传统认识的偏激。

在传统的思维里，罪犯是被阶级改造的对象，是被贴上“劳改犯”标签的“另类人”，在行刑中“只许老老实实，不许乱说乱动”，是以一种敌视的眼光来矫正罪犯。历经了多次的改革，行刑理念发生了深刻的变化，行刑讲究文明、公正、公平、人文，但是，应当看到的是，传统观念潜移默化地在影响着公众的思想，影响着矫正人员的观念，导致罪犯话语权的享有还受到阻碍。而且更为值得注意的是，矫正人员一般还不同程度地患有所谓的“文明病”，他们很多都会非常偏激和错误地认为现在的罪犯越来越难管难教，甚至把这个问题归结为是现在矫正机构有些过于讲究文明的结果，认为传统的管教方法更好。这样传统偏激的观念使罪犯的话语无法实现。

（3）口是心非或心非口是的冷性语言的攻击。

即便是在现代文明的矫正中，“冷暴力”还依然存在。这种冷暴力的实质就是冷性语言的攻击。冷性语言，就是矫正人员的语言或冷若冰霜、缺乏热情，或训斥厌烦、心浮气躁，或漠然置之、事不关己，致使有的罪犯在矫正中不敢贴近矫正人员，掏心里话，说心里事，或者是不能说，不愿说，不敢说，生怕“祸从口出”，会受到矫正人员的指责、埋怨和训诫。

5. 我国罪犯话语权的保障

在我国，罪犯话语权虽然已经被认可，是法律规定的权利，但因为立法规定的模糊性和实践中实现的困难性使得罪犯话语权始终是个弱不禁风的权利，因此，有必要在以下几个方面进行有效保障。

（1）立法上明确规定罪犯话语权的享有。

对罪犯话语权的保护，首先关注的就是法律是如何规定的。只有在法律上明确的权利，权利者才会理直气壮地享有和实现。罪犯这一特殊群体的话语在法律中的地位十分重要。据此，要根据我国罪犯话语权在不同情形下的具体情况，对罪犯话语权的享有作出具体的针对性规定，对矫正人员的行为也要作出“不得允许”规范，以使得罪犯话语权获得立法上的明确支持和肯定，而不是从法理上或者人权上去推理得出结论。

（2）思想观念上提高矫正人员对罪犯话语权的认识。

立法上即便是明确规定了罪犯话语权的内容，矫正人员还要继续转变传统的观念，特别是要转变传统上刑罚执行仅是一种单纯性惩罚的落后观念。虽然罪犯话语权兼具自然属性和社会属性，但在权利的实现上更要看到蕴含在罪犯话语中的法律属性，用法律视角来看待和认识罪犯话语权的问题，从矫正人员出发，整个社会都应该是以法律思维来看待与认识罪犯享有的话语权。

（3）矫正语言上讲究对罪犯话语权享有的艺术。

矫正人员的矫正语言也是一种艺术，对罪犯话语权的享有至关重要。在矫正中，矫正人员要讲究执法语言的艺术与规范，要注重矫正语言的规范性和情感性的有机应用，力戒和避免暴力性或冷暴力性语言，要善于主动倾听罪犯的话语，尽力走进罪犯的内心世界，努力倾听罪犯真实的心声；要根据罪犯的话语环境，不管是对罪犯的批评教育还是谈话谈心，都要时刻注意自己的矫正言语是否得体，态度是否诚心，以便能够让罪犯倾其想法，述其所求。

（4）构筑罪犯话语权的权利实现机制。

罪犯话语权的享有和行使权利的过程，既有紧张与严肃的权利使命，也有活泼与快乐的权利享受性，以此为要义，来构筑相应的机制与平台。可以多召开一些罪犯座谈会、学习会等互动的形式，让罪犯能有更多的发言交流的机会，谈自己未来的梦想，谈自己将来的打算，谈对劳动改造的体会，建言献策，提出合理化建议等。同时，也要经常组织罪犯文化活动，除了节假日，平时也应搞些活动，加大改造的正能量。在监狱内开设广播，拍摄“微电影”，设立“点歌台”，让罪犯有更多的话语机会，活跃行刑气氛。同时，具备心理咨询师资格的监狱民警要增强对罪犯心理咨询的主动性，既要“门诊相约”，也更要“出诊巡访”，让罪犯有更多的获得心理咨询的机会，使罪犯的心理能通过话语的交流而得以疏导。

（5）理顺罪犯话语权权利救济的程序。

罪犯话语权的实现效果的方方面面，直接反映着罪犯的权利保障机制是否完备，罪犯在矫正期间的法定权利是否得到依法享有。因此，建立与完善罪犯话语权的权利救济程序，才能实现罪犯权利的应有之意。其救济程序包括：罪犯的话语受到“暴力或冷暴力”执法侵害时，有向矫正部门的主管机关报告的程序；罪犯的话语受到无故压制打击时，有提出合理的司法请求的程序；罪犯对其减刑、假释或刑罚变更等正当性诉求没有得到回复时，向监狱提请再诉的程序；罪犯的话语有损于矫正机构的安全与矫正被检举或报告时，有提请奖惩及其保护检举人的程序；罪犯在刑释时，对其在行刑中的所思所感，有向矫正机构坦诚报告与提请建议的程序等。

第五章　罪犯为矫正主体的实现：主体间的实践论

以主体性为特征的现代罪犯矫正中，矫正主体中的罪犯有名无实，有名有实的矫正者则陷于权力掌控的独白。以主体性到主体间性为依据，现代罪犯矫正向以主体间性为特征的方向转变。主体间性下的现代罪犯矫正是由矫正者引导的，由多交互主体协同参与，平等对话，注重程序性权利，激发个人潜能的矫正活动。

第一节　我国罪犯矫正的现实困境

在我国，罪犯矫正工作在长期的历史发展中总结出了很多有价值的经验，大量的罪犯被改造成守法公民，重新回归社会。但不可否认，改造质量，重新犯罪率，仍然是悬在罪犯矫正领域头上的一把“刀”，它映射出我国罪犯矫正的困境。改造罪犯有很多方法，在众多的方法中哪个是最好的？过去我们凭经验和感觉认为当前罪犯矫正这种粗放型矫正是最好的，但这种“自我感觉良好”的矫正方法面临着科学性和有效性的质疑。推进罪犯矫正的科学性，“以事实说话”，循证矫正将是一场革命，其引领我国罪犯矫正走向科学化之路。

一、粗放型矫正的危机

（一）经验型矫正的科学性危机

2007年司法部颁布实施的《教育改造罪犯纲要》中规定了“因人施教、突出重点”的基本原则，各地监狱根据不同类型、不同罪犯的实际情况，实施分类教育和个别教育，尤其是对重点类型、重点罪犯，重点地采取教育改造措施，实现教育改造效果的最大化。在长期的矫正工作中，监区民警积累了丰富的矫正经验。监狱也长期秉持政治教育的思维，引用学校教育的模式，运用经验教育的方法，教育的实际效果更多取决于最基层监区民警个体的经验和能力，监区民警个人因素成为罪犯矫正效果的决定因素。

随着社会的发展，个人的心理和行为等各个方面也变得复杂多变，矫正犯罪若依然凭借监区民警的经验型矫正方式就会有很大的局限性。经验型矫正的问题已经引起广泛的关注，首先最大的问题就是面临着科学性的质疑。我们不禁要问，监区民警的矫正方案从何而来？有什么样的理论依据和事实根据？矫正对象对方案的适应性如何？监区民警是否有这样的能力实施这种方案？方案实施后最终的效果是否进行评估？等等。这些问题在以往的罪犯矫正中是很难有章可循，有据可查的。监区民警往往依靠自己的想法来设计方案，甚至用大同小异的方法去改造不同的人。经验型矫正因为过于“迷信”于个别民警这种“专家”的经验而忽略了知识和矫正方法的更新。经验型的改造模式在缺少科学性论证、缺乏科学严谨的研究方法的情况下，罪犯的改造效果不容乐观。

虽然当前的改造质量评估、心理矫治等先进技术理念对监狱矫正罪犯产生了一定的影响和冲击，但变化的更多的是形式，监狱罪犯的矫正方法、理念、手段和模式仍大摆脱经验型的困境，缺乏适应形势发展需求、科学性与实操性强的系统化的矫正方法。如心理矫正的个案矫正中，个别教育是随机的，有的甚至是应付，只是某时某地找谁谈过话而已。至于为什么找他，怎么谈的，发现什么问题，采取什么措施，有什么效果等是没有证据记载的。另外，由于对基层监区民警专业化水平和综合知识积累不足，面对个别化矫正这种复杂烦琐的工作疲于应付。很多只是注重谈话次数，至于解决了什么问题无人细究。甚至在基层没找到罪犯谈话，但个别教育谈话考核合格优秀的大有人在，谈话记录都是编造的。在这种极端情况下的监狱罪犯矫正岌岌可危。

循证矫正是针对特别的、特定的犯人，了解犯罪的需求，制订有针对性的矫正方案，矫正过程中有相关的证据支持和完整记载及效果评估，并可以作为以后矫正该类罪犯的证据。当然，在循证资源有限的情况下，更多的是进行富有效率的类案循证矫正。循证矫正是一种系统的矫正模式和思维方法。循证矫正模式要求所有的矫正都要有证据，要研究每一类罪犯，研究这类罪犯过去的矫正经验是什么，积累这类罪犯矫正的经验证据，最终形成循证矫正。

（二）刚性矫正的实效性危机

在对罪犯的改造中，长期以来较为偏重刚性矫正，也就是用强制的、明确的、具体的、规范的、严格的监规监纪改造罪犯，这是必要的，却是不够的。刚性监管侧重于罪犯行为，不易深入罪犯内心。在刚性矫正下，对犯罪的矫正侧重点倾斜于“严管”和“劳动”。

首先，很多人受传统观念影响，认为监狱是集肮脏、卑劣、丑陋于一体的万恶之源，“剥夺”和“隔离”是改造罪犯的最好方法，致使罪犯矫正中出现诸多流弊。例如，在确保监狱安全的名义下，实行封闭式模式；在惩罚名义下，滥用惩罚手段；在教育改造中，更多地把重点放在了维护罪犯思想情绪上，以维护监管秩序安全稳定。这样的刚性矫正是一种高压管控，难以得到罪犯真正的认同。

其次，在监狱改造中，传统的“劳动改造”占据了罪犯绝大部分时间，常规的思想教育、文化教育和个别谈话教育等，则处于“打游击”的状态。劳动问题一直是困扰监狱的一个重要因素。罪犯劳动的经济性与矫正性（学习技能、培养习惯）就如钟摆一样来回摇摆，使罪犯劳动蒙上了难以摆脱的阴影。现代矫正，需要准确定位罪犯劳动在罪犯矫正中的地位、性质、功能、作用和实践形态，发挥劳动作为矫正人、改造人的手段性效能，而不能无限扩大劳动的功效，把罪犯的改造等同于罪犯劳动。劳动是为整体的矫正目标服务的，其仅仅作为一个矫正罪犯的手段，而不是目的。

“将一个罪犯数年之久关押在高度警戒的监狱里，告诉他每天睡觉、起床的时间和每日每分钟应做的事情，然后再将其抛向街头并指望其成为一个模范公民，是不可思议的事情。”

可见，在罪犯矫正中，通过这种刚性的强制性的方式，很难在罪犯心中产生一种潜在的征服力。在这种情况下，想把监狱以及干警对罪犯的监管要求变为罪犯自觉接受监管改造的行为是不可能的。

（三）罪犯被“物化”的人性化危机

我国监狱工作的方针是“以改造人为宗旨”。罪犯也是人，也享有相应的权利。缺少这种意识，就可能将罪犯视为异类，非“人”对待而“物化”，当作被动接受的对象。罪犯“物化”的结果使得改造或矫正缺乏最起码的人性化。

从我国监狱的现状看，工作层面尚建立于安全模式之上，监狱工作的运转是以监管安全为主线的运行模式和工作格局。将罪犯和罪犯群体降格为“物”，形成了独特的改造或矫正环境。监狱安全是评价监狱工作的杠杆，罪犯要服务于这种需要，丧失了作为改造活动的主体地位，像“物”一样被严加防范。而罪犯群体作为一个整体，强调遵守监规、参加劳动、学习，在高度的管制与压抑中罪犯丧失了自身的个性，自我控制能力缺乏，造成逆反、对抗心理。在这样一种以监管安全为首要任务的要求下，罪犯和罪犯群体都是以“干警为中心”。罪犯只能无条件服从监管，罪犯尊重干警是天经地义的，反过来，干警为了维护自身的“尊严”“权威”可以不必对罪犯同样的尊重，对罪犯的权利和需求的给予是一种恩赐，罪犯要感恩戴德。

罪犯的“物化”背离了“以人为本”的改造理念，也深刻影响了罪犯矫正的效果，使得监狱文化披上了非人性化的外衣。正如罗素所说“那种合乎要求的纪律就是从内心发生出来的一种纪律……是从一个人自己的意志力发生出来的”。显然，“物化”的罪犯更多的是“不守纪律的人”。

二、刑罚不足的危机

在古代，刑罚的概念是区分开来的。刑是指对身体会产生伤害的“肉刑、死刑”，罚则代表通过收缴财物来代替惩罚。刑罚的概念随着时间不断地深化，在现代社会中的含义是，由法院依据刑法对被告人适用的限制或剥夺其某种权益的最严厉的强制性制裁方法。我国刑法明文规定了刑罚的种类，将刑罚分为主刑和附加刑。主刑有管制、拘役、有期徒刑、无期徒刑、死刑五种；附加刑有罚金、剥夺政治权利、没收财产和对犯罪的外国人驱逐出境四种。笔者在接下来的讨论中所指的刑罚种类主要指除死刑以外的刑罚。

我国刑罚具有以下主要特征：（1）从刑罚的实质看是对被告人某部分法定权益的褫夺和制约，使被告人感受到被惩罚的痛苦，这是刑罚的惩罚性质，也是它的本质。（2）惩罚对象只能是被告人（根据疑罪从无的原则，在刑事侦查至提起公诉之前，公安机关和检察机关都将其称为犯罪嫌疑人），刑罚是对被告人的犯罪行为所作出的否定评价，是对犯罪人的道义谴责。①

在司法实践中的定罪体系主要是两阶层的犯罪构成体系：客观违法阶层和主观违法阶层。一个行为构成犯罪，首先要具备法益侵害实施，也称为违法事实，由于法益侵害事实大多是客观事实，所以该要件也称为违法要件，意指行为的法益侵害性②。其次，该法益侵害事实能够谴责行为人，该要件也称为主观要件，意指行为人的可谴责性。

① 王志亮：《刑罚学研究》，中国法制出版社2012年版，第34页。

② 黎其：《量刑公正论》，法律出版社2011年版，第6页。

刑罚不足是指法院依据刑法对犯罪人适用的限制或剥夺其某种权益的强制性制裁方法的力度不足，或在执行过程中未能使刑罚的作用充分发挥。其中不足是指不能够完全地发挥刑罚的功能，即不能够使犯罪人丧失再次犯罪的能力和条件，犯罪人的社会危害性仍然很大（剥夺功能）；不能达到使犯罪人恐惧刑罚而不敢再次犯罪的遏制作用（威慑功能）；不足以发挥改变犯罪人固有的思维模式和逻辑基础，剔除反社会恶性思想，使其适应社会的作用（改造功能）。刑罚不足之人则是指那些在受过刑罚之后仍没有真心悔改而再次犯罪的人。

（一）造成刑罚不足的原因

笔者认为造成刑罚不足的主要原因有三：法院的错误量刑、减刑假释制度的不当运用和自身缺陷、监狱内的“交叉感染”。

1. 法院的错误量刑

我国刑法总则中明文规定了罪责刑相适应的原则，即刑罚的轻重应当与犯罪人所犯罪行和法律所明文规定的应承担的刑事责任相适应，做到重罪重罚，轻罪轻罚，罪刑相称，罚当其罪。法院在量刑中是根据犯罪人的犯罪的事实、性质、情节和对社会的危害程度作出判断。在程序上的表现为：定罪时，侧重考虑犯罪性质，制定协调合理的刑罚体系；量刑上，侧重考虑犯罪情节，做到重罪重判，轻罪轻判；行刑上，侧重考虑人身危险性，合理运用减刑假释。[①]

根据我国刑事司法实践的情况，司法机关在量刑过程中主要有两个问题，第一个是巨大的量刑幅度，第二个则是法官自由裁量的问题。首先司法机关在量刑的过程里常有重定罪轻量型的错误倾向，一贯重视对案件的定性，而对量刑工作的重要性，法官过于疏忽大意，部分法官认为我国刑法对犯罪规定的量刑幅度较大，因此只要定性正确即可[②]，至于多判几年或少判几年则无关紧要。如我国《刑法》第二百三十六条规定：“以暴力、胁迫或者其他手段强奸妇女的，处三年以上十年以下有期徒刑……”三年到十年足足三倍、七年之差，如此巨大的量刑幅度在我国刑法中大量存在。这样的量刑幅度虽然对于法院判刑有了巨大的可调节性，使得法官的自由裁量权在判案中起到更重要的作用，但通常也会增大犯错和

① Ashley T. Rubin，Punishment's legal templates：a theory of formal penal change，Law & Society Review，2019，53（2）.

② 宋高初：《论减刑撤销》，中国法学，2014 年第 6 期。

不公正的可能性。而犯罪人和被害人及其家庭的命运也在这巨大的幅度里起伏，法律应当具有的可预测性很可能会缺失，人们对法律的信任和拥护就岌岌可危了。法官虽然通过了层层制度的筛选，有一定的能力作出公平的判决，但是古话道，人非圣贤，孰能无过，法官也是会失误犯错的。在审判过程中，法官的个人情绪，对案件全局的考虑，审理案件的思路和外界对法官的干扰等都会影响法官的判断。不同的刑罚量对犯罪人的惩罚影响是大大不同的，一旦法院的刑罚过轻，可能就会造成刑罚不足即无法使犯罪人彻底的吸取教训忏悔罪行，无法使犯罪人学会克制自己违法乱纪的行为和停止伤害他人满足私心私欲的行为。将量刑重担只交付于法官是很大的考验，处理不当会造成严重后果。① 所以法官在审理时量刑过轻会导致刑罚不足。

2. 减刑假释制度的不当运用和自身缺陷

减刑，是指被判处除死刑以外主刑的犯罪人在监狱服刑期间因严谨遵守监狱规范，积极接受教育和劳动改造，具备法定减刑情况时，人民法院依法予以适当减轻其最初入狱时的刑罚的一种刑法执行活动。我国在刑法的第四章刑法的具体运用中规定了减刑的适用条件和限度，“有下列重大立功表现之一的，应当减刑：（一）阻止他人重大犯罪活动的；（二）检举监狱内外重大犯罪活动，经查证属实的；（三）有发明创造或者重大技术革新的；（四）在日常生产、生活中舍己救人的；（五）在抗御自然灾害或者排除重大事故中，有突出表现的；（六）对国家和社会有其他重大贡献的”。

假释，是对被判处有期徒刑、无期徒刑的犯罪分子，在执行一定刑期之后，如果认真遵守监规，接受教育改造，确有悔改表现，没有再犯罪的危险，可以附条件地将其提前释放，在假释考验期内若不出现法定的情形，就认为原判刑罚已经执行完毕的制度。

笔者认为减刑假释制度的不当运用和其自身缺陷是导致刑法不足的一个重要原因。

---

① Sri Warjiyati, Comparative studies between islamic criminal lawand positive lawabout castrationas additional punishment for a pedophile.Proceedings of the 3rd Annual International Seminarand Conferenceon Global Issues, 2019.

（1）减刑假释制度的不当运用。

法院对于犯罪人是否适用可以减刑或假释的情况的错误判断会导致刑法不足。我国法律规定的可以减刑的前提是“认真遵守监规，接受教育改造，确有悔改表现的，或者有立功表现的”。可此规定太过概念性，在司法实践中没有具体精确地权衡犯罪人是否有改过自新的表现等的法律依据，只依赖有管辖权的法院或监狱的掌权者独自决断。再加上我国在审查减刑假释时与民事诉讼和行政案件不同，走的是一裁终结的流程，由刑事处罚的实际履行机关提出减刑及假释的建议，再由法院判断罪犯是不是契合减刑假释资格等。检察机关若未能察觉犯罪人减刑假释中有过违反纪律法规的事件，则不能以抗衡的立场提出阻挡的意见，社区矫正机构作为假释后罪犯的管理者同样不可以对减刑假释意见提出反对定见，由此可见减刑假释案件是交由法院独自审查，但一裁终结不存在上诉或抗诉等司法改正监督程序。亚里士多德的人性基础论提到，人类普遍存在恶性，这并非意指人类成员普遍是恶人，而是意指人们的行为在原始的意义上是受感情欲望冲动所支配的。因此柏拉图主张“哲学王”进行统治，而亚里士多德断然说“法治应当优于一人之治”，法律恰恰正是免除一切情欲影响的神祇和理智的体现[①]。笔者认为当法律过于宽松模糊自由裁量权达到一个高度时，人治便会掩盖法治，而我国法律所规定的减刑假释部分就被赋予了过高的自由裁量权，仅仅依靠法院和监狱的掌权者的品行和认知来判断是否让犯罪人提前脱离惩罚是很危险片面的。而且若犯罪人在服刑期间狡猾地隐藏自己的主观恶性和再次犯罪的欲望，给有管辖权的法院虚假的正面形象，很可能会达到减刑或者假释的目的，提前出狱的犯罪人并未在狱中全面地改变自己，就造成了刑罚不足的局面。

（2）减刑假释制度自身的缺陷。

刑法所规定的可以减刑的条件中的重大立功表现包括：犯罪人有阻止他人重大犯罪活动、有发明创造或者重大技术革新等。笔者认为这些行为确属于重大立功表现，对社会国家都有重大的贡献和益处，但是这些重大立功表现并不意味着犯罪人在前罪中的主观恶性和犯罪行为所造成的伤害后果有所减少，只是在另一层面上对社会有益。犯罪人的立功表现当然值得鼓励，但是通过对前罪减刑来鼓

① Matthew Ferguson，Justin Piché，Kevin Walby，Representations of detention and other pains of lawenfor cementin policemuseums in Ontario，Canada Policingand Society，2019，29（3）.

励犯罪人是不合理的，因为对重大立功表现的奖励与对犯罪人的犯罪行为实行相当的刑罚是两个方面的事，对能获取减刑假释资格的人所考量的是罪犯在服刑期间的表现和接受教育的改造情况及其悔过表现。而有阻止他人重大犯罪活动、有发明创造或者重大技术革新的行为只是说明其自身学识上有升华，对于犯罪人在前罪中的犯罪行为并无任何教育意义，也无法改造犯罪人犯罪时的心态，对于犯罪人所造成的犯罪后果也没有补偿或者减轻的效果，所以依据这些与犯罪人的犯罪行为无关的重大立功表现来减刑反而会造成犯罪人的膨胀心理，会助长犯罪人再次犯罪的欲望。所以笔者认为这也是造成刑罚不足的原因之一。

3. 监狱内的“交叉感染”

在监狱中，虽然犯罪人经历了足够的刑罚，但是在监狱中的经历也有可能会使部分犯罪人对社会产生更极端的想法，毕竟监狱里都是有过犯罪经历的罪犯，他们之间相互影响，相互交流，所涉及的内容可能是对犯罪后果的忏悔，也可能是对新的犯罪手段的交流。这类现象被监狱学专家称为“交叉感染”，在监狱看守所中普遍存在。由于受客观条件的限制，很多罪犯被统一关押在封闭的空间内，虽然罪犯们的主观恶性具有很大的差异，但是初犯者被剥夺自由后往往处于无助状态，渴望与人交流[①]，并且很可能学习别人的思维模式引发新的犯罪欲望，使对犯罪人的刑罚产生了适得其反的效果。但是犯罪人又的确经历了自己所犯罪行应该得到的刑罚，法院也无法改变惩罚方式或者追加刑罚，所以这类人也属于刑罚不足之人，不是因为刑罚在客观上的不足，而是主观上的不足。

可骇的极端思想是会像最难治愈的流感一样迅速传染的。如前文所述，在监狱服刑时期将丑恶的一面伪装起来，用精湛的演技将自己包装成一个改过自新、充满悔意的“新人”，但是因为内心压抑恶行太久反而更加变态极端的犯罪人不少见。而这样的犯罪人在刑满释放的时候没有被彻底的消除其社会危害性，其刑法不足的状态除了会制造出更为恐怖的犯罪活动外，还会有更可怕的恶果——发展出一批甚至数批新的犯罪分子。就如著名的犯罪学专家 Alain Bauer 所说，将恐怖极端犯罪分子放在一起，他们会“交流经验、总结成果”，会更加邪恶，将他们分散，他们会传播自己的想法，像超强病毒一样不断扩大自己的影响范围。

① 黄彬：《恐怖活动罪犯与极端主义罪犯的社会危险性评估——基于再犯预防的视野》，华侨大学学报（哲学社会科学版），2018 年第 2 期。

能够看出，监狱极端化是更为典型的监狱行为副产品，首先是因为在监狱这一与外界隔绝的空间内，多元的思想、文化的贫瘠使部分罪犯个人独立的分析判断能力丧失，具有领导力、煽动力的思想会迅速控制人心，随着煽动者的宣传力度进一步加强，极易形成一个盲从的、无意识人格的心理群体[①]。其次，刑罚时间较长，活动较规律，煽动者有足够的时间和机会潜移默化地影响他人。最后，大量抓捕恐怖极端犯罪分子却又无足够的空间将其与其他罪犯区分，加之监狱的管理不善，造成了恐怖极端思想在物质和意识形态的空间中自由传播，所以监狱内的“交叉感染”会导致刑罚不足的状况。

（二）对刑罚不足进行法律规制的必要性

1. 刑罚不足造成的社会危害性

笔者认为刑罚不足造成的主要社会危害主要是会加大犯罪人再次犯罪的可能性。刑罚不足很可能会导致犯罪人轻易地拥有再次犯罪的能力和条件，并且对于刑罚无畏惧之心，仍充斥着通过犯罪来谋取不当利益的自私唯己的想法。他们就像一颗炸弹被放入人群中，不知道何时就会爆炸伤害到他人。在我国曾发生过一起经典的刑罚不足之人再犯的案件：被喻为“杀人狂魔”的成瑞龙逃亡了13年，身负13条人命，而致使他走上杀人成性这条不归路的原因竟然是他的劳教经历。1993年他因盗窃作案被送强制劳动教育，劳教期间成瑞龙也想通过缴纳押金提前出狱，可是自己的家庭却无力承担那份保释金。最后是踏踏实实地服完刑期才得以释放。这一次因为缺钱而在他主观里产生的不平等的待遇使他的金钱观变得扭曲，最后为了金钱而走上了这一条血腥之路[②]。这是一个典型的因“交叉感染”而导致的刑罚不足之人，劳教期间埋下的祸端让他在随后的13年里在佛山打死当地一名刑警，携带着抢来的军用枪支枪杀了一名刑警，又先后流窜至重庆、江西等地作案杀害了6名群众。通过此案件，刑罚不足的社会危害性可见一斑。

刑罚不足的问题会导致被释放后的犯罪人再犯罪的可能性变大，这对于社会的危害性就更大，司法体制下的普通公民时刻具有生命、财产被侵犯的危险，这会造成社会恐慌，使人们对于司法机关甚至国家法律的信任度大大降低。其实恐

① 杨庆玲：《精细化治理背景下青少年再犯民众防控策略研究》，山东警察学院学报，2017年9月第5期。

② 孔一、黄兴瑞：《刑释人员再犯风险评估量表（RRAI）研究》，中国刑事法杂志，2011年第10期。

怖极端主义犯罪分子的恐怖之处主要在于他们的思维方式，他们的想法与常人不同，他们的恶行在于他们的灵魂深处，所以普通的刑罚想要通过劳动教育改造他们十分困难。

2. 规范刑罚不足的必要性

从法律意义来看，规范刑罚不足的法律制度是对刑法的延伸，它是对刑法惩罚犯罪，保护人民、保卫国家安全的任务的补充。此制度保护的社会关系是中国现行法律还未涉及之处，此制度若是全面发展起来，将会使我国法律出现质的飞跃，实现从惩罚犯罪到防范犯罪，从补偿损害到减少损害，从规制结果到规制未来。

从社会实际效益来看，制定规范刑罚不足的法律制度，首先可以防患于未然，使我国重新犯罪率减少，使公民的人身财产安全有了更全面的保障，使国家法律能够守护更多家庭的幸福。其次也节约了更多的国家资源，减少了我国在惩罚犯罪上不必要的支出。最后使我国的法律制度更加完善，人们对法律更有信心，我国社会更多层面得到了司法的规范和保护，减轻了社会的潜在危险性，让社会更有秩序，人们的生活更和睦安全。

（三）关于我国刑罚不足的现状

1. 关于我国刑罚不足的法律制度

目前我国并无成体系的关于规范刑罚不足的法律制度，但是我国部分地区已经有关于处置某类刑罚不足之人的法律制度。2016 年，我国慈溪市的市检察院与公安部和司法部联手制定了预防曾经性侵害过未成年人的前科者再次犯罪的办法，公开了前科者的身份信息，使他人对其有所防范，同时也警示前科者不要再次犯罪。慈溪市作为此项措施试点。这不仅是首个预防性犯罪者重犯的一个制度，更是首个对于那些具有较大重新犯罪率的刑罚不足之人的一个规范制度。

2. 我国刑罚不足的社会现状

在很大程度上，刑罚不足之人就是那些在社会中的再次犯罪者。而再次犯罪一直是我国治安的痛处，根据我国司法机关在几年前公布的再次犯罪率，恐怖极端恶性犯罪的前科者再次犯罪的概率高达 70%，总体处于世界各个国家的中间位置。根据我国曾经举办的全国监狱局长工作交谈会议中所提及数据为基础去计算，以我国各地监狱所羁押的 150 万犯罪分子为基数，在其中因为再次犯罪而被关押的人员占比为 15.98%。虽然目前的数据样本有所欠缺不够系统和严谨，但是我国被公布于众的再次犯罪的人员比比皆是，那些犯罪档案更是恒河沙数，如红豆猥亵儿童案、山东泰安持枪抢劫杀人案、深圳联防人员入室强奸案，等等。这些都是有前科者再次犯罪的案件，让人触目惊心，也为我国司法部门敲响了警钟，提醒相关部门及时出台关于治理刑罚不足这个社会危险状态的法律制度。

（四）刑罚不足的域外考察

1. 关于外国刑罚不足的法律制度

德国对于规范刑罚不足的相关措施为：在立法上增设保安处分制度。保安处分是指在惩治犯罪的过程中不能单一地依靠刑罚，刑罚不是最有效、最全能的手段。为了对刑罚的效能进行批判性的评估，制定了保安处分制度，其目的是让具体之个人适应社会（教育性或矫正性处分），或是将不能适应社会者从社会中剔除（狭义的保护性或保安性处分）①。保安处分制度不同于普通的刑罚，对于传统的刑罚来说，它是对被告人既有的即已经实施的犯罪行为的批判性惩罚，它具有一个前提便是犯罪人必须有犯罪行为。而对于保安处分制度来说，就算被告人没有既定的犯罪行为，仅仅具有犯罪危险性便可对其处分。但为了更好地保护人权和社会和谐，应当在法院判决的刑罚执行完毕之后对犯罪危险性高的人进行评估。对于评估结论为仍然需要矫治的犯罪人，将其安置于保安监禁机构。如将具有对社会群众有人身危险的精神病患者安置于精神病院等。

在德国刑法中法院可根据法定理由酌情减刑，可将刑罚减至法定最低刑，但法定减刑理由中并无“对国家作出贡献”或者“举报他人重大违法犯罪活动”等项。

日本根据不同类别的刑罚不足之人进行研究并提出了相应对策。

据调查，日本刑罚不足之人中再次犯罪概率最高的有两类人：一是兴奋剂取缔法违反者或者可以称其为药物滥用者，通过调查研究发现这类人随着刑事处罚的不断变重，其再次犯罪的时间也会不断减短，适用缓刑却达不到防止他们的再次犯罪的目的，反而造成了恶性循环，使犯罪者形成了药物依赖。二是伤害犯和暴力犯。他们中大约有40%的犯罪人会在短时间内再犯，一开始处以罚金并不能产生很好的惩罚的作用，反而使惩罚丧失威慑力，这种情况下，即使在后期的再次犯罪的惩罚中被判处监禁，也未能阻止其再犯，甚至未能延长再犯的时间。针对这两类人，有的日本学者积极建议，对于第一类犯罪，应该在日本原本的法

① ［德］约翰内斯·韦塞尔斯：《德国刑法总论》，李昌珂译，法律出版社2008年版，第11页。

律框架内参考欧美国家的相关情况，对于最开始的兴奋剂取缔法违反者适用专门的处遇制度，对于第二类犯罪，日本于2008年出台《更生保护法》并全面施行，在附加保护观察的基础上采用基于认知行动疗法的“暴力防治计划”。[①]

针对刑罚不足之人中不同年龄阶层的措施：首先对于无业的20～24岁的青年，应让他们学习足够的知识或者技能使其有职化，这也是日本的人才培养计划，强调在少年甚至幼年时期，各个机构便应介入其教育之中进行犯罪预防工作。其次对于再次犯罪间隔极其短暂的年老者，因其社会关系中的很多方面存在着复杂的问题，长时间与社会的隔绝，加之年龄过大又无法很快地接受社会的发展，使年老者在出狱后面临着四面楚歌的状况，最后不得不走上了再次犯罪的道路。针对刑罚不足之人中多次即三次以上犯罪的年老者，首先应该为其进行集中指导，并配有专门的保护观察官，对保护观察人员还需进行培训，其工作任务包括报告被保护观察者的生活状况等。其次再犯有部分源于生活环境影响，所以应联合各个部门对此类犯罪人的求助、生活起居等进行综合性支援，剔除原生活环境中滋生犯罪的因素、给其安定和谐的生活环境，减少再次犯罪概率。

（五）我国针对刑罚不足的立法完善

笔者根据前文所陈述的造成刑罚不足的原因、我国的社会现状和外国的优秀法律制度，总结了以下针对刑罚不足的法律制度。

1. 针对量刑、减刑不当者

此类犯罪人在量刑减刑的过程中可能通过某种非法或合法的途径达到了与自己的犯罪行为相比较轻的刑罚，此类犯罪人的社会危害性较低，再犯概率小，所以对此类犯罪人应该实行：严格监控，突击抽查。

严格监控。犯罪人居住地公安机关或者居民委员会应该严格监控犯罪人在释放后的一年以内的社会活动、行动轨迹以及接触人群，然后根据犯罪人在生活中的表现调整监控期限。为了减少国家资源的浪费，公安机关可以组织犯罪人居住地附近的退休老人组成一个机构，为公安机关和居委会密切关注犯罪人的行动，同时也为自己的生命财产安全出一份力。

突击抽查。公安机关可以在犯罪人释放后的一年内在犯罪人居住地巡逻时通过合法、礼貌的方式到犯罪人的家中探访，通过专业的侦查手段分析犯罪人是否

① 葛向伟：《日本的再犯预防对策研究及其思考》，中国司法，2011年第10期。

有再次犯罪的可能。若可能性较大，则应该加强监控力度并暗中调查取证。

2. 针对重新犯罪率较大的犯罪人

如果犯罪人有很大的重新犯罪的概率，那么他的社会危害性一定较大。笔者认为应该根据犯罪人前罪的犯罪种类来制定具体的限制犯罪人再犯的制度。

如犯市场经济秩序罪则应对其财产、金融行为进行严格的监控，定期调查其在生产经营中的行为并要求其及时递交现状陈述书；犯侵犯他人人身权罪的，则应以某种标志警示他人提高防范意识，并且限制犯罪人的武力行为，还应禁止犯罪人在某些时段如深夜十一点后至凌晨五点期间无重大事项不得外出。类似韩国对于部分强奸犯罪人的处置，韩国对于部分潜在犯罪危险性过高的强奸犯罪之人采取了预防和控制机制：为了预防有性犯罪的前科者再次进行性犯罪，韩国司法机关开创了专门的网站——“性犯罪者公布栏”；对未满十六岁的儿童进行性犯罪的已满十九岁的犯罪分子且有性错乱症状的，若是有极大可能再次实施性犯罪的会采取化学阉割；对未满 13 岁儿童实施性侵犯或者是性犯罪数达两次以上的人，在刑满释放后要在脚踝上要佩戴电子脚镣[①]。这些对刑罚不足之人释放后的相关制裁措施有效降低了韩国的性犯罪率。笔者认为我国也可以适当地借鉴这种措施。

3. 针对在狱中“交叉感染”负面影响非常大的犯罪人

笔者认为此类犯罪人在狱中不仅没有改过自新、反思自我，而且还比在犯前罪中的主观恶性更大、客观犯罪技巧更恶劣，此类犯罪人的社会危害性非常大，再犯概率也大。首先应该对这类人进行社会危害性的评估，其次应该实施更严格的限制自由和剥夺其某种权益的法律制度。

社会危险性评估是评估犯罪人在刑满释放后是否仍具有危险的方法。哪部分人会被纳入评估系统中，这十分的关键。因为这部分人有可能被限制和剥夺出狱后的自由。我国《反恐法》中有规定，社会危险性评估的对象为处以有期徒刑以上的恐怖活动罪犯和极端主义罪犯。而笔者认为监狱中交叉感染的犯罪人既包括反恐法所规定的这类评估对象，也包括其他类型的罪犯，且他们的社会危害性是等同的。在实际操作中有哪些主体进行社会危险性评估也是一个值得商榷的问题。在监狱罪犯的社会危险性评估实践过程中，进行评估工作的执行机关是监狱

① 金日秀、徐辅鹤：《韩国刑法总论》，郑军男译，武汉大学出版社 2008 年版，第 3 页。

的行政机关，如监狱改造科、心理矫治中心、罪犯所在关押区，这些科室的工作人员实际上根本未长时间近距离接触过罪犯，他们的依据仅仅是生硬刻板的记录册等文字资料。众所周知，文字资料极易作假，且很多时候能表达的内容和感受有限。所以，最终得出的社会危险性评估的结论的准确性也是值得质疑的。在反恐斗争中，有的地方由于警力需求巨大不得不降低招收监狱民警标准，标准的降低意味着技术不专业，知识不完备，这也导致监狱管理体系的缺失。在犯罪分子的矫正评估的过程中，要求罪犯各个阶段接触的狱警都应该是专业成熟的，特别是对于恐怖极端主义分子，他们思想邪恶，但可能一时未在行为上有明显体现，这对狱警的细致观察能力和专业技术的要求就非常高。在华盛顿 Functional Family Therapy 研究中，如果由有能力的专业技术工作人员在平时的过程中进行有效的矫正，则罪犯在出狱后的再犯概率会下降 38%，否则会上升 17%。设想在社会危险性评估的实体操作中，由具备成熟专业技术和知识体系的工作人员（心理学家、恐怖主义学者等）进行关注治疗，首先将案件审理前的观察情况、所在基层组织制作的犯罪人摸底报告、人生危险性评估、恐怖极端化情节比对分析、监狱劳动教育改造评估呈报、再犯可能性陈述进行周全的剖析和总结，将评估对象的各类关系纳入评估内容之中，综合评估犯罪性质、犯罪情节、社会危害水平、主观恶性程度、受宗教极端思想影响程度、服刑期间表现、心理健康状况、教育改造效果、社会适应能力、家庭成员违法犯罪情况和住所地或者经常居住地的基层组织宗教氛围等多方面因素，并结合有关基层组织和原办案机关的意见，形成一个立体化描述的评估分析，通过多个环节进行阶段性评估，才能够全面剖析评估对象的社会危险性情况。①

就如德国学者所提出的理论，刑罚在预防和制裁犯罪的过程中不是唯一也不是最有效全能的方法。为了达到刑罚的目的使刑罚的效能得到最大的发挥，应该对其进行批判性的评估。我们的最终目的是剔除他们的危险面，使其和谐地融入社会，若是实在无法剔除危险面时便应适当地将他们隔绝。

笔者从韩国出台的一系列对强奸犯的严惩法律制度引申出来，我国对于此类的犯罪人只有事后的处置没有事前防备，这是一个重大的立法缺失，对于藐视法

① 黄彬：《恐怖活动罪犯与极端主义罪犯的社会危险性评估——基于再犯预防的视野》，华侨大学学报（哲学社会科学版），2018 年第 2 期。

律、危害社会安定的情况，单纯的打击、处置，被动预防、布控，已经不能阻止社会中层出不穷的惨剧。惨剧一旦发生，所造成的影响是任何刑罚都无法抹平的。如果我们能事前防备和事后处置双管齐下，就能让社会公民们在法律的保护下更安全幸福地生活。

笔者在书中研究了刑罚不足的危害性，结合国外的相关法律制度，总结出了三项针对不同类型的刑罚不足之人的措施，对于防备犯罪有很强的实用性和针对性。虽然这些措施可能会侵犯到犯罪人的部分人权，但是笔者认为适当剥夺其人权有威慑犯罪人的效果，同时能够适当地减缓被害人家属的痛苦。

三、行刑社会化的现实桎梏

（一）行刑社会化的基本理论

人类是构成社会的有机体。所以，要研究与人类相关的各种问题，首先应对人类本身有一个定性分析。古希腊哲学家亚里士多德曾经说，人类在本性上是政治动物，每一个单独的人类个体如果离开群居就不能生存，必须依靠群众的力量来满足各自的需要，单纯自给方式的生活是难以生存的。人类创造了社会，而社会塑造了人。所谓社会化，是指自然人通过技能的培训、知识的学习、规范的遵守，而使自己成为一个健全的、合格的社会人的过程。而罪犯也是人，是社会成员的有机组成部分，在未犯罪入狱之前，也和全体公民一样，处在社会生活之中，同样享有一般公民所应享有的社会权利和其应尽的义务。故而我们可以认为，社会化本身的目的，就是通过教育使单独个体成为有一定技能、遵守社会要求的公民。而成功的社会化的结果就是秩序得到遵守和维护，特别是法律秩序可以得到遵守和维护。但是，当社会处于转型时期，价值标准和社会规范可能在较短时间内出现跳跃性或者较大性的变化，以及具有多元化倾向，使个体社会化产生偏差或者失败，造成个体无法适应社会生活，从而引起一系列社会问题，进而破坏社会秩序。当然不可否认，社会化的有序进行取决于社会和个人的相关条件，当二者某一方面的条件欠缺时，就可能出现社会的失衡。为了克服和纠正社会化过程中发生的病态和社会失范问题，就需要再社会化。而这其中最重要的就是对罪犯的再社会化。假如说基本社会化及继续社会化是一个完整的人的形成过程，那么再社会化过程就显得更有强制性，比基本社会化与继续社会化的过程更为集中，进而达到改造社会化失败的人的改造目标。

再社会化，顾名思义，就是在社会化基础上进行的社会化。再社会化有狭义和广义两种解释。狭义的解释专指强制性的教化过程，这要求个人放弃某种生活方式而采取另一种与以前不同，甚至完全不相容的生活方式，使得个人与过去彻底断隔而且被完全“改造”。广义的解释是指个人放弃原有的生活方式而去适应另一种于他而言全新的甚至是完全不一样的生活方式，这个改变既可以是自发的，例如改变从事专业或者出国生活，也可以是强制的、被迫的，例如入狱。对罪犯的改造无疑是再社会化的一种形式，众所周知，这种改造通常都是在与社会完全隔绝的、全封闭的机构内执行，例如监狱或看守所。就当前实际情况来看，当罪犯因犯罪到封闭监狱服刑的时候，就切断了和外界社会的联系，较长时间的隔绝必然使得罪犯对出狱后的社会感到陌生与不适从，尽管在监狱内也会形成所谓的“小社会”，但这却是基于某种特定条件下的社会，其本质还是与真正的社会相脱节的。而这种自发形成的“小社会”往往使得罪犯对回归“大社会”产生许多负面影响。行刑社会化的目标就是要避免服刑罪犯的人格监狱化，使在押犯不完全与社会脱离，与社会保持适度接触。这既强调了犯人监狱内生活社会化本身，又要求和号召社会力量参与改造罪犯，行刑社会化就是为避免和克服监禁刑的某些弊端，使刑罚的执行服务于罪犯的再社会化。

行刑权作为国家刑罚权中的一项重要权利，指特定机构根据法院判决将对犯罪人判处的刑罚付诸现实执行的权利。在我国，监狱是主要的刑罚执行机关，也是专门的刑罚执行机关，但除了监狱外，法院和公安系统也是刑罚执行机关，也执行一定的刑罚。随着刑罚观念人道性、谦抑性理论的延伸，以及监狱行刑科学化、法制化、社会化的提出，我国法学界对行刑社会化问题给予了热切的关注，对于行刑社会化的概念解读主要有以下几种观点：

第一，行刑社会化指执行刑罚由专责机关这一单一主体为主导，多种社会力量加入，降低监狱办学校、办医院甚至办社会的成分，更合理利用社会资源改造罪犯的执行刑罚模式。

第二，行刑社会化是指在刑罚执行过程中，要调动监狱外的一切社会积极因素，合力救助改造犯罪分子并保证和巩固刑罚执行的效果，确保行刑目的的实现。

简而言之，在刑罚的执行过程中，一方面要依靠社会力量对犯人进行防范，另一方面使受刑人易于归附社会或者说是再社会化。

第三，行刑社会化“就是在坚持以我为主的基础上，与社会融为一体，做好监狱工作”。

第四，行刑社会化指社会团体替监狱分担受刑人释放出狱后的保护事务。

第五，行刑社会化是指不再把监狱当成单纯的国家机关，而仅仅是具有国家的附属性质。将之视为一种社会事业，是解决犯罪这一社会问题的场所，应加强对于出狱犯人的救助和保护。监狱由过去的全封闭式改为半开放甚至开放式的现代监狱，为犯罪人刑满以后顺利回归社会创造条件。

第六，所谓监狱工作社会化，是指为了克服监狱固有的封闭性对罪犯再社会化带来的负面影响，有效实现罪犯再社会化这一监狱工作宗旨，而适度弱化监狱的封闭性，使监狱的各项工作面向社会适当开放，鼓励社会力量对监狱改造工作的参与，大力发展对罪犯的开放式处遇，努力营造近于自由社会的改造环境，使罪犯尽可能与社会发展保持同步，以促进其顺利回归社会。

第七，行刑社会化是指监狱在执行刑罚的过程中，为最大限度地减少自由刑的负面效应，将监狱资源与社会资源有效地结合起来，通过教育转化罪犯的思想，促使他们最终适应社会而采取行刑措施。

通过以上对行刑社会化概念的界定，我们可以对行刑社会化的内涵作一简要的论述。从行刑社会化的主体来看，既然社会化是一种模式，模式的最终实施仍然要靠主体来完成。一般而言，监狱是行刑社会化的主体，而且为了促成行刑一体化的实现，最大限度地使司法资源优化，监狱成为在社会化过程中刑罚执行的唯一主体，起主导作用。但从我国的社会实践来看，缓刑、假释等均是由公安机关来执行，而且都是在监狱之外来进行。这样就使得行刑社会化在行刑模式上变为狱内执行和狱外执行两类。从英美较为发达的非监禁刑处遇制度中可以看出，社会团体很早就介入监狱的工作当中，为教化罪犯回归社会起到了一定作用。事实上，就欧盟对行刑社会化的适用范围来说，并不是指判处任何一项刑罚都能实行其社会化的处遇方式。毋庸置疑，行刑社会化中的罪犯必须是被判处一定法定刑的犯罪人。具体而言，应特指被判处拘役、管制、有期徒刑、无期徒刑、死缓以及在监狱外执行的罪犯，才可以使用社会化的处遇方式。同时，刑罚的执行方式与刑罚的特点有关，不同的刑罚有不同的执行方式。行刑社会化就是反对将监狱中关押的犯人监狱化，所以被判处以上刑罚的罪犯都可以适用行刑社会化。从行刑社会化的目标来看，其最终目的就是让罪犯顺利复归社会，再次成为守法公民。这种矫正成功与否直接关系到罪犯能否顺利融入社会，重新生活，不再犯罪。在维护行刑社会化秩序稳定的前提下，充分发挥社会各方面的作用，采取灵活的方式，努力做好矫正工作，不断提高罪犯的矫正质量。总之，行刑社会化是一项系统复杂的工程，不仅体现了社会的文明、进步、科学，更重要的是人文精神的体现，是社会公众对罪犯的关注和尊重。

在社会文明开化程度很低的古代社会，占据思想主导地位的惩罚思想是复仇，报复刑也就成为那个时代的主流。这种思想一直流传下来，在现代刑罚里也有所体现。在这种思想的主导下，残酷野蛮的刑罚制度成了这一时代的特色，死刑以及肉刑在刑法体系中长期存在，并占据着核心及主导地位，相应的刑罚执行活动也基本遵循着相应思维进行着，在相应的社会形态中扮演着重要的角色。随着文明的进步与社会开化程度的提高，这种以国家、帝王或者神的名义实施的刑罚受到质疑和反思。首先引起反思的是，不管多么罪孽深重的罪犯，他们身上的人性是应当被尊重的。而且，越来越多的学者意识到，犯罪的原因多种多样，具有复杂性，刑罚惩罚犯罪、预防犯罪的功能发挥程度仍具有很大的局限性，刑罚无论多么严苛，都不能改变刑罚无法消灭犯罪的事实。

行刑社会化真正的价值取向，是对法治内在丰厚价值的表现，也是行刑社会化发展的内在动因，并不单纯是对行刑方式的追求和探索，也是对法律精神及内涵的追求。行刑社会化的价值是自由，是效益。

自由是人类发展的动力，人类对于自由的追求和社会自由程度的提高，既是一种发展的表象特征，也是人类向新的追求和自由迈进的保证。社会与人一同发展，同时，法与现代社会也共同发展与交织，构成了与人类社会发展相随的法治精神。刑罚和自由成了悖论，自由在监狱面前显得那么的不和谐，监狱对于自由犹如刑罚对于罪犯，是天生矛盾和对立。但是不可否认，因为自由的需要，所以产生了监狱，它以剥夺自由为前提，从而来维护自由。如同卢梭所说，人生而自由，但无往不在枷锁之中。传统监狱采取的封闭与高压的行刑模式与正常的社会环境可以说是相去甚远。在几乎与世隔绝的环境里生活，程式化的生活、劳作以及封闭的环境和高度警戒监视，造成了犯人精神的压力及人格的贬低。显而易见，这种封闭式的监狱与现实生活存在的巨大反差，必然影响到监狱改造功能的发挥。这种差距越大，监狱的改造功能就越差。我们甚至可以断言，当监狱生活与正常社会生活彻底脱节，那么监狱的功能就彻底丧失了。相反，如果监狱具有卓越的对罪犯改造的能力，那么其与正常社会的反差必然不会太大。在当今的监禁条件下，如果某些罪犯坚持要行使正常社会生活中的某项权利，往往被认为是不服管教甚至会因此受到惩罚，这种惩罚无疑只会徒增罪犯的反社会意识，使得监狱真正的目的和行刑主观上的改造罪犯的追求相错位。诚然，对其自由剥夺是一件无可厚非的事，可是无论怎样的监禁生活都会影响到罪犯回归社会后的现实生活和发展需要。

行刑社会化的另一个表现是效益。它表现为以较少的投入获得较大的产出。效益价值，一些学者认为可将之表述为谦抑性，陈兴良教授就曾认为谦抑性是刑法的三大价值之一。众所周知，任何一种社会控制方式的运行，都需要支付成本，法律也是一样。刑罚也是需要成本的，并且刑罚资源是有限的，任意将刑罚资源投入到控制犯罪中，必将导致刑罚资源的浪费。所以刑罚资源应当慎用，同时刑事制裁相对于民事制裁而言，其成本是昂贵的。从一般意义上说，刑事司法可谓是一项耗资巨大的工程，将一个犯罪人定罪判刑，期间要经过侦查、公诉、审判、执行等环节，国家同时还需建立相应的机构设施和选任相应的执法人员。而在刑罚执行中，尤其以监禁刑为代表耗资巨大。建筑、维修、管理监狱存在着巨大花费；看管、监狱、矫正罪犯也需要支付相应的费用；同时监狱的封闭性会对犯人产生“负效应”，从而导致本来拮据的刑罚资源更加雪上加霜。当前国内监狱设施短缺与监狱人满为患的矛盾性，是导致刑法使用成本昂贵的因素之一。正是基于以上的事实，我们考虑既要把犯罪问题放在社会政策的范畴上去理解，从宏观上进行统筹安排，在刑罚资源与其他诸如劳动政策、教育政策、就业政策等资源投入之间作出适当的配置，又要根据形势发展的需要，注意刑罚资源的紧缩，不要把一切危害社会的行为都纳入刑法调整的范围，减少刑罚资源的过多消耗，确保刑罚资源的合理运用。使有限的刑罚资源发挥最大的效益。而行刑社会化是合理配置刑罚资源，促进刑罚效益最大化的有效途径，通过行刑社会化的实践，监禁刑的适用受到合理的限制，这使得刑罚的运作成本降低，刑罚的负效应也得到相应程度的抑制，为巩固和提高行刑改造效益创造了有利的条件。

（二）行刑社会化在我国的发展状况

1. 我国行刑社会化的现状评析

行刑社会化源于西方部分国家的监狱改良运动，是其刑事司法改革中重要的文明成果。而我国行刑社会化工作的摸索虽然起步晚，但在长期的罪犯改造和刑罚执行的实践中，广大监狱部门探索出一整套具有中国特色的行刑社会化实践做法。

在这些较为成功的实践中，有的监狱创办特殊学校，开展相应的技能培训和实践考察，在出狱前进行就业指导和培训，在监狱内举办各类文艺节目和体育竞赛，以及开展由监狱牵头，由社会志愿人员为主体的帮扶教育等。在此之外，有的监狱还创办了监狱超市，实行监狱开放日，定期邀请服刑人员家属来监参观等。这些举措都为罪犯的再社会化作出了值得肯定的积极探索。

尽管我们在实践中做出了不同程度的措施来实践行刑社会化，也在实践中取得了一定的效果。但不得不说，我国目前的行刑社会化还是具有很多不足和问题的，基于我国法制建设水平不太高，新中国成立以来的刑法正确实施的薄弱，以及地域原因造成的发展不均衡，导致我国行刑社会化表面上做得多，但实质性不足，很大程度上只是花样，未能从实质上深入，故而所取得的实践效果也难以令人满意。道路虽曲折，但前途光明，我们应该提高认识，增强信心，下功夫花力气去分析原因，做到有的放矢，进而促进行刑社会化工作在我国的发展。

2. 我国行刑社会化存在的问题

尽管我国在行刑社会化方面取得了一些成就，但是，我们应该清楚地认识到，目前行刑社会化的程度还远远不够。我们应当深入地分析和总结。

（1）非监禁刑的适用率低。

在我国颁布并施行的法律中，关于对自由刑行刑社会化的条文和制度规定可以说是寥寥无几，一旦在这个前提下适用，这过程中又因为规定的不明确会造成较差的可操作性，同时就有可能对我国自由刑的行刑社会化进程造成障碍。

其一，关于剥夺政治权利。在我国目前的刑罚体系中，剥夺政治权利作为附加刑的一种，在制定之初即被赋予了过重的政治色彩，其内容规定相对也比较狭隘。因为这些政治色彩，在很大程度上，使得原本可以被广泛运用的权利和社会初遇价值在实践中被大打折扣，成为当前我国行刑社会化相关法律中不太和谐的笔墨，这与现代刑罚的发展趋势和当前潮流是相左的。

其二，关于管制。《中华人民共和国刑法》第三十九条关于判处管制罪犯的义务与权利一栏中，因其内容规定笼统与宽泛，在实际操作中的执行往往较难。与此同时，法律并未规定执行管制刑的相关保障措施和救济原则。所以，在被判处管制的罪犯做出违反管制刑的相关事件时，负责执行和监督的公安及司法机关会处于一种难以抉择的两难境地，既想对管制犯进行相关的惩罚教育，但是又没有具体的法律法规作出补充规定，造成无法可依，最终可能会导致某些违反管制刑的罪犯得不到相应的惩处，有损刑法尊严。实践中大多数管制刑并未起到真正的改造和教育作用，关于言论自由及会见自由等相关限制性规定又不能较好体现出短期自由刑应有的惩罚性，对预防犯罪和教育改造的作用不大。

其三，关于假释。假释作为最能体现行刑社会化理论的制度之一，其具有促进服刑人员顺利复归社会、减轻监狱压力、补救量刑偏差等功能使得其在国外很受欢迎和重视，但在我国的使用程度很低，大约只有2%，远远低于某些法治水平发达国家。据统计，在美国某些州的假释率最高能达到60%左右；在苏格兰，也能达到40%左右。

其四，关于罚金刑。毋庸置疑，作为刑罚体系里重要刑种的罚金刑具有其他刑种所不具有的特点，是罪犯被判处向国家缴纳一定金钱的刑罚方式。随着短期自由刑的弊端日益凸显，罚金刑作为短期自由刑的替代刑种之一，被认为是可以减轻国家监狱经费预算的合理方法，同时也被认为是经济无污染的刑罚方式。在刑罚体系的不断演进中，罚金刑作为自由刑的替代刑种逐渐被人注意。罚金刑在西方国家得到了广泛的适用和实践，据统计，其使用率已经达到了宣告刑的60%以上。我国罚金刑的适用也在日益增长，但根据刑法典的分则，其主要适用范围都集中在妨碍社会管理秩序罪和破坏社会主义市场经济秩序罪中，并且其大部分情况下都是与主刑合并使用，很少出现单处罚金的现象。而且罚金刑主要是用作制裁贪利性犯罪，侧重经济打击，本身所特有的替代自由刑功能并未发挥出来。

（2）监狱整体布局存在不合理性。

根据《中华人民共和国监狱法》的相关规定，按照罪犯的一般外在自然属性将之分为男性监狱、女性监狱以及未成年犯管教所三类。这种基于外在属性的分类制度因其简单易区别故而被大量设置，但弊端在于未进行细分，过分简单的分类制度不利于开放式监狱的建设和使用，对罪犯矫正和回归社会工作的有效开展造成了影响。

首先，鉴于深层次的历史原因，大多数监狱的设置地点都过于偏僻，交通极其不便。虽有一部分监狱设置在市郊，但那也是有高度隔离措施，高度警戒，与外界相分离。这种戒备森严的监狱设置在惩罚和打击犯罪方面直接发挥了作用，但却给罪犯实行社会化改造带来了相当的障碍。不可否认，高度隔离的监狱在目前来说还是很有必要的，但是，这种粗放的、笼统的监狱分类制度，将不同的罪犯都归于同一改造体系下，这种不加区别不设分级的监狱设置会使得罪犯完全与社会脱离，必然导致监狱的改造教育工作大打折扣，使得所谓的罪犯复归社会适应难度增大，不利于社会的安定团结。

另外，出于政治需要和历史原因，不得不说，这也是我国立法的特点之一。早期立法无疑是要更多考虑到政治因素，但在社会高度发展的今天，政治斗争早已不是社会的主流，但早期立法浓重的政治色彩遗留并未得到消除。政治需要，监管安全，零逃脱率都是作为监狱工作的首要考虑因素来对待，因此，监狱工作往往采取严防死守、高墙深院、高度戒备的态度，对于某些有利于罪犯改造但是会产生风险的开放式处遇，例如亲情聚餐、离监探亲等均执行高度严格的批准和控制制度，有的甚至完全不予批准考虑。同时，对于罪犯应有的处遇态度也因考虑到不必要的麻烦而被忽视和抛弃。此外，出于监狱工作整体的需要以及自古以来的重刑主义，狱警们的工作重心往往是在“看守”，而不会去过多考虑其他相对社会化的方式，因为对于监狱来说，改造不好罪犯并不是事故，但是如果出现任何的罪犯逃脱就可能是一场“震动”，所以类似积极地处遇措施往往都得不到贯彻施行，甚至从未被使用过。

还有，源于监狱工作的特殊性，监狱与外界的交流一般较少，就算有交流也大都流于表面。自20世纪80年代起的“三个延伸”以来，大多数监狱都开始实行社会帮教活动，有些监狱通过各种方式来升华教育改造活动，例如“请进来、走出去”；在实践中也探索着关于行刑社会化的一些措施，例如请律师、社会人士、心理专家走进监狱，走进罪犯进行帮教；也对一些符合条件的罪犯实行较为宽松的羁押监禁措施等。但是由于受主观因素考虑，这些措施目前还停留在比较肤浅的层面上。

（3）行刑主体管理方式陈旧。

作为行刑工作主要阵地的监狱，其管理者——监狱警察就成为所谓的行刑主体。受社会形势的引导，监狱工作一般以维稳作为工作的第一位，对罪犯进行改造或者说矫正的行动往往被放之次位，甚至被忽略。这些不能说有错，但却显得本末倒置，即扭曲了监狱真正存在的价值和作用。现行的工作模式老套、滞后，不能适应新时期形势和打击犯罪的要求，教育的针对性和实效性欠缺，改造效率不高。另外，在警力保障上，常常呈现出紧张的状态，警察长期是倒班运转，加之工作性质的封闭和偏僻，使得其仿佛也是在狱外接受改造一般，培训得不到保障，素质得不到提升，监狱管理水平也跟不上时代的步伐，再附上一系列单一化的保障措施，这足以从根本上影响行刑社会化的进程。

科学方法在监狱里得不到推行，监狱里各种“只要不出事就是业绩”的思想根深蒂固，直接导致保守封闭顺理成章，对罪犯的改造也流于表面，科学化的改造方法更未去尝试。一些在国外被广泛使用的行为矫正和心理矫正方法基本上没有得到使用，一些真正对罪犯有帮助的科学的方法未使用，使得重新犯罪率居高不下。

（4）刑罚观点落后，改造方式空洞。

不理性的刑罚观念浓重，特别是历史原因留下的重刑主义的影响极大。当社会整体犯罪率上升的时候，人们自然而然会想到加强打击严酷刑罚的对待形势。人们自然认为，除了死刑之外只有自由刑才能打击犯罪，非监禁刑的惩罚性弱，不能有效打击犯罪。并且，在主观上依旧认为犯罪是可以避免的，依旧抱有通过刑罚，特别是严酷刑罚来消灭犯罪的思想和期望。实际上，无论多么严酷的刑罚都不能消灭犯罪，这已经成了一个不可更改的既定事实。据事实可知，犯罪在任何一个国家地区、任何一个社会都是必然存在的。总是试图通过简单地监禁来处理罪犯和打击犯罪导致了行刑社会化进程被拖延。

教育改造活动的目的是要使罪犯再社会化这一目标达成。在理论中我们总是重复强调教育改造的作用，但是事实上在实践中往往忽略了它。并且，教育改造的手段和方法单一，改造的效果难以考评。在教育改造中普遍存在方法落后、口号单一的问题，造成效果不佳的情况产生。长期以来，对于罪犯的改造教育以政治灌输为主，采用标准模范人物的品德和事例来要求罪犯，使思想教育成了空洞的说教，失去了其活力和榜样作用；在教育方式上，列队训话，集体大课，统一喊号的方式几十年不变，对于国外先进的矫正方式没有进行认真学习和实践；职业实践技能教育总是与监狱生产相结合，主要是从监狱内的实际需求出发甚至是只从经济利益出发，缺乏对罪犯个体的考虑，进而影响到罪犯的学习积极性和再社会化。

（5）非监禁刑的执行情况混乱。

我国现行刑罚执行体制出现了刑罚执行主体的多元和分散，导致了刑罚执行工作的分散与不协调，进而严重影响到了刑罚执行的严肃性和警示性。根据我国当前刑事法规，监狱负责监禁刑的执行，管制、缓刑、保外就医、假释、监外执行等统一由公安机关来执行，罚金、没收财产或者死刑又是由法院执行。监禁刑的执行主体在监狱和公安系统之内交叉执行，非监禁刑在法院和公安系统之内交叉执行，这种行刑主体的多元性，表面看只是浪费了有限的执行资源，深层次看，因为执行机构权力的重叠与分散，又会导致刑罚机制的运转和运行不畅。以公安机关为例，公安机关作为我国一线行政执法机构，长期存在着人力有限、工作量大的问题，致使额外管理非监禁刑的执行显得捉襟见肘，无法完全顾及行刑工作，不能有效做到监督社会服刑人员，致使在社会上服刑的人员呈现出无人监管的非刑罚状态。这些又直接导致在社会上服刑的罪犯无人看管与监督，缺少改过自新的内在要求，使得刑罚的改造功能不能得到有效的发挥。罪犯这种脱离监管的状态一方面损害了国家的形象和权威，另一方面又可能造成社会危害，甚至会引发严重的后果。而作为主管行刑工作的司法部门，虽然在刑罚执行的研究上远远超过公安与法院，但是却又将刑罚执行交之于并未设有监禁机关的法院和公安机关，导致了非监禁刑监管的真空状态，监管力量的薄弱又直接导致了对非监禁刑缺乏有效的管理与监督。所以长期以来，在人民群众眼里，一旦被判处非监禁刑就等同于无罪释放，这既损害了刑法的权威性，又给群众造成了心理压力与负担。

（三）我国行刑社会化制度完善及构想

1. 狱内行刑社会化制度的完善

（1）完善罪犯分类行刑。

行刑社会化的实现首先必须对罪犯实行科学分类。目前已实现的重型犯监狱和普通监狱、男子监狱和女子监狱、成年犯监狱和未成年人管教所的分类过于简单，应该在此基础上进一步科学细分，作出明确的规定。例如从罪犯主观恶意程度出发，分辨出适合实施监狱内、外行刑社会化的主体，如对于犯罪行为轻微的过失犯，由于其罪犯主观恶意较小而适用监狱外的行刑社会化；对于故意杀人的重犯适用监狱内的行刑社会化。监狱可根据罪犯改造的不同需要分成不同级别的戒备等级，对不同戒备等级的监狱采用不同的行刑社会化措施。要对在押犯进行科学合理的分类，根据罪犯改造的难易程度将其安排在不同戒备等级的监狱，促使其能更自觉地接受教育改造。

（2）创新罪犯教育改造工作机制。

现代化监狱，不单单是羁押罪犯的场所，更应该是教育改造罪犯，使罪犯认罪悔过，重新树立正确人生观、价值观、世界观，成为一名合法公民的特殊的学校。引入科学化管理方法，例如心理矫正治疗，帮助罪犯认识并削弱其反社会的心理因子，重新塑造正确的人格，不仅是一种让罪犯加速回到社会的重要手段和方法，更是实施监狱行刑社会化的一个有效推进器。对罪犯进行心理治疗，它的原理是将心理学应用于监狱行刑和罪犯矫正的事业中，对罪犯心理的形成过程、原因、规律进行剖析，并结合具体，理清罪犯在改造过程中所凸显的各类心理问题，从而能采取相应的心理学治疗方法，最大限度地使罪犯有效适应正常的社会生活。

思想的改造才是最深刻的改造，而这改造的重点是政治、法治和三观教育，但从实际来看，这三类的教育效果并不好，往往是因为时效性差，对当前的改造没有促进作用，故而存在于表面。然而，从许多国外的实例中都能看出心理矫正的作用发挥，因为他们注重的是个体针对性的矫正，而不是泛泛的说教。心理矫治深入罪犯内心，侧重罪犯个体原因分析，注重现代化的科学化诊治，越来越让管理者与被管理者接受和认同，并在实践中加以广泛推广，成为确保监管秩序稳定、矫正恶习的有力武器。

目前可供选择的有如下几种，一是从入监伊始，就对罪犯进行个体化的心理测量，通过熟悉和认知确定心理矫正方案，落实针对性措施，并建立好相关档案。二是成立心理矫治中心，对心理异常的罪犯进行心理干预，指导其正确认知，进行有效改造，必要时进行更高级别的全程跟踪。三是定期邀请心理专家来监狱会诊，针对性地做好心理问题严重罪犯的矫治和处理。四是定期开展心理讲座，普及心理知识，引导罪犯自我认识，提高其自制力。五是开设罪犯专用心理疏导室，着重做好心理矫治的全过程。

（3）建立狱内行刑社会化管理机制。

监狱内行刑社会化下的管理机制，是在现行的监管基础上建立罪犯劳动中心、学习中心、教育中心、后勤服务中心等，使罪犯生活的各个方面都能具有社会性质的组织接触，以消除其监狱人格，降低社会的仇视度。这一管理机制的灵魂在于用社区管理的模式管理监狱，把围墙当作社区的分界，按照社会生活的自然规律在监狱内建立起各种机构，满足罪犯的改造需要、生活需要和发展需要。

同时，在刑罚执行的理念上要牢固树立并科学有效地实施分类分级监管理念及相应的方法，对非暴力犯、过失犯、职务犯、老年犯以及伤残弱病罪犯要进一步在总体和个人层面结合利用社会资源实行柔化管理，并创造条件探索半开放社会化管理；而对暴力犯、重刑犯则需要进一步实施强化管理。

此外，还应正视管理者与被管理者的矛盾问题，即人民警察队伍与罪犯群体之间的矛盾。比如现行警力配备的两极分化现象，人事管理的静态化和低效率、罪犯数量上升趋势、罪犯构成的复杂化等。这些方面的问题严重制约着监狱内行刑社会化的发展。监狱内行刑社会化制度下的人民警察是专职的管理者，负责罪犯的日常生活和教育改造的管理。由于罪犯构成的多元化，所以也要求管理警察成分的多样化。行刑社会化制度在监狱内展开后，罪犯的人身自由度将被增加，私人空间会越来越多，警察们的管理水平和个人素质急需进一步提升，这迫切要求我们想尽办法，寻求有利于引导罪犯自主改造的办法，即大力推广行刑社会化类似工作，以利于矛盾的解决。

监狱实行社会化管理之后，罪犯必须参加劳动。罪犯应根据自身的特长到监狱内企业工作，监狱内企业也如同社会上企业一样对罪犯实行招募，招募的规定与社会上一致，工厂可以辞退工人，罪犯也可以辞职到其他劳作厂工作。这样可以使监狱的强制力保证转化为罪犯的自律性保证，促使罪犯积极参与改造工作。

对那些失去劳动能力的罪犯，监狱还应该建立收容中心，保障其基本的生活，有劳动力而不愿意劳动的除外。在罪犯生活方面，罪犯劳动所得资金应进行可控化管理，对这些资金的流动和使用进行监管而不进行强制限制。这些资金可以用于罪犯的住宿、就餐、学习等，但是监狱医院应该对罪犯实行免费开放。监狱内应建立法律援助中心和心理咨询的场所为罪犯解答相应法律问题并进行心理疏导，以提高行刑质量，保证监管场所的安全。在学习方面，应该按照现行的学习方法，为罪犯开设各种文化、技能学习班。学习效果及其主动程度通过罪犯累进处遇制度来体现好坏两方面。在累进处遇制度下，可将表现好的罪犯送往戒备等级低（即行刑社会化程度高）的监狱，反之亦然。如此更激励罪犯能够自觉地投入到改造和进步当中。

在实际操作中，监狱还应注重将社会因素纳入监狱管理之中，以杭州市乔司监狱为例，在监狱内搭建了完善的模拟城市平台，监狱内有公共交通模拟出行系统，银行业务系统，派出所手续系统等，使罪犯生活的各个方面都具备了再社会化的属性。在乔司监狱，监狱通过民警授课和邀请律师进行答疑的方式，搭建罪犯法律援助平台，解决罪犯困惑，为罪犯履行义务、重返社会提供了必要的法律服务。针对警察队伍实行专业化、职业化、多元化的管理要求和培训要求。通过开展岗位练兵，与社会师资合作培训、开展科室效能评比等，增强民警队伍的职业素养和专业知识；在社会化的大课堂中，将不同职业的边缘效应应用于罪犯管理，能极大提升管理的实效性，社会化的管理手段也大大提高了罪犯的再社会化技能。在服刑罪犯的管理方面，监狱体现出人性化和多元化的特性。在乔司监狱，每年举办社会企业进监狱招聘的活动，罪犯在监狱组织下，于刑满释放前和社会企业达成用工协议，罪犯刑满释放后可凭协议进厂务工，当月即可领到工资，较好解决了部分刑满释放人员进入社会初期的生活困难问题，大大降低了刑满释放人员的重新犯罪率。此外，在监狱期间，监狱可发放劳动报酬至罪犯指定账户，按照分级处遇制度实行账务分级管理，将银行、超市等社会机构纳入监狱体系中，不仅提高了刑罚执行效率，也提高了罪犯改造积极性，更为其监狱内生活提供了保障。

（4）强化行刑累进的处遇制度，扩大假释适用范围。

累进处遇制度，在实践中越来越发挥出成效。这是自由刑的弹性空间的存在造就的，它主张罪犯改造要有一个量化办法给予引导，通过条件规定和程序的设置，引导罪犯自主改造，并承受政府逐步性的奖励。这相当于把开启监狱大门的钥匙交给罪犯自己掌管，有较好的激励作用。近年来，我国在不断探索该制度并在监狱内进行普及，效果逐渐体现出来。但与西方发达国家相比，尚处于起步阶段，相应的立法保障和晋级体制还明显欠缺。

因此，根据我国国情，结合具体实际，在目前普遍实行的“百分制考核”的基础上，提出相应的累进处遇制度，包括从严到宽的三等五级制，即从严到宽对监狱进行三大等级的戒备体系，并在每个级别中进行五级分类。各等级实行不同的警戒和管理措施，对各个级别的罪犯实行不同的管理，杜绝千篇一律的改造模式，实行升降制，因人而异。在具体操作上，实行渐进减退制度，但在某些特殊情况下可以进行跨级别的升降，比如说重大立功或者重大违规。与此同时，当罪犯累进处遇晋升到满足实行宽松级别管理要求后，只要假释条件具备，就可以提出假释申请。这样无疑对罪犯的改造工作起到促进作用，同时这种制度因其罪犯的主动改造而获得了巨大的生命力，在监狱中被广泛采用。

假释作为行刑社会化的一大手段，在当前的实践中应予大力推广。为此，在实际中，我们应该从这几个方面入手，一是抓好行刑理念的更新，要宣传理念，让大家熟知，特别是行刑主体和国家立法、司法和执行者，都应当在思想层面加以深化，充分认识到假释的推行是利大于弊，对社会文明推动有促进作用。二是进一步修订完善假释适用条件，进一步放宽条件，扩大适用面，并针对性地引入假释评估体系，加快推进假释监督机构建立。三是加强假释工作考核，对监狱的假释比例进行单项列支和单独考核，并明确操作规范和流程，细化操作规则，强化考察结果的应用。四是注意与累进处遇制度相结合，将假释申报要件与累进处遇级别相挂钩，迫使罪犯遵守纪律、加强自我改造，最大程度促使假释的申报者从优选择，使假释罪犯出狱后能更好更快地适应社会，避免其因违规或者重新犯罪而再次收监执行，引发不良拷问，破坏假释制度的进一步实施。五是加大假释利好的宣传，要不断从假释个案中总结整理经验、树立正面典型形象，同时在社会上还应加强行刑成本宣传，让广大群众一起来关注此项工作，推动假释工作的有效开展，从而引导罪犯从“监狱化”到“再社会化”的转变。

（5）建立健全罪犯的帮教机制。

对于监狱里服刑的罪犯而言，亲友的关心是最大的安慰。深处高墙之中，铁窗之下，远离社会进行强制改造，身心俱受损，急需得到大家的关爱。特别是在我国，这种需求更明显。中国历来注重孝悌之义，格外关注家庭和亲情，所谓的亲情、爱情、友情一直是社会大众关系的重要组成部分。对此，实行监狱行刑社会化的我们理应把握好这个工作契机，继承和发扬传统文化的优良部分，充分重视罪犯悔罪认罪，从而促使罪犯自我转变。主要做好如下几个方面，一是大力推行亲情会见、亲情会餐、亲情视频等亲和行动，主动与罪犯的家属联系，互通罪犯的改造情况和罪犯家庭的变化等，切实把监狱内教育和罪犯亲属的帮教结合起来，不断扩大教育的领域和效果。二是适时开展亲情帮教日活动，每年设定一段时期作为罪犯亲属的参观日，届时邀请表现良好的罪犯的亲属来体验监狱工作，促动其他罪犯主动向好，借此机会还可以宣传监狱工作，扩大社会影响，推动行刑社会化进程。三是联合罪犯属地政府公共帮教，实现监狱和社区互动，推动社会化改造进程。四是总结经验，深入思考，将实施亲情帮教以来的工作进行汇总，总结经验，推陈出新，并对亲情会见等亲和工程进行探讨，设计出更人性化、社会化的办法和工作机制，促使罪犯顺利回归。

2. 狱外行刑社会化制度的完善

我国现行的刑罚执行体系中已经包含了监狱外行刑社会化的有关内容，如管制、缓刑、假释、剥夺政治权利等。最高法、最高检、公安部、司法部于2003年联合发布了《关于开展社区矫正试点工作的通知》，标志着我国社区矫正制度的理论研究和实践探索进入了一个新的阶段。这一规定标志着我国开始社区矫正试点，尝试将监狱外的行刑社会化进行整合、规范和系统化。社区矫正是与监禁矫正相对应的一种行刑方式，是指将符合社区矫正条件的罪犯放在社区内改造，由专门的国家机关负责，并在有关社会团体和民间组织以及社会志愿者的配合下，在判决、裁定或者确定的法定期限内，共同矫正其犯罪心理和行为恶习，并促进其顺利回归社会的非监禁刑刑罚活动。

（1）完善社区矫正的工作体系。

在立法上，要建立并完善社区矫正法律体系。一要完善刑事法律法规。2012年3月，十一届全国人大五次会议修改了《刑事诉讼法》，修改后的刑事诉讼法从法律角度确立了社区矫正的地位，不能不说这是一个巨大的进步。但是，社区矫正的立法还有很长的路要走，还需要对现行刑法中有关法律保护特殊群体的条款进行补充和修改，单独设立社区矫正的违规行为处理方法，着重对刑法种类和具体量刑标准做进一步细化，逐步提高假释比例，增加减刑名额以及放松缓刑的管控，还必须在立法上确立行刑社会化的程序和做法。在确保罪犯在足够受控制的情况下进行减刑或假释，重点考虑放宽缓行对象范围，并且对缓刑、假释和减刑等作出具体的细化操作和流程规章，并给出明确的解释。对处以缓刑的特殊群体必须附加一定程度的惩罚性劳动和限制措施以惩戒其犯罪行为。二要切实落实《社区矫正实施办法》。2012 年最高法、最高检、公安部、司法部联合制定的实施办法的内容在很多情况下难以落到实处，在此切实落实就显得很有必要。

监禁刑有其执行机构，非监禁刑理当也有其执行机构。从社区矫正来看，大多数国家都有相应的、专门的非监禁刑执行管理机构。我国一些地方也设立了类似的相应机构，但从全国范围来看，还缺乏一个统一的自上而下的管理机构用来指导和管理非监禁刑工作。

（2）加强社区矫正人员管理体系建设。

造就一支高素质的管理人员队伍，是社区矫正工作可持续性发展不可或缺的基础。对于社区矫正管理人员，一要坚持行政性，强化权威性，要建设专业化的社区矫正工作队伍，这支队伍的组成主要是各司法所辖内的负责矫正工作的人员。社区矫正作为国家刑罚体系的一部分，具有其权威性，要确保这种权威性就应当有一支权威性的队伍，这首先需要人员的权威性，赋予各工作人员一部分权力，是提高管理效率的重要做法。

另外，要坚持社会性，增强专业性，建设社区矫正人员辅助队伍，将社区矫正工作整体纳入社会运行，提高从事社区矫正工作人员的比例和水平，让具有专业素质的人员进入这个系统，参与建设。建立专业人才库，安排对口支持院校及社会机构，辅助社区矫正工作有序进行。

（3）强化社区服刑罪犯的管理体制建设。

把社区矫正人员当作一个特殊群体，依照法律规定和社区矫正有关规定进行监管帮教。

一是确认公益劳动这种教育矫正手段。让社区服务向社会提供一定期限的公益劳动，是各国非监禁刑刑罚执行的普遍做法。实践表明，公益劳动这种教育矫正的手段对教育、感化、挽救社区服刑罪犯，帮助其树立服刑意识、公德意识、社会责任感和完整人格发挥了重要的作用。但是，我国刑法和刑事诉讼法关于社区矫正的五类对象中并未有此公益劳动的内容，公益劳动面临“于法无据”的尴尬境地，因此，在法律法规中确认公益劳动为社区服刑犯的义务之一就显得很有必要。

二是设立社区矫正帮扶基金。社区矫正罪犯作为一个特殊的群体，大多需要社会帮助和安置，例如对于交通肇事罪犯，高额的民事赔偿会对原有的家庭经济基础有较大破坏；保外就医的社区服刑罪犯往往身体条件差、就医费用高；执行附加刑的社区服刑罪犯往往由于长期脱离社会变得适应能力差、就业市场竞争力弱，缺乏必要的生活基础。但是，社区服刑罪犯很难通过现有社会保障体系获取帮助。比如说，受当前社会观念和制度限制，社区服刑罪犯往往申请不到低保，这个制度本身不是用来限制社区矫正服刑人员申请低保的，但在事实上确实妨碍了社区矫正人员获得政府帮助救济的权利。而且，在当前社会主义市场经济的前提下，司法行政部门帮助困难户解决就业和安置的能力十分有限。因此，可设立“社区矫正帮扶基金”，通过政府拨款、社会捐赠和社区服刑人员自己集资等手段筹募资金，用于生活特别困难的服刑罪犯的临时救助和安置。

三是规范社区服刑人员的奖惩制度。在开展社区矫正工作以来，很多地区在现有法律框架以内，结合非监禁刑刑罚执行的实际，在社区服刑人员的奖惩考核方面作出了一些探索。例如，北京市于2003年出台了我国第一个社区服刑人员奖惩考核办法，上海、江苏、浙江等都先后制定了社区服刑人员奖惩考核的规范性文件。这些规范性文件进一步细化、量化、具体化了非监禁刑刑罚执行内容，调整和补充了新规定，并进一步规范了社区服刑罪犯司法奖惩工作，实现了社区服刑人员日常奖惩考核和司法奖惩考核的直接衔接。目前社区矫正工作的奖惩考核还存在着较大的局限性，实际效果也不够理想。其一是因为社区矫正还留有较强的“监狱色彩”和行政管理色彩，非监禁刑的特征和优势还没有显示出来。其二是法院、检察院、公安和司法行政部门在社区矫正服刑人员的奖惩考核，特别是司法奖惩中职责和分工操作缺乏规范的、可操作性的规定。其三是奖励措施缺乏吸引力，惩罚措施缺乏震慑力，对社区服刑人员的行为导向作用不明显。因此，应该对社区服刑人员奖惩，特别是司法奖惩的原则、种类、考核、条件、办理、审批等内容程序作出规定，从法的层面规范社区服刑罪犯的奖惩考核工作。

（4）建立社区矫正质量评价以及危险评估体系。

评论社区工作成效的好坏首先要考虑的就是矫正质量的好与坏。从某种意义上来讲，不断提高矫正质量是做好社区矫正工作的前提条件。但我们也不能简单地把重新犯罪率作为唯一的评判标准和唯一的检验法则，而应当全面地审核和考量，多次考核，慎下结论。对服刑人员的多种考核手段和方法进行归纳总结，并使之上升至规章制度，进而探索出建立社区矫正评估体系的标准，不断推动行刑社会化的矫正质量。基于社会一般正义和公共安全角度，社区矫正的适用范围要有明确的适应对象。“只有对那些主观恶性小、社会危害性不大，人身危险性弱，再犯罪率低的罪犯才适用”，这种规定不好具体量化。国际上通行的做法是进行判决前的人格调查，这项制度是由专门机构在对犯罪人的犯罪背景、一贯工作表现等进行调查的基础上，进一步提出人身危险性和再犯罪可能性的分析报告，并于法院判决前提交至法院，供法院判刑时参考。这项制度对社区矫正中的缓刑、假释等社区刑罚措施的适用有较大的帮助，主要是因为这批罪犯的再犯罪率有赖于科学的人格调查制度。在社区矫正工作开展得较好的澳大利亚，他们对人格调查制度应用已成常态，内容包含众多，有个人资料、犯罪情况描述、犯罪心理分析以及日常常态汇总等。根据这些情况，借助一定的技术开展危险评估，从而制订出相应的矫正方案。这一做法在我国的上海、杭州等地也相继进行了尝试。在法院进行判决前，会适当听取社区工作人员意见反馈，以作定罪量刑的参考，利于法律效果和社会效果的实现。从一定程度来说，这算是该项制度在我国的一个雏形。

（5）实现社区矫正工作的制度延伸。

社区矫正工作要向前延伸至庭审，加强法院与司法行政机关的衔接。法院在判决前，对一些主观恶性较小、罪行较轻、适宜监外执行的罪犯，例如交通肇事、过失犯罪、未成年犯罪的罪犯，应征求罪犯所在地司法所的意见，在达成一致的基础上，要求矫正机构派出人员参加旁听。判决时，法院应当要求罪犯当庭作出接受社区矫正的承诺。司法所应派人参加旁听，及时掌握社区矫正适用对象情况，适时接纳矫正对象。同时，社区矫正工作要向下延伸至社区、村以及相关单位，形成矫正工作的社会合力和工作网络。要向后延伸至安置帮教，做好矫正对象期满矫正与归正人员等的登记接收工作，实现社区矫正与安置帮教的无缝衔接。

第二节 主体间性视域下罪犯的矫正主体地位回归

在主体与客体二元对立的主体性思想中，矫正者忽视罪犯的真正需要，矫正者自己的声音淹没了罪犯的话语，罪犯应有的矫正主体地位被矫正者的强大掩盖。主体间性观念下矫正者与罪犯之间并非各自为本，而是相互共存的主体之间的关系。同时，不可忽视的是，在对罪犯的矫正中，与此有关的人或机构应该参与进来，矫正罪犯的同时恢复被犯罪破坏的社会关系。

主体的自我认识、自我给予或是定型于立法，或是止于理论，都仅仅是主体性的一方表现。在社会关系中，与他者主体形成的各色关系，主体性的确认才可坐实。罪犯矫正活动中，罪犯的主体性地位首先需要的是自我的认识。只有首先认识自己，确立自身的主体性才能走向主体间性。主体间性的建构需要的是一个个具有自由自觉的自我意识的主体作为基础，主体之间无论是和谐地彼此理解、倾诉，还是真诚地相互争辩，都以“你我皆为能动主体”为前提。主体的思想，处于自我与他人之间的动态平衡中：没有自己的思想，该主体将丧失自身的主体性，沦为他人的客体；过渡迷恋于自己的思想，则会把自己封闭在一个小小的精神城堡之中，陷于停滞、僵化的独白主体性状态。因此，作为罪犯而言，需要以矫正主体身份发挥自己的主观能动性，通过罪犯的自我学习或是监狱等矫正机构的教育矫正，在主体的自我认知上做好准备。其次，需要他者眼中的罪犯为矫正主体地位。他者眼中包括矫正的直接参与者如狱警，其他矫正关系者如罪犯的密切关系人、罪犯群体，还有社区。狱警同为矫正主体，其对罪犯为矫正主体的认识一方面关涉到罪犯的主体性地位确立，另一方面也是其矫正主体成熟的标志。真正的主体只有在主体间的交往关系中，即在主体与主体相互承认和尊重对方的主体身份时才可能存在。在日常的管理和教育矫正中，狱警等矫正者作为矫正的引导者，灌输罪犯为矫正主体的思想，给予罪犯主体性的对待，激发罪犯行使主体的权利。对罪犯群体而言，罪犯与罪犯平等主体之间的交往和互动是一种互助与相互监督关系，这构成了狱内人际交往与互动的主要内容。在很多犯罪学家看来，监狱是一个重新制造罪犯和犯罪的地方，是罪恶的策源地。尽管这种观点已经被质疑，但罪犯在长期的监禁中难免形成监狱化人格，组成“非正式群体”，其不仅不利于罪犯自身的矫正，对监狱秩序也有重要影响。[①]如果把罪犯群体看成群体共同体的话，那么，一个群体中具有个体主体性的人越多，该群体发展成共同主体的可能性就越大。处于共同体中的个体主体性，会由于其他个体主体性得到加强。[②]对与罪犯密切关系的人，或亲人或朋友，或是被害人而言，是因人而异的。罪犯的矫正有的时候是有赖于亲人朋友的鼓励和信任的，这种情感的动力是内在的向善源泉。而对被害人和犯罪所破坏的社区而言，让罪犯承受刑罚惩罚是在承担法律责任，而道义责任也是需要的。刑罚的惩罚不能取代应当承担的具体责任，即道歉、赔偿（补偿）、社区服务等。故此，在矫正中，受害方的参与一方面可以提高罪犯矫正中悔过自新的内在动机，同时也利于恢复社会关系，为罪犯回归社会提高接纳度。

罪犯的矫正是个系统工程，我国已走过了从最初的经验型矫正到理性型矫正再到包括心理矫治、康复模式、回归模式等综合矫正的模式化矫正，罪犯矫正更加强调科学化及有效性。因为“这一时代是一个科学的时代，科学正把自己本身与自己的应用扩展到整个世界”。然而，我们不禁要问：无论是何种矫正，其矫正的方案从何而来？其根据是什么？有哪些证据？这些证据中，哪个或哪些是最佳的？最佳的证据能不能适用于现实中的所有的罪犯？要不要考虑罪犯的文化背景、价值信仰及经济能力等因素？要不要考虑矫正者的主观偏好及矫正能力？要不要考虑矫正机构的矫正资源分配？要实现科学化的矫正，提高矫正质量，就不得不面对并解决这些问题。而我国所走过的罪犯矫正之路，似乎都无能为力。从循证医学走出产生的循证实践运动，走进了罪犯矫正领域，由此产生的循证矫正打开了罪犯矫正的新境界。而正是循证矫正可以将罪犯的矫正主体各自归位，因此，本书分别详述之。

---

① 狄小华：《冲突、协调和秩序——罪犯非正式群体与监狱行刑研究》，群众出版社2001年版，第206页。

② 郭湛：《主体性哲学——人的存在及其意义》，中国人民大学出版社2011年版，第216页。

一、以循证为视角的罪犯矫正主体性

（一）解开循证的面纱透视循证矫正的面貌

1. 循证：一种方法论

当下，科学成为这个时代的主宰力量。无论是自然科学还是社会科学，人们都在试图寻找更简单、更精确的方式、行为。当科学精神从自然科学向人文社会科学渗透，当更多的“学科”成为“科学”的时候，循证实践运动的兴起画出一道赏心悦目的风景线。在很多学科的实践中，即便是在人们的日常生活中，都在潜移默化地寻找证据为自己的行为做支撑。这种朴素的常识，符合了科学发展的逻辑，也是循证的最初形态。循证的循，意为遵循或根据的意思；循证的证，即为证据。循证简言之是遵循或根据证据的方法。我们在从事任何工作，任何事情时，都要遵循或根据证据所为。如矫正工作，我们要关注矫正方案的过程，矫正过程的依据是什么，选择方案要以事实说话，以证据为根据。

“循证”作为一种具体的方法时即为循证实践。循证实践是一种实证研究方法，绝非传闻、轶事、单纯的专业经验，更非个人感觉，其重点关注被证实有效的方法。循证实践的核心是遵循研究证据进行实践，强调在实践过程中寻找“最好的研究证据”。“循证”从医学中走出，其理念涉及多个学科领域，出现了样式繁多的循证实践。如循证教育学、循证管理学、循证经济学、循证犯罪学等。循证实践运动兴起后，它不仅强化了人们希望遵循证据的信念，而且在方法论及具体的操作层面为人们提供了一整套可供参考的框架体系。

循证不单单是强调了“遵循”与“证据”，更进一步讲，循证也是一种有理有据的创新。因为如果只是单纯查证用证而不进行有序管理，不加以整理和积累，将难有突破和创新。因此，循证不仅是一套“遇到问题—循证解决问题”的科学决策方法，而且还是一套“总结过去—发现新问题—科学研究—创证解决问题”的科学发展机制。故此，循证的循，在前述“遵循或根据”的基础上，还有“循环”的意思，但非原初的循环，而是螺旋式的上升循环。

如今，循证已经不再是循证医学的专有名词，而是多个学科实践领域共同关注的方法论与指导思想，成为一种“遵循证据”进行实践的时代精神与文化信仰；随着实践者遵循证据进行实践的自觉性不断提高，社会要求实践者“循证”的呼声也越来越高，一场更为浩大、横扫整个人文社会科学领域的“循证实践”运动正在积极地酝酿过程中。

2. 循证矫正：矫正领域的循证观

循证矫正是循证这种方法论在矫正领域的运用。循证矫正是指矫正工作者在矫正罪犯时，针对罪犯的具体问题，寻找并按照现有的最佳证据（方法、措施等），结合罪犯的特点和意愿来实施矫正活动的总称。循证矫正涉及研究者、矫正者、矫正对象与管理者四个方面的理论体系。研究者及矫正者提供最佳证据；管理者进行协调，制定相关指南与标准，建立证据数据库，并沟通与其他三方的关系；矫正者在考虑了自身经验、矫正对象的具体情形后寻找最佳证据进行实践；矫正对象积极参与矫正方案的形成及实施过程。最终的矫正方案是矫正者的经验、矫正对象的愿望及研究证据之间所取得的平衡。因此，循证矫正具有以下的表征：

第一，循证矫正是对矫正理论、方法进行整合与超越的一种矫正理念。它不受具体矫正模式的制约，不分价值取向，不管操作差别，只要能够证明对某种罪犯的问题具有最佳的效果，就可以根据其矫正方案或实践进行矫正。它的最终理想纯粹而朴素，即博采众家之长，从现有研究中寻找出最佳的证据，针对矫正对象的具体情况，与矫正对象一同做出最佳的矫正方案，为矫正对象提供最好的矫正服务。有学者故此认为："循证是一种思维方式、工作模式。循证本身属于方法论范畴，但不是直接改造罪犯的方法，将监狱循证实践定位于'改造决策的科学方法学'是比较合乎逻辑的。"

第二，循证矫正是可操作的、用于指导罪犯矫正的具体实践框架。从最佳证据的检索到对其有针对性的评价，再到形成具体指南、手册，经过对具体矫正过程的评估、监控，使整个循证实践的过程都有一定的方法论基础，有章可循，有据可查。因此，罪犯的矫正一旦经过循证矫正并取得相应效果，达到矫正目标，则这一循证矫正就具有了可重复性，也就是某一循证矫正的成功，可以作为证据使用。当然，寻找最好证据以及做出最佳方案，并据此进行的矫正实践不是寻求与有关研究结果一致性的过程，循证矫正的证据是不断推陈出新的，在实践中可以随时提出新的证据，曾经的最好证据并不总是最好的，使得循证研究结果呈现出动态发展的过程。这也就是循证这种方法论的"螺旋式上升循环"的体现。

第三，循证矫正弘扬了这个时代的精神。当前，循证医学已经发展成为当代临床医学的主流方向，当循证进入罪犯的矫正领域后，循证矫正讲求证据，尊重科学，强调效率与效益，讲求矫正过程的透明，重视矫正对象的主观意愿，研究者、矫正者、矫正对象、管理者民主协作，集体作战，共同应对罪犯矫正的问题。循证矫正与传统的罪犯矫正并不是断然决裂开来的，而是兼容并收，其蕴含的集体、协作、高效、透明、民主等精神正是我们这个时代的精神。

（二）面纱笼罩中对循证矫正的误读

循证矫正在我国的矫正领域是新生之物，未接触过它的人往往会存在误读，就连本身从事循证矫正研究或实践的人对它的理解也是众说纷纭、莫衷一是。在前述明晰了循证及循证矫正的基础上，笔者综合我国对循证矫正研究与实践当前情况及理论研究资料，认为有必要对几种常见的误解进行澄清，当然，这里的澄清也未必能解开循证矫正所有的“未解之谜”，而仅仅是在理论上作出能够比较清晰的解读，毕竟循证矫正在我国还处于探索之中。

1. 循证矫正与传统矫正

自循证矫正在我国的罪犯矫正领域出现至今，一些学者及相关实务工作者习惯将其与传统矫正作对比，比较两者在诸多方面的不同，探讨循证矫正是否可以替代传统矫正。那么，循证矫正的出现是否意味着要将传统的罪犯矫正取而代之呢？按照前面循证矫正是“对矫正理论、方法进行的整合与超越的一种矫正理念”的表述，显然答案是否定的。既然循证是一种方法论，循证矫正不过是循证这种方法论运用于罪犯矫正领域的产物，那么，就看这种方法论是否排斥以前的矫正模式。从上述循证矫正“博采众家之长，为矫正对象提供最好的矫正服务”的朴素理想看，循证矫正绝非要“改朝换代”。

实际上，循证矫正与传统矫正中自治模式（Self-management model）、医疗模式（Medical Model）、更新模式（Rehabilitation Model）、社区模式（Community Model）、监管模式（Custodial Model），以及最新的心理治疗、恢复性矫正等并不是平行的、一个层面的概念。各种具体的矫正理论或方法，只是给循证矫正提供了可供使用的证据。在具体的矫正过程中，只要经研究证明是具有较好效果、在现有矫正方法中是最佳的，不管它是哪家哪派提出的，都是循证矫正最佳的矫正证据。循证矫正持多元主义或折中主义立场，不排除任何有利于矫正对象的矫正方法。如此来看，如果传统矫正的方法能证明是有效的、最佳的，符合矫正对象的需求和矫正者的特长，那么，传统矫正的方法即可以作为最佳证据，形成最终矫正方案。因此，从这个角度来讲，循证矫正并不是单纯的一种矫正模式，因为一种模式是排斥他种模式的。同样类似的称谓，笔者也不认为循证矫正是一种矫正的“范式”，因为范式具有“不可通约性”，“范式一改变，这个世界本身也随之改变”，“在革命之后，科学家们面对的是一个不同的世界”，但循证矫正则反之。

不过，传统矫正的各种模式似乎并非有如此之胸怀，各种矫正模式你我并立，互相排斥，因为他们更多的是不同矫正理论的产物，而非一种方法论的结果。

因此，循证矫正的兴起不是为罪犯矫正增添了一种新的矫正理论或方法，而是为综合、最优利用现有的各种矫正方法、各种矫正理论，提高矫正质量，合理配置矫正资源提供了一个理论框架与实践方案。

2. 个案矫正与循证矫正

循证矫正按照对象可以分为个案循证矫正和类案循证矫正，两者的不同仅为在矫正对象上的差异，矫正的过程及要求没有任何不同，其都是“四个主体”的互动，最终的矫正方案不再是处于矫正者的经验之谈，而是四方需求及利益的一种动态平衡，都是强调最佳证据的寻找。在当前我国循证矫正的操作中，因为刚刚起步，没有成熟的经验可循，甚至连必需的证据库也在从无到有逐步的建构中，因此，类案的循证矫正会更多些。如针对罪犯的文化教育，了解其文化需求。

基于对传统矫正的反思，个案矫正是矫正系统以罪犯个体为基础实施评估、分类、管理和教育的一种矫正。传统矫正的方法只是对于满足其条件的某些罪犯或某部分罪犯才有效，并非对所有罪犯都合适；而个案矫正特别强调只有根据罪犯个体的具体情况采取与其相适应的那一种矫正模式才能取得良好的效果。

从表面上看，个案矫正与循证矫正在一些方面是相同的，如强调罪犯个体的积极性，矫正资源的优化配置等。但是，正如不能将传统矫正与循证矫正相提并论一样，两者不是一个层面的问题。更为重要的是，当前的个案矫正与个案循证矫正的核心理念有本质区别，后者强调以证据为根据的矫正，从“矫正之始”至“矫正之中”至“矫正之终”，使用通过证据证明的有效工具进行评估，矫正过程有理有据地进行，个案循证矫正的结果可以作为证据进入证据库，作为以后其他类似案件的证据使用。而个案矫正仅强调了罪犯的个体情况，而最终的矫正方案及矫正过程均没有留下任何证据的痕迹，无据可循的个案矫正往往陷入了矫正者个人经验垄断下的经验型矫正中，矫正者个人因素成为决定罪犯个案矫正方案和矫正效果的决定因素。正如实务界的人士称“目前监狱对罪犯个别化矫治教育工作评价的现实标准仍停留在‘服刑期间是否无违规’，没有形成可以量化的分项可评判指标，对罪犯回归危险性评估及安置帮教建议也仅是依靠‘CX简评量表’‘SCL90’等几个有限的量表来测定，更大程度上还是依靠民警现时性的直观印象判断，缺乏系统性和科学性，其结果的真实性和准确性也可想而知。”如果非要将两者作一对比的话，个案矫正是经验性的，个案循证矫正则是科学化的。显然，如果个案矫正能够给经验性的矫正以“科学”，按照循证的理念进行，个案循证矫正也是可以并收之下的。

3. 循证矫正与矫正质量评估

循证矫正中涉及对证据的评估，对每个阶段效果的评估，评估即需要选择相应的量表，这样很容易让人联想到我国的罪犯改造质量评估。有学者也针对两者进行了比较研究，认为两者有着相似的内在本质，都是在矫正个别化的视野内探索个案矫正的方法论问题，在基本价值目标、功能定位以及方法运用上具有相似性，提出在改造质量评估的基础上借鉴循证矫正，循证矫正的最佳方案就是改造质量评估的改进与革新。

我国司法部从2004年开始顺应监狱工作科学化，提出建立适应现代监狱制度的罪犯改造质量考核评估体系。所谓罪犯改造质量评估，是指对服刑人员个体的悔改程度和“守法公民”状态程度的评价和测量；也就是运用定量的（数学模型）和定性的分析，对罪犯的改造质量做出以适当数量化为主，辅之以定性化的结论。罪犯改造质量评估是根据罪犯改造进程的不同，通过定性与定量相结合的方法，对罪犯的危险程度和个性特征进行综合评价的系统，并以此为依据，经过测试、面谈、诊断等多种方法，对罪犯的心理与行为特征有一个准确的认识，在此基础上制订相对应的矫正方案与矫正措施，达到对罪犯的矫正规划目标。

如果仅看两者的形式，因为都具有适用量表进行评估的特点，其结论的科学性优于并根本区别于传统经验式的评价和鉴定。因此，可以说，两者都是矫正机构走在科学化矫正之路上的举措。但是，正如前述将传统矫正与循证矫正、个案矫正与个案循证矫正相提并论一样，两者同样不是一个层面的问题。循证作为一种方法论适用于矫正领域而产生循证矫正，循证矫正完全将大门敞开，在以证据为核心的方法论下，绝对不会预设某种决策或方案的有效性，从最初的量表选择到最终的效果评估，每一个环节都要对所使用的工具进行循证，也即为什么要选择这种量表。绝对不能先入为主，否则会形成虚无主义，回到经验主义的老路上去。而罪犯质量评估，无论是通过测试还是面谈抑或诊断等方法，其中都隐含着一种“先入为主”的预断，预先判断了测试工具的适当性，没有可靠的证据来支持为什么要用这个量表。即便是通过面谈，也无非是以矫正者自己的经验或他人的经验为准，同样无证据表明这种面谈结果的可靠性。因此，罪犯质量评估仍然是传统经验型矫正的翻版而已。

如果说罪犯质量评估是一个制度设计，更宏观一点是一个体系，那么，循证矫正则是一个矫正思维，更宏观一点是一个矫正理念。循证矫正可以吸纳罪犯质量评估，但只能是循证的吸纳，而非信手拈来。

（三）循证矫正的继往开来

只要科学与实证精神仍然是这个时代的主流精神价值，循证矫正的理念与实践必将持续下去。但在我国当前的矫正环境下，采取循证矫正真比传统矫正更有效吗？循证矫正一定是未来的趋势吗？一开始就处于极大争论之中的循证矫正不得不面临更多的质疑与挑战。循证矫正所面临的主要问题和挑战会很多，会集中于以下几个方面。

首先是证据可得性。循证矫正以证据为核心，且将证据分为三六九等，有高低贵贱之别，而在循证矫正初期，最容易出现的问题就是矫正者想要获取证据时，常会发现所需证据难以获得。主要表现为：一是证据有限；二是检索、研究证据的能力有限。在循证矫正中，研究者与矫正者都是证据的提供者。在实证主义的要求下，实证的证据才是真正科学的证据；在实用主义的要求下，有效性才是证据分级的最终标准。如此而来，证据的提供者要保证提供的证据等级高，传统的思辨或者理论分析以及那种单凭经验之谈的证据可能会被排除证据清单之外。不得不承认，当前我国有关罪犯矫正符合这样要求的证据着实甚少。另一方面，即便有足够多的证据，而要从中检索找到最佳证据也绝非易事。这需要矫正者准确地获知罪犯的犯因性需求，清楚罪犯的个性特征与偏好，明确知道自身的工作特长，矫正机构的矫正资源，这些对取得证据到使用证据是必不可少的。加之，循证矫正的动态性，使得证据呈现动态性，最好的证据不一定永远是最好的证据，只有更好，没有最好，也使得循证矫正在证据上下功夫，绝非易事。

其次是循证理念的普及性及认同性。当一种思维或理念已经长期存在，根深蒂固的时候，若要接受一种全新的思维或理念并以此为之，非一朝一夕之事。我国罪犯矫正固有的思维和理念经过了长期的积淀，循证理念尽管并不是对原有矫正的颠覆，但毕竟在思维方式和操作模式上已经发生了根本的改变。以证据为本，矫正者与罪犯平等对话，协商解决问题的氛围，集体、协作、高效、透明、民主等时代精神在罪犯矫正领域的形成，会随循证矫正的理念普及而成为现实，循证矫正的认同性也有待循证矫正的试点单位以可观效果示众而逐渐形成。

再次是效果评价困难。循证矫正的终极目标指向“重犯率”，重犯率涉及面广，评价过程复杂。更多时候矫正机构的矫正质量与社会因素共存，循证矫正尽管尽量地实现监狱矫正与社区矫正的衔接，强调“衔接原则”，使用社区加固方法，但毕竟实施时间长，效应常有滞后现象，且容易受多种因素影响，增加了客观评价循证方案绩效的难度。况且，我国矫正机构与社会力量的连接还不够成熟，矫正社会化也在摸索中前进，循证矫正要想真正实现降低重犯率的目标也需要有持之以恒之态度。

最后是矫正方案环境的复杂性。循证矫正中，证据为本不等于矫正方案。除重视证据外，还需仔细研究方案环境，人群价值观、当地资源和政策法规等，理想的证据应用环境与现实之间存在差异。因此，应从系统和整体上看待和处理方案所需证据，避免循证矫正过于技术化，而走向极端。

求真求实是社会发展的永恒真理，正如张苏军副部长在其讲话中所言：“循证本身并非一种新的理念，而是人们原有的一种朴素的常识和愿望。在日常生活和工作中，几乎每个人都知道要按照最佳证据来做事情。”我们每个负责任之人所为之事，无不是以循证思维而所为，所谓循证处事，循证行为，循证矫正亦然。循证矫正只不过是循证这种方法论的触角延伸到矫正领域的逻辑体现，其并非全新的矫正方法，但循证矫正张开双臂，以一种宽大的胸怀，敞开的心胸，兼收所有矫正方法，求矫正之科学，收矫正之实效。

二、循证矫正下罪犯矫正主体的实现

当前，监狱和社区矫正都在进行积极的改革和创新，罪犯的矫正工作跨入了新的阶段，从理念到制度，从原则到方法都有了更多的尝试，也取得了良好的效果。兴起于20世纪90年代的循证实践为传统矫正注入了新生力量，已成为西方发达国家普遍认可的罪犯矫正的新趋向。我国司法部专门成立课题组对循证矫正进行了深入、系统的研究，有望在地方进行循证矫正的试点。本书试图从“循证”本义出发，逐层深入地解析循证矫正，对比我国当前矫正与循证矫正的差异，科学地反思我国的罪犯矫正工作，为改革和创新罪犯矫正提供方法论的指导。

（一）亲近“循证”：从神坛走下的方法论

初遇“循证”，常常会觉得有些神神秘秘，像在神坛上高不可攀。亲近“循证”，发现“循证”就是一种方法论，也是一种具体的方法。

人们关于世界是什么、怎么样的根本观点是世界观，而用这种观点作指导去认识世界和改造世界，就成了方法论。具体来说，方法论是目标及其实现途径的理论。“循证”：循，遵循或根据的意思；证，即为证据。这一方法论简言之是遵循或根据证据的方法。我们在从事任何工作，如矫正工作，我们要关注决策、矫正过程的依据是什么，换句话就是得出结论、选择方案要以事实说话，以证据为根据。“循证”中的证据是建立在对既往文献系统分析的基础上，追求大样本、多中心、随机对照试验的结果，是建立在群体水平上的考察。①

“循证”作为一种具体的方法时即为循证实践。有学者将其称为实践领域一种全新的“范式”，是一种声势浩大的运动。②循证实践是客观、均衡、负责地使用现有研究成果和最有效的数据用以指导政策和实践，以此改善消费者的实践。③这里的消费者是广义的，包括了循证所有服务的对象。循证实践运用于矫正中，在矫正决策、项目选择，以及矫正过程中阶段性地评估效果的好坏等都要依靠证据。循证矫正就是那些已经被持续研究所证明了的能够明显降低罪犯重新

---

① 王平、安文霞：《西方国家循证矫正的历史发展及其启示》，“循证矫正方法及实践与我国罪犯矫正工作”研讨班会议资料。

② D. J.Wendt，Evidence-based practice movementsin psychology empirically supported treatments，common factors，and objective methodological pluralism.Intuition：BYU Undergraduate Journal of Psychology，2006（2），pp. 49-62.

③ Dot Faust，Elyse Clawson，John Larivee，Implementing evidence-based policy and practice in community corrections.Washington，DC：National Institute of Corrections，2009，p.7.

犯罪的实践。① 循证实践涉及研究者、实践者、实践对象与管理者四个方面的理论体系。研究者提供与实践相关的最佳证据。管理者进行协调，制定相关指南与标准，建立证据数据库，并沟通与其他三方的关系。实践者根据最佳证据进行实践。实践对象积极参与决策，与实践者一道制定实践的决策。最终的决策应是实践者经验、实践对象的愿望及研究证据之间所取得的平衡。② 因此，循证实践的核心是遵循研究证据进行实践，强调在实践过程中寻找"最好的研究证据"。循证矫正领域中的"最好证据"，是指那些已经被研究证明能够明显降低罪犯重新犯罪的项目和政策。

可见，对于"循证"不能简单化、庸俗化，更不能神秘化。"循证"尽管是外来品，但在学者们的著作、论文中很多涉及"评估"，有大量的调研数据，这些也可以称为"循证"，也是"循证"中简单的一种方法。所以，我们已经有大量基本的、初步的、简单的循证实践，只不过"循证"这个词是新的。

亲近"循证"，它已从神坛走下，惠及矫正，有必要再进一步挖掘其精髓与理念。

（二）解析循证矫正：有效、科学、系统的矫正

在实用主义哲学下诞生的循证矫正，体现福利理念和科学理念，以实证研究为基础，遵循系统优化理论，追求最优化的矫正方案和最佳的矫正结果。

1. 循证矫正于实用主义哲学下诞生

根据加拿大刑事司法研究中心的创始人、新布伦瑞克省圣约翰大学心理学名誉教授保罗·詹德瑞的说法，循证矫正的"最佳实践"源自加拿大，但在过去10年间已经遍布全美国，且被主要矫正机构采纳。美国的几乎每一个州都有循证矫正，都建立了自己的关于循证矫正的工作手册。③ 而推动美国循证矫正发展成熟的直接动力源于其本土哲学，即实用主义。美国是一个非常注重现实利益的国家，美国人注重经验、追逐财富、讲求实效。美国人的这种行为方式，在哲学

① Roger K.Warren，Evidence-Basedpractice to Reduce Recidivism：Implications for StateJudiciaries.

② 杨文登：《循证实践：沟通研究与实践的桥梁》，中国社会科学报刊网，2010年9月10日。

③ Correcting corrections worldwide：best practices reforming prisons，http：//www.washdiplomat.com/index.php?option=com_content&view=article&id=8192：correcting-corretions-worldwide-best-practices-reforming-prisons&catid=1483：february-2012&Itemid=496.

上表现为实用主义，在现实生活中表现为福利至上。“实用主义”是地地道道的“美国本土哲学”，源自希腊文“行动”一词，意指通过实践的效果来解释观念的方法。实用主义作为一种注重行动和效用的哲学理念，虽然其中部分思想源于欧洲先哲们的灵感，但它最终也唯有在美国才形成了独立的哲学体系。实用主义哲学自其诞生之日起，便在美国受到了高度重视，并迅速占据了哲学的主流地位。[①]威廉·詹姆斯被视为实用主义哲学的真正奠基人和美国哲学的创始人。在他看来，真理是人为了方便而作出的假设，因此对真理的判断是看其最终的效果，真理是行动的工具，人掌握真理本身不是目的，而是因为真理是有用的，它能引导人达到目的。[②]

实用主义的根本纲领就是：把确定信念作为出发点，把采取行动当作主要手段，把获得实际效果当作最高目的。美国法学正统观念的核心就是实用主义哲学。毕生都在努力将实用主义彻底融入美国的法哲学思想中的庞德明确指出，司法活动应当积极回应社会环境的变化和社会现实的需求。法官应当首要考虑的问题是利害关系和社会需要而非抽象的权利，是必须加以保护或予以满足的对象，而不是将制度本身的存在当作终极目的。美国最高法院法官霍尔姆斯和其继任者卡多佐也都极力推崇实用主义精神。霍尔姆斯认为，法律的生命从来不是逻辑推理，而是经验。法学研究的重点应是根据精确的衡量来明确种种社会愿望，并从这些社会愿望出发来确立法律的基本原则。卡多佐在霍尔姆斯和庞德理论的基础上，进一步深化和扩展了实用主义法学思想。他认为法律需要一种哲学，来调和稳定与进步这两种相互冲突的社会要求，并为法律提供一种成长的原则。法律的生长是一个适应、调整和不断修正的过程。法官在选择判定结果时，社会效用应被充分考虑，客观存在的时代风俗习惯也可以恰当地使法律天平向着有利于一方而不利于另一方的方向倾斜。这些不囿于一成不变的规则、强调顺应历史潮流和具体环境的变化、有意迎合特定社会利益的法学思维，反映了美国实用主义的精髓。[③]

在实用主义哲学的理论指引下，在监狱人满为患的现实背景下，在传统缓刑监管失效及行刑替代措施的现实迫使下，在“康复模式”能否起作用备受质疑的

① 张宇燕、高程：《基于利益最大化的美国行为》，国际经济评论，2007 年第 5 期。

② http://finance.ifeng.com/opinion/xzsuibi/20120409/5888265.shtml.

③ 张宇燕、高程：《基于利益最大化的美国行为》，国际经济评论，2007 年第 5 期。

情况下，[①]通过严格的科学和数据对原有的矫正模式进行修正，以实现“最佳实践”，达到“最佳效果”。为了“最佳”，一改传统“依据个体经验”进行矫正的习惯，根据已经实践证明的最佳证据确定矫正的决策与执行；当最终效果不佳时，在实践过程中随时调整方案，最终实现最佳矫正效果。循证矫正更加注重和强调矫正最终所取得的实际效果，看重支出成本与所取得的收益，强调将有限资源用到真正需要的罪犯身上，对高危罪犯放置更多的资源。[②]

2. 福利理念下需“科学”运行

在现代社会有两大思想极度高涨，一为人权，二为福利。后者作为关于“人类幸福的内容和通往幸福的途径”[③]与社会大众更为紧密。福利的基本含义是生活的良好状态（Well-being），其直接的反义词是困苦。[④]从抽象的意义上讲，福利就是能够让人类生活幸福的条件，这些条件在现代就是使人们的身体和头脑都能够得到自由发展的因素。[⑤]福利概念一直是一个与正义和权利等政治概念捆绑在一起的概念。早期的权利概念曾一度被解释为免受他人侵害的要求，但现在的权利概念则更多地被解释为是要求获得国家福利和社会福利的合法权利。从社会、国家获得福利（物质帮助）资源是所有公民的一种合法权利，这种认识是从19世纪20年代起在各个国家早已达成的一种共识。现在几乎所有国家都承认这种共识，而且几乎所有国家也承诺通过不断努力实现这种理想。[⑥]尽管这种意识形态上的统一实际上只是一种假象，许多国家在采取怎样的福利措施、怎样兑现公民的福利权利上仍存在诸多的争议。但在福利思想下形成的“每一个人都应该有权力和资源去自由发展、并且自由地实现其内在的人类潜能，从而逐步实现一种没有统治、控制、剥削和尽可能自然的现实，一种和自然环境相和谐的现实”[⑦]

① 王平安、文霞：《西方国家循证矫正的历史发展及其启示》，“循证矫正方法及实践与我国罪犯矫正工作”研讨班会议资料。

② 张桂荣、司绍寒、陈静：《美国循证矫正实践的概念及基本特征》，罪犯与改造研究，2012年第6期。

③ 周弘：《福利的解析——来自欧美的启示》，上海远东出版社1998年版，第175页。

④ 孙炳耀、常宗虎：《中国社会福利概论》，中国社会出版社2002年版，第12页。

⑤ 周弘：《福利的解析——来自欧美的启示》，上海远东出版社1998年版，第2页。

⑥ 张映芹：《制度理性与福利公正——基于公民幸福视角的分析》，陕西师范大学博士学位论文，第74页。

⑦ 周弘：《福利的解析——来自欧美的启示》，上海远东出版社1998年版，第2页。

这一思想并没有发生实质的变化。因此，对于公共资源提供的服务，每个人都有权平等享受。但现实的情况是资源始终是有限，同时这些有限的资源也在无效地投入，造成资源的浪费。如很多轻刑犯，人身危险性很小，放入监狱中矫正，就是一种公共资源的无效投入与浪费。即便是轻刑犯没有在监狱服刑，而在社区矫正，如果对其的矫正方案不适当，最终矫正效果不佳，亦然如此。因此，为了解决矛盾，需要对每个人寻找最优的决策，避免资源的浪费，这即为循证的本意来源。在公共资源总是不能按需提供的情况下，每个人都有权享受最优的教育、最优的医疗、最优的有利于罪犯的矫正等各方面的“最优”。

在上述福利思想下，公民福利权享受公共资源，而公共资源的有限性又不可能平分秋色，于是在资源有限性与评判决策最优之间的矛盾需要科学的方法去解决，而循证恰恰遵循的就是科学。这里的“科学”来自实证研究，是以实证研究为基础的。这里的实证通俗来说是指做什么事情，怎么做事情，做什么选择都要有证据。但要注意的是，实证不是简单的数据，正如龙布罗梭运用实证的方法得出“天生犯罪人”的结论。龙布罗梭将实证的方法引入犯罪学，他对 3000 士兵进行观察和测量，对监狱的罪犯的头颅和相貌进行研究，通过大量的调查数据得出结论。但龙勃罗梭所进行调查的对象是片面的，其调查对象是犯罪人，没有调查正常人。法国人类学家保罗•托皮纳德尖刻地挖苦说：“这些肖像看起来与龙氏朋友们的肖像一模一样。”英国犯罪学家查尔斯•巴克曼•格林（1870—1819）经过 12 年的工作，领导一项研究计划，根据 96 种特征考察了 3000 多名罪犯，个人还进行了 1500 次观察，并作了 300 次其他补充观察，指出：“事实上，无论是在测量方面还是在犯罪人中是否存在身体异常方面，我们的统计都表现出与那些对守法者的类似统计有惊人的一致。”龙勃罗梭本人也承认对犯罪人的调查具有局限性，他在后来的《犯罪：原因和救治》中指出的“导致犯罪发生的原因是很多的，并且往往缠结纠纷”形成了综合的犯罪原因论。但不可否认龙勃罗梭在方法论意义上的指导是伟大的。

因此，福利理念下要实现矫正资源的最优效果，需要专业的人员、专业的调查问卷的制定、专业的调查、专业的统计等。科学的方法要建立在严肃、认真科学的态度上，科学的东西要用科学的态度对待它，否则，即便初衷为好，但结果未必正确。如同当前在各地采用的各种风险评估量表，为了能测量再犯的风险，量表的制定主体、制定过程、数据的统计等的科学性是关键，但不难发现，在国内，各地量表泛滥，再犯的风险评判处于自我感觉良好的状态，但是否经得起科学的检验引人质疑。

3. 系统优化理论下达到“最优”

系统是由两个以上的要素组合而成。实现系统优化便是要实现“整体功能大于各部分功能之和”。[①]如果各部分要素组合不合理、彼此不协调，就会产生内耗，影响整体功能的发挥。因此，实现循证过程的科学化、合理化，必须使循证活动中的相关内容系统化、匹配化，才能使循证的作用得到有效发挥。为了达到这个目的，我们必须遵循整体涌现理论、结构理论、层次性理论。[②]

在系统优化理论下“循证矫正”指的是研究者、实践者、矫正对象、管理者为一定的矫正目标而实施的由不同的环节组成的一个体系，一个循证结果的好坏取决于两个方面：第一个方面是是否发挥了四个主体的作用，例如，研究者科学的实证研究结果可能来自方方面面，其作为一个证据成为我们将来选择的一个方案；实践者本身也要按照循证的方法去实践，过程就是一种证据；矫正对象不是被动的，其也是矫正的主体，要和实践者一起讨论在众多的方案中选择哪个更适合；管理者当然也不是旁观者，在资源有限的情况下，其掌握的资源投向哪个方案会取得更好的效果。因此，在这个由各个主体共同选择最佳方案的机制下保障了循证效果的高效性。第二个方面是循证过程，强调循证对象有无需求，有什么样的需求，如何满足，有无效果等，这里的每一步都需要证据支持，同时循证的最佳效果也是证据，即为将来循证的证据。而证据也并非同等视之，而有尊卑贵贱，这些证据的来源是多方面的，可以是大样本、多中心、双盲的随机对照试验（Randomized Controlled Trial，RCT）或元分析所获得的数据，也可以是质化研究甚至单个个案研究得到的结论，还可以是专家意见或个体经验。这些证据都可用于指导实践，但它们对实践的参考价值不一样，级别有着高低之分，RCT及元分析获得的证据级别最高，是指导实践的“金标准”，而专家意见、个体经验等证据的级别最低，只有在高级别证据不存在的情况下才可采用。[③]

---

① 周三多、陈传明等：《管理学原理与方法》，复旦大学出版社2003年版，第521～523页。

② [美]冯·贝塔朗菲：《一般系统论：基础、发展和应用》，林康义、魏宏森译，清华大学出版社1987年版，第25页。

③ 杨文登：《循证实践，一种新的时间形态》，自然辩证法研究，2010年第4期。

传统的实践模式中，实践者处于绝对的主宰地位，对象者只是被动地服从，研究证据也往往被置于视野之外。实践者们更像一群散兵游勇，单兵作战，没有组织协调，相互之间也缺乏交流，实践的效果往往依赖于消费者碰巧遇到的实践者的经验与水平。循证实践改变了这一境况，在其框架体系中，研究者、实践者、消费者及管理者四方紧密地联系在一起。研究者提供最佳证据；实践者针对消费者的特点，遵循最佳的证据，结合自己的经验与技能进行实践；消费者在了解最佳证据的基础上，与实践者一道主动参与实践过程；管理者制定相关政策，提供三者良性互动的平台，协调其他三方进行实践。在循证实践体系中，四方民主协作，各得其所，各司其职，成为一个完整的“交响乐团”共同演奏着“交响乐”。多股力量有机地结合在一起，形成一股巨大的合力，往往能取得传统实践所不能达到的效果。

至此，“循证”至少有两个方面的含义，一是以“证据为核心”，意指研究者、实践者、对象、管理者为一定目标按照一定证据追求最佳效果的过程，过程中的每一步都要寻找最佳的证据，实现最佳的目标；二是以“过程为核心的循环”，意指该过程是循环反复的，但绝非循环反复到原点，而是螺旋上升的过程。

有效、科学、系统化的循证矫正，为矫正的创新提供了全新的视角和途径，罪犯重新犯罪率在循证矫正下得到降低。那么，在我国的罪犯矫正革新中，对这样一种“外来品”，是否可以“拿来”呢？

（三）引入循证矫正：我国罪犯矫正的反思

我国传统上的矫正以监狱的封闭式与单一性矫正为主，以一般性的劳动为主要矫正手段，矫正过程的“流水式作业”和等级化的矫正关系与循证矫正的系统化、多元化、证据化及平等化之间有很大的距离。深刻反思我国罪犯的矫正工作，借鉴循证矫正，扬长避短。

1. 我国以监狱为中心的矫正与循证矫正的系统化

我国的传统矫正是以监狱矫正为中心的，这种监禁矫正是建立在报应与预防理念基础上，且偏重报应。监狱矫正的封闭性与单一性主要考虑的是社会的安全，而犯罪人的需要以及回归社会等矫正需求被作为次要目的考虑。监狱长期封闭和独立运作，监狱改造罪犯主要从维护监狱安全和罪犯在监狱内的劳动效益出发，对罪犯改造的具体评价指标和如何适应回归社会的矫正内容尚缺乏科学、有效的举措。尽管改革开放30多年来我国监狱一直在坚持改革创新，但矫正人、改造人的科学路径和方法，特别是对罪犯心理疾患等针对性的治疗没有形成完善的体系，也是改造质量徘徊不前的重要原因。当罪犯刑满释放，也就意味着矫正的结束，其被释放后如何回归社会并没有作为监狱矫正的内容。尽管当前我国实行刑满释放人员与当地司法局“无缝对接”，但毕竟这种方式已与监狱的矫正脱离关系。从目前的实际行刑工作看，重视的是罪犯安全度过服刑时段，缺乏的是罪犯回归社会的引导与教育，这是造成重新犯罪的重要因素。[①]

美国犯罪学家莫顿认为，将罪犯置于监狱加以改造，以期其能适应社会生活，就像将人类送上月球以期其学习适应地球生活一样的荒谬。“将一个罪犯数年之久关押在高度警戒的监狱里，告诉他每天睡觉、起床的时间和每日每分钟应做的事情，然后再将其抛向街头并指望其成为一个模范公民，是不可思议的事情。”[②]

循证矫正以系统优化理论为基础，将矫正作为一个整体系统来看待，尤其是将罪犯刑满释放后的善后工作作为矫正系统中的一个重要内容，将罪犯真正的“回归社会”作为矫正的最终目标，也就是让循证中的最佳方案达到最佳效果。因此，在循证矫正下，监狱矫正一般与社区矫正自然连接起来，监狱与社区矫正作为一个团队结合在一起，能够最大可能地发挥系统的整体性作用。循证矫正的理想模型是包括三个或更多的阶段以使得罪犯过渡到社会。第一阶段开始于服务机构向罪犯提供满足其同等需求的服务。第二个阶段是从机构中释放罪犯。罪犯的风险与需求可能会随着他们进入社区环境而发生变化。理想的情况下，个人会继续接受治疗服务，且个案矫正计划会随着需要而得到更新。最后一个阶段是善后或复发预防阶段，在这一阶段，刑满释放人员将获得持续的支持与服务以满足他们的需求。

可见，在我国以监狱矫正为中心的矫正模式与循证矫正模式还有很大距离，这里的关键环节就是将监狱与社区矫正之间有机的连接起来，发挥监狱矫正与社区矫正的联动效应，将刑满释放人员的后续问题纳入矫正范围，为服刑人员顺利回归社会打下良好的基础。

---

① 刘保民、张庆斌：《论回归社会为导向的教育矫正刑》，河南警官职业学院学报，2010年第3期。

② 克莱门斯·巴特勒斯：《矫正导论》，中国人民公安大学出版社1998年版，第103页。

2. 我国矫正方法的单一化与循证矫正方法的多元化

在我国的监狱矫正中，一般性的教育劳动成为矫正的主要手段，而在现在的社区矫正中公益劳动或补偿性的劳动是惯常的方式。劳动作为矫正罪犯的一个传统项目，一直发挥着其独特的作用。在当今社会，西方国家的罪犯劳动更重视培养罪犯的劳动纪律、劳动技能，其经济功能已经大大减弱，劳动成为罪犯改造方式的一种自我选择，而且与罪犯本身的处遇挂钩，从而使劳动转化为现代意义上的一种矫正手段。但是，需要注意的是，劳动问题一直是困扰监狱的一个重要因素。对罪犯劳动的经济性与矫正性（学习技能、培养习惯）就如钟摆一样，呈“U”形来回摇摆，从而使罪犯劳动蒙上了难以摆脱的阴影。现代矫正，需要准确定位罪犯劳动在罪犯矫正中的地位、性质、功能、作用和实践形态，发挥劳动作为矫正人、改造人的手段性效能，而不能无限扩大劳动的功效，把罪犯的改造等同于罪犯劳动。劳动是为整体的矫正目标服务的，其仅仅作为一个矫正罪犯的手段，而不是目的。①虽然在监狱矫正的理论研究上已经有很多矫正方法，如心理矫治、人文主义矫正观、文化主义矫正观、个案主义矫正观、矫正回归主义思想等②，但在罪犯矫正实践中，劳动矫正仍然是最主要的手段。

循证矫正下，罪犯的个体需要与其人身危险性评估因素是矫正方案选择的重要依据，因此，更加强调矫正手段的多元化。同样的矫正手段对监禁刑的罪犯与非监禁刑的罪犯所表现出的作用不同。如，通过认知行为疗法可以有效矫正非监禁基础上的性犯罪者。试验证明，在监狱外的医院或者其他居住环境通过认知行为疗法治疗性犯罪对于减少性犯罪者再犯非常有效。同时，循证矫正中也常常在单一矫正手段无效的情况下，结合其他矫正手段达到最佳效果，如对于毒品罪犯，毒品治疗与尿检测试的混合成为减少毒品犯罪行为的最佳矫正方案。

可见，在我国，传统的劳动改造罪犯已经成为亟待解决的问题，而当前各地监狱的试点改革也在探索改造的方法，但大多没有脱离“劳动”的怪圈。在以“再犯率”为评价标准的监狱考核中，很多地方还将“就业保障”作为重头戏。循证矫正以“犯因性”为着眼点，而当今社会犯罪原因的复杂化要求我们重视

① 刘保民、张庆斌：《论回归社会为导向的教育矫正刑》，河南警官职业学院学报，2010年第3期。

② 连春亮：《罪犯改造：由同质主义到理性多元化》，河南大学学报（社会科学版），2010年第3期。

犯因性需求，融合多方面的学科知识与矫正手段对罪犯进行矫正，达到矫正效果的最佳化。

3. 我国矫正过程的流程化与循证矫正过程的证据化

很多地方监狱都建立了“罪犯改造流程图”，将罪犯入监阶段、矫治阶段、出监阶段、刑满释放与社会帮教、改造质量跟踪调查等五部分的内容用图表的形式表现出来，用以指导教育改造工作。有些地方监狱制定了“一人一策”的改造罪犯工作指引，分为罪犯入监评估、改造对策、改造方案、跟踪反馈、调整修正、出监评估六个流程，进行工作分解和任务分配。在入监评估阶段，根据罪犯基本情况、服刑能力和心理测试评估进行初步评估，然后在初步评估的基础上，结合劳动能力、入监改造表现进行综合评估，根据教育改造难度分为三个级别。在改造对策阶段，根据罪犯入监评估的不同级别，制定不同监管对策、教育对策和身心疾病防治对策。根据改造对策，由警察主导，罪犯参与，制订切实可行的改造方案。在改造方案实施的过程中，跟踪反馈改造方案的效果，并根据改造表现进行等级调整。在调整修正阶段，根据改造效果、改造对策和改造方案进行调整。在出监评估阶段，做好罪犯危险性评估，为社会无缝对接做好基础工作。在社区矫正中，社区矫正流程图更是遍地开花，几乎在全国只要存在社区矫正的地方都会有一套大同小异的流程图。在笔者曾经走访过的社区矫正中，最为典型也曾被称为“样本”的江苏宜兴方圆帮教中心，社区矫正机构从日常接收、监督管理、教育矫治、考核奖惩和期满解矫等五个环节入手，全面推行“无缝衔接”的管理模式，把好入矫关，规范入矫程序，做好“四书”签订，确保不漏接一人，接矫手续完备，接收率100%。增强矫正对象在思想上的入矫改造意识，积极开展心理矫治和风险评估工作，编写了《从心开始》心理健康知识读本，普及心理健康知识教育。通过建立管理等级，制订因人制宜科学合理的矫正方案。率先在无锡地区建立了社区矫正移动信息管理平台，做到“网上能知，网下能控”，“周闻其声、月见其人”，坚持“六个必须”，即每月必须与矫正对象见一次面、必须进行一次教育、必须上门走访、必须建立工作档案、矫正对象思想波动时必须过问、矫正对象本人及家庭出现困难时必须在政策范围内帮助解决。

我们从这些矫正流程中不难看到，与循证矫正相比较，突出地体现在后者强调的是在矫正过程中的“证据”，而我国的矫正流程很难看到“证据”的信息，充斥着的是“流程”中的标准、考核、量表诸如此类。因此，在我国注重矫正流程的情况下，在“犯因性”需求被覆盖在流程中的情况下，矫正流程无论是否科学合理都成为一种形式，与循证矫正中重“证据”而寻找最佳方案获得最佳效果不可同日而语。

4. 我国矫正关系的等级化与循证矫正关系的平等化

在我国，无论是在监狱还是社区矫正机构，对罪犯而言，他们是绝对的管理者和控制者，他们的权力对象就是罪犯，这似乎没有什么不妥。但这种强调高压控制、重权力向罪犯传达的传统矫正关系，使平等的观念与缓和的矫正手段显得微不足道。西方国家早有具体项目，即军训式矫正中心能够降低重犯率，而后的实验结果表明采用军训式的、操练式的、仪式化的训练营能够减少再犯是没有依据的。在社区矫正机构中，工作人员常常慨叹自己手中权力太小，矫正对象对其置之不理，没有办法解决。在这种控制被控制的矫正关系中，呈现出明显的等级化，即监狱或社区矫正机构是上级，罪犯是绝对的下级；矫正管理者是命令的发布者，罪犯是被动的接受者。矫正关系的等级化色彩浓厚，直接影响的是矫正对象的积极性，从而影响矫正效果。

在循证矫正中，矫正手段轻缓化，要求矫正的工作人员作为管理主体角色相应作出变化，其担当治疗人员，而视罪犯为“病人”，他们之间是一种相对平等的主体之间的关系。尤其是对社区矫正而言，“缓刑官员由监督人、监视人、法庭命令人转向教师、变革代理人以及学术界和矫正从业人员之间协同卓有成效的协同人员”[①]。在循证矫正模式下，矫正对象是主体，其积极地参与到矫正中来，与相关人员一起做出最佳的矫正方案，这个过程中，矫正对象的积极性和主动性都大大提高，从而保证了矫正效果的最佳，也才能从根本上提高矫正质量，减少再犯。可见，我国等级化的矫正关系与平等化的循证矫正关系是观念上的不同，而观念的转变非一朝一夕之事。

当然，循证矫正非尽善尽美，其可能过分重视证据而僵化实践、方法规定证据的等级、不顾个体差异的还原、科学价值凌驾于人文价值之上等缺陷也是不容

① Stephen D. Howell，Evidence based practicein community corrections：The british columbia experience：5.

忽视的。[1] 当下我国的监狱与社区矫正都在进行改革创新，循证矫正为改革注入了新的思想观念和模式，但我国固有的传统矫正模式和矫正观念要在短时间内得到转变或更新非口头言语或理论研究所能及的。况且，传统的、本土化的矫正对罪犯回归社会也有着旺盛的生命力。因此，循证矫正作为一种方法论的意义更大，循证矫正足以让我们反思我国矫正是否科学、是否有效、是否系统。作为现代科学精神对矫正领域的渗透，为我国罪犯矫正工作带来了一场方法论的革命，借鉴循证矫正的理念和适当方法，对提高我国罪犯矫正质量，有效降低重新犯罪率具有重要意义。

（四）我国循证社区矫正制度的构建

江苏省是最早在监狱实行循证矫正的试点，社区矫正作为循证矫正重要的一部分，在未来将会把循证社区矫正这种全新的理念、方法、技术引入试点，使其迅速成长并逐渐发展成熟，这是我国社区矫正发展的必然趋势。因此，有必要构建我国社区矫正在具体工作中运用循证的理念与方法，准确把握循证社区矫正的过程或是环节。

1. 循证社区矫正对象确定

在具体的矫正活动中，矫正工作者首先要确定矫正对象，循证社区矫正是一项科学严谨并且非常专业的矫正活动，确定矫正哪些对象是高风险人群，矫正资源主要投放在哪些矫正对象上，则必须遵循确定矫正对象的原则与方法。

首先，要遵循目标干预原则，确定矫正对象的原则要根据第三章所讲的目标干预原则中的风险因素，选用科学的评估工具，根据评估结果对不同风险级别的矫正对象实行差别干预，集中对高风险矫正对象实施干预方案，较小资源地投入风险级别低的矫正对象上。根据美国学者 Andrews 与 Bonta 的研究，矫治强度需要与罪犯的危险性相适应。美国矫正协会对过去 15 年来近 800 个研究报告通过元分析的统计方法得出的结论是，对高度风险的罪犯使用干预是有益的，但是，对低度罪犯过分地干预是具有副作用的，85% 的干预项目适用于高度风险的罪犯，可以降低再犯率的 11%，而适用于低度风险罪犯时，干预项目只能降低累犯比率的 2%。

其次，坚持响应度，将矫正方向、目标对象、矫正条件高度匹配。矫正的方

[1] 杨文登：《循证实践，一种新的实践形态》，自然辩证法研究，2010 年第 4 期。

向是由风险因素决定的，而具体方向是管制犯、假释犯、缓刑犯、监外执行的罪犯，在这些罪犯中哪一类型罪犯较多，是盗窃、轻伤害还是毒品犯罪，采用何种矫正方案或是方法，是集中教育还是个别心理咨询，甚是特殊治疗心理疾病则取决于目标对象和矫正条件。从目标资源来讲，主要看每类罪犯的总量，什么样的罪犯的问题最严重，涉及范围广。每个地区经济条件不同，矫正的资源分布不均匀，矫正的条件也差距很大，从本地的现实出发，发挥本地的优势，多方面考虑：人员的结构与分布，人员的专业结构与优势，场地，设备。综上所述，矫正方向、目标对象、矫正条件相协调，相适应，才能达到理想的矫正效果。其中，矫正条件起到关键性的作用，在以后的发展中，国家会给予更多支持。

然后，在遵循确定矫正对象原则的基础下，把握筛选矫正对象的具体方法也是非常关键的一个步骤。筛选矫正对象时，矫正工作人员可以应用最基本的方法进行筛选，其中包括观察法、档案法、测量、访谈的等方式。例如，矫正工作人员可以通过搜集与研究有关矫正对象行为与心理相关的各种文献资料，内容多种多样，有利于矫正工作人员全面把握罪犯的个人情况与特点；访谈法，矫正工作者通过与矫正对象面对面交流的方式直接获取矫正对象的信息资料。访谈法的优势在于适用于大部分矫正对象，因为访谈的方式简单、灵活，方便各种文化层次的矫正对象。当基本的方法可以筛选出矫正对象时，用基本的筛选方法，否则作出进一步的补充调查分析。

2. 矫正对象问题的界定

提出问题比解决问题更重要，明确矫正对象的问题，是矫正工作者在矫正过程中的关键内容与主要任务。矫正对象的问题，简单地说是有可能导致重新犯罪的矛盾与问题，而这些矛盾与问题是必须要解决的。界定了矫正对象的问题，矫正工作才能顺利进行，做到有的放矢，保证矫正效果。

矫正对象问题的性质区分，大体上从三个方面分析与归类。一是矫正对象关键性问题，犯因性需求，矫正对象的个人缺陷问题。如前章所述，国外通常将其分为 8 个方面的内容，而我国如何区分则要看我国社区矫正人员的特点。我国吴宗宪教授曾把犯因性需求具体归纳为 5 个方面：犯因性生理因素、犯因性心理因素、犯因性行为因素、犯因性认识缺陷、犯因性反应方式。在具体实践中，可以借鉴国外的 8 个方面，补充犯因性 5 个方面，将其本地化，不断完善认识体系。

二是把握影响矫正过程中突发性质的问题，主要是指那些影响罪犯思想情绪稳定的核心问题或重要生活事件等。例如，配偶提出离婚、重要成员病逝或犯罪、意外丧生以及面临拆迁、析产、继承等。这些问题如果不及时解决可能影响到整个矫正过程，甚至再次引起犯罪。三是纵向把握影响矫正对象的发展问题，也就是在未来影响其发展需求的问题。通过了解其生活史、成长史、犯罪史，挖掘其在3岁、5岁以及青春期等关键年龄阶段在安全、爱、自尊等关键要素方面的状况与缺失，挖掘其内心的成长成才愿望，以便在之后的矫正活动中予以关注和支持，使之得以一定程度的满足，并在这一过程中解开心结、释放积怨、弥补缺失、增强自信，为目标问题的解决提供动力。

三类性质的问题要通过不同的方法来界定与评估。犯因性需求与发展的问题可以通过一些量表的方法测量，并与其他手段综合分析。目前我国没有开发出循证矫正的量表，但是我国可以借鉴国外的量表，如采用加拿大《矫正需要评估表》、美国的《心理问题内容量表》，各省自行开发的相关量表如江苏的《XRX/WXRX》（心理认知行为量表）量表等可进行辅助性的分析。根据量表的结果，结合罪犯的家庭，以及成长教育、社会活动、服刑表现等情况进一步掌握矫正对象的犯因性需求和影响其发展的问题，细化确定矫正的内容。通过这些过程，矫正工作者逐渐把握每个矫正对象问题的不同深度与程度，而相继分配不同的矫正方案。

3. 检索、鉴定、运用证据

根据矫正对象的问题“对症下药”是循证社区矫正的关键的一步。如何做到对症下药？就是要采取适合矫正对象的措施或是项目。这个环节主要是如何运用证据，主要包括证据的搜索、证据的鉴定、证据的运用三个部分。①

首先，证据的搜索。根据矫正对象的需要而展开的“项目矫正”在西方矫正领域获得迅速发展，并由此推动了循证矫正的发展。②检索解决矫正对象的犯因性问题及矫正需要的矫正证据，如以“××类罪犯矫正项目”“××型矫正案例”等关键信息搜索，大量搜集针对矫正对象问题的证据。搜索的范围可以是世界各

① Kim Walker, Why evidence-based practice now?: a polemic, Nursing Inquiry, 2003, pp.145-155.

② 翟中东：《国际视域下的重新犯罪防治政策》，北京大学出版社2010年版，第262页。

地的信息，借鉴西方发达国家的文献、专著、期刊资料、未公开发表的学术会议资料，国际互联网相关专业资料，国际循证矫正协作网矫正证据库等。我国社区矫正机构可以建立自己的信息平台，建立循证矫正证据库。

其次，证据的鉴定。检索出来的证据众多，并且是未过滤证据，也就说这些证据是一些原始的、传统的证据资源，是没有经过评估、筛选的，证据的质量是良莠不齐的，需要矫正工作人员梳理、归类，即证据的鉴定。在检索证据时，是以一定有关矫正对象问题为关键词、主题进行搜索，搜索的证据虽然大致与矫正对象的症状相关，但是证据与检索的问题相关度有近有远，质量有高有低，将具有一定借鉴意义的、相近的证据留下来，作为第一次筛选的证据，相差甚远的证据就果断放弃。第一次筛选的证据虽然有一定的借鉴与参考，但是证据的效用不是同等的。关键是要考查证据相似度或相配度。当前矫正对象的基本情况、性格、文化程度、动机、风险级别等与检索的证据中哪些是相似的，是局部相似还是整体相似，这体现了第一次筛选证据的对症性强弱，是第二次的筛选。在此基础上进行第三次的筛选，随机对照试验、元分析、系统综述等证据级别最高，准试验研究、相关研究、质化研究获得的证据次之，而传统意义上最为重要的专家意见、个人经验的级别最低。[①]这就是所谓证据分级评价体系，这种证据分级评价体系是根据证据采取的方法的严格程度来分级的，是指对证据的质量、有效性以及指导价值进行的高低分级的标准体系。[②]证据分级评价体系建立在科学的方法上，简便实用，证据的分级可以详见表 5-1。

表 5-1　证据的分级

级别		内容
一级	最高	建立在全部随机对照研究上的系统评价 / 元分析结果
二级	高	单个大样本的随机对照研究结果
三级	中	非随机的对照研究结果
四级	低	无对照研究或观察性研究结果
五级	最低	专家意见个案报表

① 杨文登、叶浩生：《循证心理治疗》，心理科学，2010 年第 2 期。

② 周勇：《循证矫正的理念、方法与价值》，中国司法，2013 年第 7 期。

挑选级别高的证据，而证据的级别体现了其科学性的强弱，故挑选等级越高的证据其效力也就越大，如果没有更高级别的证据，才能选择下一级的证据。值得注意的是，每一次筛选的顺序是不能颠倒的，否则有可能遗漏有效的证据。

再次，证据的使用需要考虑多方面的因素，才能让筛选出来的证据发挥作用。虽然已经鉴定了证据的对症性的强弱，但在运用证据过程中要区分共性与特性，症状也许是某类人群的，所以要进一步研究矫正对象的特殊性。并且不同矫正对象的症状其诱发的原因是不同的，同样是暴力行为，可能是侵财型的，也可能是防御型的，或是激情型，或预谋型的。同一个证据的运用，面对性格、文化、经历可能有很大不同的个体，也必须做到因人而异。值得一提的是，证据的使用一定要与现实资源相符合。

4. 制订矫正方案

在证据搜索、鉴定证据结束后，要制订具体的矫正方案。首先矫正工作人员要设定矫正总体目标与阶段性目标。总体目标就是要消除或降低重新犯罪率，解决罪犯犯因性问题。如果矫正对象的犯因性问题很多，可以分主要与次要问题、先重后轻，分阶段处理。阶段性目标与总体目标不同，它是将总体目标的实现分为若干阶段，递进式完成总体目标。其次，在上一个环节筛选的最佳证据的基础上，评估这个证据是否能“迁移”到具体的方案中来：这个证据是否有效的矫正了矫正对象的犯因性问题，是否存在潜在副作用或危险；资料提供是否可靠严谨。然后，为矫正对象设定、安排矫正内容。这是制订矫正方案的核心部分，证据具体适用的集中体现。

为矫正对象安排矫正内容，要把总体时间计划好，主要决定于矫正对象、矫正目标、矫正问题的具体情况，按照干预程度与风险原则相适应的原则，确定矫正时间的长度、密度（总的次数）和内容。矫正内容具体分为集体矫正内容与个体问题矫正内容。集体矫正内容是针对矫正对象共性矫正需要，精心设计矫正内容、方式，遵循由浅入深的规律、有计划的实施。其中认知行为疗法是一个常用的基本内容之一，可以配合其他有效矫正方式治疗。[①]我国社会处于社会转型期，

① R. J. DeRubeis，J. D. Amsterdam，J. P. O’Reardon，P. R. Young，Cognitive therapy versus medications：Acutetreatment of severe depression，Symposium conductedat theannual Meeting of the American Psychology Assiociation，2004，p.25.

就业压力较大，矫正对象现在更需要解决的是生存的问题，当下职业与技能培训应该列入矫正内容当中。个体问题包括经过前期认真分析所掌握的每一个矫正对象个性的问题，还包括在实施集体矫正活动中所暴露的问题。要遵循前面所述八项基本原则，在对每一个个体的重要问题分析的基础上，结合个人性格、文化、爱好等列出单个矫正对象独特的影响因素，制定相应的矫正措施，并根据风险/需要的改变，调整与修改矫正方案，满足既定目标。

矫正活动的具体安排包括每次活动的时间、地点、实施矫正人员、活动的目的、内容与要求、小结要求、作业、反馈安排等。每一次的矫正活动要安排合理，综合考虑矫正机构的安排、矫正对象意愿以及矫正工作者的情况等，充分利用现有资源，以到达预期目标。

5. 矫正效果的评估

矫正活动要取得预期的效果，随时监控措施的效果并对方案予以相应调整与完善。在循证社区矫正中，所有的矫正行为是立足于科学评估的基础上的，不仅矫正活动结束后需要系统评估，而且过程中要及时评估。

及时评估作为总体评估的基础，虽然不像总体评估那样系统，但是要求矫正工作者拥有敏锐观的察力、精确的判断力、灵活的应变能力等，随时掌握意外的变量。① 对于一般性质的矫正活动及时评估，矫正工作者可以灵活处置，但在重要的环节与问题时可以与自己团队沟通交流，以便信息共享。在矫正活动现场时，矫正工作者应该以包容、真诚的态度来了解与征询，启发、引导、鼓励矫正对象说实话，而不能在表情、言语、体态上有倾向期待，更不能有暗示性质的表态，防止矫正对象投其所好，不能保证评估的真实性、客观性。另外，矫正过程中，矫正对象每天正常生活、学习，一旦发生了足以影响正常生活与学习的意外，这些意外是循证社区矫正中不能预先估计到的。应从第二次起观察与上一次的变化与不同，如果有异常情况，及时评估其对矫正效果的影响，并帮助矫正对象妥善处理、平稳度过，同时记载下来此类事件，作为证据体系的内容。

矫正活动结束后，需要总体性的评估，内容主要包括矫正对象的个人表现与成本效益的评估。从横向全面汇总矫正对象的个人情况，这些包括自我评价、他人评价（矫正工作者、心理咨询师、罪犯与矫正对象、亲属朋友等的评价）、

① 周晓璐：《心理治疗循证实践研究》，湖南师范大学心理学硕士论文2009，第60页。

测量的前后对比情况；结合矫正实施方案过程的记录，对整个过程纵向性分析总结，得出结果；纵横结合，存异取同，对矫正活动作出系统性、整体性的综合评估。成本效益的评估是对矫正活动的人力、财力、时间投入等进行评估统计，为今后对比分析和降低成本提供参考。“矫正对象改造是一个系统工程，对其质量的评定必须作为一个系统工作来考核，标准的要素要按照系统论的要求进行构建，才能科学地评定矫正对象改造的绩效。”① 而在循证社区矫正初期，成本投入会很高，但随着矫正模式逐渐成熟、专制队伍的建设壮大、各项保障服务与技术环节的成熟与标准化，成本会逐渐下降。

6. 我国循证社区相关配套措施

我国顺利地构建循证社区矫正这一制度，还需要相关的配套措施来辅助。循证社区矫正是一项非常系统的矫正工程，需要有专业的循证人员的参与，财政的支持，建立属于我国的数据库。

（1）建立循证矫正管理模式。

社区矫正过程中，规范化的管理是一个系统的工程，关系到矫正主体的各个方面，循证矫正的过程管理十分重要，直接影响着循证社区矫正的进度与质量。循证社区矫正行为由四个矫正主体实施，有必要说明如何管理矫正主体。第一，对矫正对象的管理。制定参与矫正活动的规则与纪律，对积极行为进行表彰肯定，宣示违规的后果以起到警示作用，对违规的不良行为及时采取保密的处罚以在维护纪律同时照顾其自尊心。第二，对矫正工作者行为的管理。事前组织矫正工作者业务培训与考核，检查矫正工作者工作要求是否达标、是否滥用、该用或不用相关量表的情况。第三，对研究者的管理。组织相关专家在研究证据的基础上制定相关的治疗手册、指南、标准；财政资助促使研究者解决急需的问题，鼓励研究者发表相关著作等。第四，对各级管理者的管理。主要针对各种政策的执行情况、各级管理者是否尽职、协调解决资源经费等问题进行管理；制订对一线矫正工作者的绩效评估方法；兑现阶段性奖励政策。

矫正进度与质量管理。监控与把握矫正整个过程，从而有效地进行管理。通过谈话、量表、汇总资料等方式考核是否按照矫正方案的计划进度落实矫正措施；对阶段性的矫正效果进行初步评估并适时提出方案的调整意见，对最终效果进行

① 张庆斌：《循证矫正与矫正质量评估比较研究》，犯罪与改造研究，2012 年第 12 期。

评估；比较同一项目内不同矫正对象的效果差异并分析原因、总结经验；适时按照制度落实奖励与处罚措施等。以上检查与评估情况应该向项目相关的工作人员及时反馈，推动信息共享，有利于调整优化，发挥了激励促进作用。从矫正活动开始到结束，按照及时、准确、规范、科学的原则对第一手资料收集、整理、归类、记载与积累。要对档案实施管理，建立电子档案，如果建立电子档案的条件暂时不具备时可以制作纸质材料，等条件允许时再转成电子档案。

衔接管理，一般是指监狱与社区之间就面临释放的矫正对象循证矫正情况的交接事宜的管理。对于刑期将满或即将假释的罪犯，监狱应将对其开展的循证矫正及其他矫正活动的相关资料全部整理归档，实施系统地出监评估并备好报告，提前 1 ～ 3 个月主动与罪犯落户地的司法行政（司法所及社区矫正）部门联系安置、帮教或社区矫正事宜，协助解决人际关系、居住房屋等方面的问题，具体商定出监时的接送事宜等。如果监狱与各地社区矫正部门、司法行政部门实现了信息联网，可在罪犯释放或假释时，按照有关规定将相关循证矫正的电子档案复制给相关部门，实现信息资源共享，便于推进后续矫正工作的开展，巩固矫正效果。

（2）创建本土化证据。

循证的方法刚刚引入矫正领域，现在还没有形成证据数据库，而现有社区矫正可以借鉴国外的方法，管理者可以组织相关学者翻译相关的文献供矫正工作者参考。我国社区矫正从 2003 年试点以来已经发展了 10 年，各地也探索了各种矫正模式，可以从这些年的试点经验中总结我国循证社区矫正的研究证据，创造我国本土化的证据。第一，进行高质量、高效果的原创性研究。研究者应掌握高质量的研究方法与手段，针对矫正对象犯因性需求多的因素，开展大样本、多中心、随机、对照组的 RCT 研究，确定能够解决犯因性需求的最佳证据。第二，引进并修订国外相关的最佳研究证据。这是相对容易、快捷的创造证据的方法。中外尽管存在文化差异，但是大部分的犯因性问题是相同。例如，英国通过项目认证制度，排除那些矫正无效的项目，提高矫正质量。根据项目认证专家组报告，2000—2001 年度通过的认证矫正项目包括“理性化矫正项目”“强化的思维技能项目”“思维第一”“滥用毒品罪犯矫治项目”等。中国研究者完全可以直接利用这些研究证据，或对这些证据进行修订，以中国人为矫正对象进行跨文化验证，以确定矫正效果，验证能否降低重新犯罪率。第三，制订矫正手册与指南。

研究者们可以根据具体的矫正过程针对我国矫正对象制订合适的、详细的矫正手册，将矫正方案标准化。同时，对一些已经通过广泛的、长期验证的、具有良好效果的矫正方案或项目，可以在管理者的协助下制订矫正过程的指南，分发给矫正工作者作为证据使用。

我国司法部2007年提出了“专家库、案例库和标准库”的“三库”建设工作目标。借此，我们可以从循证矫正模式构建的视角重新审视，将其定位为“循证矫正”模式下的“数据库”的建设，并进行与时俱进的、“循证矫正”模式构建语境下的深化与完善。[①]

（3）培养循证从业者。

在过去很长一段时间，中国的社区矫正工作者收入水平低，素质也不太高，甚至一些人没有经过充分培训便上岗，大大影响了矫正的效果。我国可以模仿“研究者—实践者”的模式，开创一种循证社区矫正工作者的模式。这种模式是同时培养矫正工作者的科研能力与实践能力，在此基础上发挥其个人优势，重点培养他们优势能力。研究者的培养，首先让他们从封闭的象牙塔走出来，与实践者合作，共同研究与解决实践中亟待解决的问题。借鉴国外的理论的同时，要对比分析我国与国外的现实背景与制度差异，作出我国使用此方法的可行性分析，逐步构建我国研究证据及最佳的实践矫正方案。实践者是社区矫正工作一线人员，应具有较强的综合素质，属于复合型人才，对于他们的培养重点是要加强他们搜集证据、研究与评价证据、判定最佳证据的能力，通过示范经典案例的方式加强这方面能力的提高。[②]管理者为研究者与实践者之间搭建沟通的桥梁，起着无法取代的作用。培养管理者循证管理的能力，不光是要求他们具有运用现代管理手段的能力，而且要求他们拥有先进合作、互助的管理理念，协调好各方之间的关系。还可以从一线实践者中选拔管理人才，为循证管理者储备人才力量。为研究者与实践者创造良好的基础性条件：数据库、信息平台，创建循证社区矫正过程的指南。[③]

---

① 朱洪祥：《基于循证实践理念的罪犯个别化矫治教育逻辑范式重构》，犯罪与改造研究，2012年第10期。

② 姜金兵、桑先军：《循证矫正在社区矫正工作中运用的思考》，犯罪与改造研究，2013年第3期。

③ 杨文登：《循证心理治疗》，商务印书馆2012年版，第24页。

（4）加强经费投入。

循证社区矫正在初期需要大量的人力、物力、财力的投入，为实现改变矫正对象的认知与行为，消除或降低其人身危险性，降低再犯率的目标。循证社区矫正建设中，离不开各级领导的重视与支持，这是循证矫正工作顺利进行的首要条件。设立专门循证社区矫正的经费，购置先进的电子设备与软件，建立全国信息网络，并扩大信息交流平台，实现信息快速交流、最新证据的快速更新，使实践者能够快速地获得信息，并能参与经验与信息的交流互动，甚至实现类似于视频会诊式的力量联动，达到针对个别矫正对象问题可以通过信息技术多方参与。同时，在网上建立个体矫正对象矫正的动态轨迹记录及数据库的建设，需要大容量信息平台的支撑，才能实现矫正对象个体信息资源、事件处理、矫正方案与经验的分享，所以要建立起省、市、县信息联网。信息平台需要技术的支撑，研发适应循证社区矫正模式需求的应用软件，实现对数据的动态监测和信息的及时采集，为整个矫正工作的决策、研究、实践提供零时差的有力支持。另外政府应支持研究者的各项研究，奖励科研成果，促进循证社区矫正的研究。社区矫正工作经费要纳入地方各级财政预算，不同地区的经济发展差异很大，可以允许发达地区帮助欠发达地区。可以拓宽社区矫正工作的经费来源渠道，以政府财政为主，接受社会的募捐为辅，确保经费的稳定。

三、以优势视角的社区矫正中罪犯矫正主体地位的回归①

（一）当前社区矫正中的问题

问题视角和优势视角是社会工作领域两种不同的模式。问题视角以问题为核心，社会工作者针对案主的问题，制订计划和解决方案。在问题视角下，案主与社会工作者的地位是不平等的，社会工作者处于权威者的地位，案主则被视为是有缺陷的、病态的、无能的。问题视角模式以问题为切入点，当专注于发现案主的问题时，案主身上暴露出的缺点必然会越来越多，旧的问题或许还没有解决，新的问题就出现了。在描述案主的问题时，势必会采用比较压抑的语言。久而久之，不仅案主会形成消极的自我认同，周围人也会因案主被标签化而难以对案主表示认同。这种情况下，案主很可能会自暴自弃，甚至产生逆反心理，不仅不改

---

① 此处内容参见燕山大学文法学院硕士生田青同学的硕士毕业论文。

正缺点，反而做出更多与社会价值观相违背的事情。问题视角重视环境中的不利因素，但是许多环境问题是社会问题，有的是长期性问题，不是社工能解决的。而且改变环境的难度较大。相对而言，利用环境的现有资源就比较容易。我们应当认识到，在这个矛盾的世界中，问题不是生活的全部，一切都是对立统一的，所以，案主一定拥有与问题相对的优势，优势视角模式应运而生。

1. 外因是通过内因起作用的，内因是事物发展的根本原因

社区矫正对象进行矫正的内在动力作为内因，对社区矫正工作能否达到理想效果发挥着至关重要的作用。在目前的社区矫正工作中，因为矫正对象的内在动力不足，所以矫正对象往往是被动接受矫正，没有充分发挥主观能动性甚至产生逆反心理，这严重影响矫正过程和矫正效果。例如：

案例一：矫正对象 L 因交通肇事罪而被判处缓刑，因其悔罪态度良好，而得到亲友、邻里和被害人的谅解和支持。然而，沉重的负罪感却使她难以打开心门，在访谈中，她反复提及自己是罪人、犯过错误的人，情绪一度失控："家人和朋友对我很好，也没有人歧视我，可我就是过不了自己这关。现在我每天就想安安静静地待在家里，哪也不去……以前的生意也懒得做了。"

案例二：矫正对象 W 曾经是某国企的干部，因犯盗窃罪被单位开除，在支付了巨额的赔偿后，生活一下子拮据起来。即使如此，他仍然保持着虚幻的"优越感"，不肯屈就"不好"的工作："我以前是国企里的正式工，大小还是个头头，一辈子都没干过重活，现在 40 多岁了，还犯过错误，正经点的单位哪乐意要我啊？可难道让我去工地上扛大包么？我可干不了那个，不够丢人的。……现在不是都说要帮助我们这样的吗，检察院能不能帮我找份工作？就找那种比较轻松的钱还不能太少的活。"

在目前的社区矫正实践中，矫正工作者根据个人经验决定如何利用资源，矫正方案一般是由矫正工作者来决定的，被矫正对象只是承受者、接受者。这实质上剥夺了矫正对象的主体性地位，而使矫正对象处于矫正客体的地位。问题视角下，矫正对象是社会化失败的载体，矫正工作者与矫正对象处于不平等的位置，权利义务的差异和地位的悬殊，导致矫正对象更加被动、消极地解决问题，矫正动机降低。长此以往，矫正对象会越来越自卑、内向，甚至产生逆反心理。我国学者朱智贤关于逆反心理的解释是："逆反心理是客观要求与主

观需要不相符合时所表现出的强烈抵触情绪。”矫正对象的被动性不利于其成功再社会化。

在社区矫正工作中，矫正工作者与矫正对象是主客体关系。其中，矫正工作者是监督者、命令者、惩罚者，而矫正对象是被监督者、服从命令者、被惩罚者。矫正对象被认为是有问题的、存在缺陷的，矫正工作者对矫正对象进行矫正，处于权威者的地位。因此，矫正的标准是否达到、矫正对象是否悔过、矫正措施是否合适等内容都是由矫正工作者决定的，而矫正对象只能被动接受约束，按照矫正工作者的命令进行矫正，否则就要受到矫正工作者的惩罚。因此，双方地位不平等。实现对矫正对象的惩罚和改造是社区矫正的目的，为实现这个目的，矫正工作者把矫正对象作为实现该目的的手段。显而易见，矫正工作者拥有了矫正主体性地位，矫正对象如同客体，只能服从矫正工作者的命令。罪犯的主体性权利与义务被客体化为服从，主体的积极性、主动性微弱，更无创造性可言。

矫正对象对矫正工作者的工作满意度对其悔罪程度有显著影响，表示满意矫正工作者的矫正对象比不满意者悔罪程度更高。双方的不平等性，导致在矫正中缺少交流与合作，矫正工作者难以做到对矫正对象情况的全面了解，也很难制定出符合矫正对象特点的矫正方案。而矫正对象的知情权、选择权和参与权被削弱甚至是剥夺。矫正对象只能被动接受矫正，缺乏矫正的内在动力，很难发挥主观能动性。这必然影响矫正对象对矫正工作者的满意度，进而影响社区矫正的效果。不平等性导致社区矫正的双方很难达成共识。一方是“掌权者”，另一方是“被施加者”，双方都不会换位思考。“掌权者”独自施压，“被施加者”无奈承受。矫正工作的双方缺少沟通和理解，难以产生共鸣，更加不会一起找到合适的矫正方法。此时，即使矫正对象服从矫正工作者，更多的是不得已而为之，目的是能够早日解矫。

2. 标签效应下矫正对象的不良反应

社区矫正作为刑罚的执行方式之一，已经被载入刑法修正案与《刑事诉讼法》，适用对象包括被判处管制、缓刑、假释、暂予监外执行的人员。也就是说，社区矫正对象属于“罪犯”。“罪犯”这一身份如同标签贴在矫正对象身上，这必然会对矫正对象产生重要影响。塞里格曼曾用一个实验印证“标签效应”，他在一个大笼子里用一排矮栅栏隔断成两个小笼子，一个有电击，一个没有。将狗放入有电击的笼子中电击它以期望它逃出那个有电击的笼子。但狗被电击后只会在原地一动不动，并不会做任何挣扎。原来狗在此之前已经接受过多次电击，再怎么努力也逃不脱电击的经历，逐渐使狗形成了“习得性无助”特性。这被运用到人类身上，对现实的无可奈何形成这种“习得性无助”的人格特质，阻碍他们真正解决自己的问题。并且，消极的自我认同会产生许多不良反应，当矫正对象认同自己的问题时，不知不觉会把自己推向“恶”的一方，继而产生越轨行为。犯罪行为本身并不必然能引起行为人的再次越轨行为，但当我们用问题视角开始审视矫正对象时，就开始了贴标签的过程，当矫正对象对自我病态的标签产生认同时，会由原来的初次越轨行为变成继发越轨行为。这也就是为什么经历监狱矫正后的犯罪人，累犯惯犯的现象屡见不鲜的原因。Paulo Freier（1996）许多年来一直认为，压迫者的观点和希望对受压者有着离奇的、难以缓解的影响，在这些曾经被视为奇怪的观点之下，受压迫者开始在他们知识和理解方面屈从于让他们痛苦的人。这种负面的诊断标签就必然会成为矫正对象的“主要身份”，久而久之这种角色标签可能会使他们形成一种角色期望，极有可能会按照社会赋予的角色去消极地行动。

矫正工作者作为矫正对象的直接接触者，其对矫正对象的看法对矫正对象对待矫正的态度有重要影响。如何矫正罪犯，自然要对其过去进行解剖，因此，矫正活动围绕着矫正对象的已然犯罪，进行各种过去式挖掘，当不看好的过去呈现的时候，矫正工作者在意识中已经定格了这是一个什么样的人，而进行的矫正活动也是在这样一种感觉和情绪中进行。因此，矫正工作者在与矫正对象接触时，就会流露出这种感觉和情绪。这会影响矫正对象对自己矫正成功的信心，会导致其破罐子破摔，丧失矫正的内在动力。例如，矫正对象 W 在说到她与女儿的关系时，痛哭流涕：“我进去时，她才不到 10 岁，那么小的孩子突然妈妈就不见了（W 是孤儿，与丈夫离异后独自抚养女儿），他爸爸早不知道跑到哪去了，孩子就在几个亲戚间被送来送去，其他小朋友还笑话她是劳改犯的女儿，不愿意和她玩，她就这么寄人篱下、孤孤单单地长大了啊，没过上一天好日子。……是我这个当妈的对不起她，她不认我，我也能理解。”W 现在与妹妹住在一起，女儿只在逢年过节时来看看她，其他时候并不来往。亲人对待矫正对象尚且如此排斥，更何况是与矫正对象没有亲缘关系的社区群众了。社区群众与矫正对象生活在同一环境中，其对待矫正对象的态度对矫正对象的矫正信心有重要影响。矫正对象是生活在社区中的人，势必会受到周围人看法的影响。由于矫正对象是“罪犯”，社区群众很容易为矫正对象贴上不好的标签，认为矫正对象是“坏人”。这会增加矫正对象的痛苦，强化他们的挫败感。久而久之，矫正对象会对自己角色定位，因而丧失矫正成功的信心，失去改变的动力而自暴自弃，甚至产生逆反心理。因此，“罪犯”的标签对矫正对象产生蚕食效应，渐渐麻木矫正对象，使其形成消极的自我认同，甚至再犯罪。这就是标签效应下矫正对象产生的不良反应。

3. 问题解决的速度赶不上新问题增长的速度

问题是什么，问题是如何形成的，问题如何解决是人的惯常思维。虽然根据发现的问题探索解决途径具有一定的明确性和针对性，但是缺少全局性和系统性。每一个问题都不是独立的，它们是与矫正对象的生活环境、个人品格、先天条件等因素相关的。为解决问题而采用的方法是片面的，这个方法因解决问题而产生，它是有针对性的，但又是片面的、局部的。人的改变是各方面协调的结果，局部的相加不等于整体的协调。即使对不同的问题找到了不同的解决办法，但这些办法作用于矫正对象后产生的综合效果未必尽如人意，甚至可能产生新的问题。

在心理疾病防治方面也有这种现象，正如心理学家赛里格曼在美国心理学会 1998 年的年度报告中所提到的，现在心理学家们已经对至少 14 种 50 年前我们还无能为力的心理疾病研究出有效的治疗措施，同时对精神病患者的了解也大大增加了，但就在我们为心理学的这一成就欢呼的时候，我们发现这个世界患心理疾病的人数却也随着时间的推移而出现了成倍的增长。心理疾病人数的成倍增长说明我们不能依靠对问题的修补来寻找出路，在我们花费时间解决已有问题的同时，新问题不断出现，解决问题的速度远远赶不上新问题增长的速度。因此，我们必须将关注点转向人类的积极品质，并通过大力倡导这些积极方面来应对不断产生的问题。

4. 未充分利用社会力量参与社区矫正

中国当前法治模式主题仍然属于管制法制模式，公权力的管控还是占据主导地位，社会主体主动参与和监督的法制建设不足。社区矫正的重要特征之一是利用社会力量，节约司法资源。但是在现实的社区矫正中，矫正工作者缺乏对矫正对象周围环境资源的利用，未能充分发挥社会力量，导致不仅没能有效节约司法资源，而且会对矫正对象顺利再社会化产生不良影响。社区矫正工作者处于社区矫正工作的主导地位，采用保守的矫正方式，没有积极引导矫正对象周边力量，如家庭、单位、朋友、学校等力量的参与，尚未充分发掘环境资源，更加缺乏对环境资源的利用，只依靠矫正工作者的监管和教育，故导致对矫正对象的综合矫正效果不佳。例如：

案例一：矫正对象 Z 和 X 在犯罪前是秦皇岛市某职业中专的在校生，然而在犯罪事发，二人被投入看守所后，该中专立刻将他们开除，后来在二人回到社区服刑，又找到了原学校，表示希望能够继续学习时，却被拒绝。

案例二：未成年社区矫正对象 H 向笔者讲述了他的经历，“出了这件事（抢劫）后，原来的学校是肯定回不去了。我其实是还想上学的，我爸就带我去一所职高报名。副校长一听我是这种情况（仍在社区服刑），就很明确地告诉我，学校不要我这样的”。现在 H 正在一家熟人的美发店中做学徒。

如案例所述，矫正对象有上学的意向，但是因被学校拒之门外而缺乏相应的资源。相似的情况还有很多，例如，矫正对象想要安安分分生活，却不被原先所在单位接纳或找工作困难、不被家人接受等。这都是矫正工作者发掘环境资源不足的表现。不能为矫正对象提供充足的资源，很容易导致矫正对象在不被社会接受的情况下再次走上犯罪的道路。

从河北、山东、江西、云南、贵州、广州等地所调查的 7 个县（区、市）来看，当地的司法局或司法所担负的社区矫正工作开展的主要内容往往集中在登录社区矫正对象的电子档案信息和登记社区矫正对象思想汇报。由此可见，社区矫正工作方式缺乏多样化和针对性，并未重视对社会力量的利用。政府购买服务是充分利用社会力量参与社区矫正的重要措施。司法部副部长、党组成员刘振宇指出，要积极推进政府购买服务，进一步鼓励引导社会力量参与社区矫正工作。全国从事社区矫正工作的社会工作者 7.9 万人，社会志愿者 64.2 万人，让我国社会力量参与社区矫正工作取得了明显成效，但是还存在着制度不健全、政策不完善、规模范围小、人员力量不足等问题，与社区矫正工作全面推进的要求相比尚不适应。笔者查询了司法厅、司法局共 80 个网站，其中只发现上海市和广州市司法行政机关的网站有社工组织的相关链接。上海市司法行政机关链接的社工组织是新航服务总站，广州市在子网频道一栏中有尚善社工的链接，而其他 78 个司法行政网站均无与社工组织的相关链接。这在一定程度上表明了司法行政机关与社工组织的关系密切程度、对社工组织的重视程度以及社工组织的发展程度。可见，虽然各地正在加强对社会力量的利用，政策文件不断出台，但是在实践中，对社会力量的利用还有待贯彻落实。矫正管理者在制订社区矫正相关政策时对社会力量未足够重视，社区矫正吸收社会力量、利用社会资源顶层设计不足，导致社区矫正缺乏政策引导和制度保障。首先，社会治理理念有待转变。政府社会治理理念落后是不能充分调动社会力量参与社区矫正的重要原因。政府通过向民间组织购买服务，将矫正工作交予民间组织承办。政府和民间组织都有自主权，尤其是民间组织，虽然受雇于政府，但是具有自主经营权，能够独立实施矫正措施。但是政府在社会治理方面缺乏共治理念和契约精神，不会轻易“放权”，导致民间组织不能发挥所长，独立自主运作。其次，社会工作机构的发展尚不成熟。由于我国民间组织的力量弱小，很大程度上依附于政府，其建立、经费、经营等都依托于政府，使得本应具有独立地位的社工组织成为司法行政机关的附庸，例如某社区矫正服务中心。以政府购买服务的方式进行社区矫正仍有待完善和扩大使用。

（二）社区矫正引入优势视角的原因

中国社会最突出的时代特征就是“全面深化改革”，改革进入攻坚期和深水区，发展到了关键时期，其中风险挑战与治理机遇并存。[①] 若制度运行与利益保护之间无法协调，那么社会风险也会增加。在这样的大环境下，社区矫正制度在实施的过程中，应当重视平衡各方利益。例如，社区矫正作为行刑社会化的重要方式，可以节约司法资源，具有开放性的特点，有利于矫正对象的正常生活，但矫正对象具有很大的行动自由，具有一定的危害社会的风险。在该制度的运行过程中就需要平衡国家、社会和矫正对象的利益。社区矫正作为一个矫正系统，其重要特征之一是充分利用社会资源矫正。社会力量是该系统中不可或缺的部分。可见，降低社区矫正带来的风险，创造和利用开放的社区资源很重要。但是随着经济的发展以及社会结构的日益复杂，单一学科的发展已经难以应付多变的现实

① 贡太雷：《惩戒与人权中国社区矫正制度的法治理论》，法律出版社 2015 年版，第 91 页。

情况。当代科学研究，已经进入一个学科交叉与学科融合的大繁荣、大发展时期，“跨学科研究”已经成为学术界一个重要的研究范式。因此，笔者试图从社会工作的角度——优势视角研究社区矫正，促进社区矫正的顺利进行。社会工作是运用科学的知识和方法帮助有需要的个人、家庭或群体，以增进个人、群体乃至社会福祉为目标的职业活动。社区矫正与社会工作在理念、工作目标、功能、介入过程上具有高度的统一性，都是以人为本的社会发展理念的重要体现，这些使社会工作介入社区矫正成为可能。[①]

社会工作的优势视角自提出以来，它已经广泛应用在儿童福利、药物滥用、家庭服务与老人服务当中。[②]优势视角是指作为社工（社会工作者简称）所应该做的一切，在某种程度上要立足于发现和寻求、探索和利用案主的优势和资源，协助他们达到自己的目标，实现他们的梦想，并面对他们生命中的挫折和不幸、抗拒社会主流的控制。优势视角的实践要求我们从一个完全不同的角度来看待案主，了解他们的环境和他们的现状，不再是孤立地或专注地集中于问题，而是把目光投向可能性。优势视角是以优势为核心，以案主为出发点，社会工作者在对案主进行帮助时强调将关注点聚焦在案主身上，尽可能地发挥案主自身的能力和优势，并利用案主的这些优势来进行自我的帮助和发展。社会工作的优势视角强调社会工作者与案主的平等、尊重、互助、理解等。在优势视角下，案主是有改变的可能性的，他们有潜力、有能力，有可能改变现在，面对美好的未来。优势视角作为与问题视角相对的社会工作方法，并不是看不到案主的问题或者忽视案主的问题，而是淡化问题，同时发现并利用案主的闪光点，增强案主的自信心，使其形成积极的自我认同，帮助案主树立对未来生活的自信，使案主对未来充满期待。案主是工作中的主体，而社会工作者是案主的帮助者，但他们不是帮助案主专注于问题的，而是帮助案主发现并利用优势的。

优势视角的信念和假设：（1）任何个人、团体、家庭和社区都存在特定优势，每个人都可能从他们的挫折中学习和发展能力，并使其最终变成丰富的资源，走向更好的生活。（2）抗逆力信念，个人应对重大生活事件的能力就是抗逆力。

---

① 付立华：《优势视角下的社区矫正介入策略研究》，中国社会科学院研究生院学报，2009年第5期。

② 郭伟和、徐明心：《从抗逆力到抵抗：重建西方社会工作实务中的优势视角》，思想战线，2013年第5期。

优势视角相信，个人在遭遇严重挫折时会反弹，个人和社区可以克服和超越严重的负面事件，这种面临磨难而抗争的能力就是一种抗逆力的体现，也可以理解为一种复原或自愈的能力。社会工作者所提供的服务要从发现、开发和利用服务对象的优点和资源出发，帮助他们面对生命和生活中的挫折和不幸，抗拒社会主流所贴的标签以及对其话语的控制，恢复到遇到挫折以前甚至更好的状态，进而实现自己的目标和梦想。

1. 社区矫正引入优势视角的可行性

首先，优势视角与社区矫正的理念一致。优势视角的社会工作方法与社区矫正的理念具有一致性。英国的洛克说："法律按其真正的含义而言与其说是限制还不如说指导一个自由而有智慧的人去追求他的正当利益……法律的目的不是废除或限制自由，而是保护和扩大自由。"社区矫正法律制度最大的特点在于对自由考量的创新与突破，其法理研究设计应该尊重个体和社会的自由。相对于监禁刑，社区矫正赋予矫正对象更大的自由，其本意是尊重人性，体现了对罪犯宽容的立场，重视以人为本。优势视角以人的优势为出发点，重在发现人性善的一面，同样是以人为本的体现。

社区矫正非监禁刑罚执行更加强调社区建设、社会结构、社团组织乃至小到亲缘关系在教育改造中的作用发挥。可以想见，在一个主权范围内，不同地域的经济法律与文化、不同社区环境以及不同个体的社会资本都约束着社区矫正过程。综合利用社会力量，节约司法资源是社区矫正的特征之一。优势视角同样注重环境资源的综合利用，不仅提倡利用矫正对象的内在资源，还重视矫正对象与周围环境的互动，帮助矫正对象从环境中受益。可见，二者的理念有一定程度的趋同性，优势视角理论与社区矫正理念并不相悖。

其次，矫正对象具有抗逆力。挫折中不仅有苦难，还有机遇和正向的内容，恰当处理困难，有利于利用其中的有利因素。矫正对象在面对困难时具有心理承受能力，能够克服困难；战胜困难，需要学习新技能，并且通过实践检验是否有效；在克服困难后，自信心提高，能力得到提升。

抗逆力是优势视角的核心理论。充分理解抗逆力对于正确运用优势视角社会工作方法有重要作用。抗逆力被纳入心理学的研究领域，大约始于40年前，诺曼·加梅齐（Norman Garmezv）是这一研究的先驱者。他研究了为何许多孩子不会因为同患精神分裂症的父母一起生活而患精神疾病，并得出结论：抗逆力的某种特性在心理健康方面所起的作用比人们以前想象的要大。抗逆力对应的英语名称是“resilience”，其原意是弹性、弹力的意思，即使某物质能在弯曲、伸展或收缩后恢复原先的形状或位置的物体的性能，引申到心理学上就是指一个人在处于困难、挫折、失败等逆境时的心理协调和适应能力，即一个人遭受挫折后，能够忍受和摆脱挫折的打击，在逆境中保持健康、正常的心理和行为能力。抗逆力是每个人天生就具有的，不是天才独有的特质。抗逆力由内外两种保护因素组成，内在的保护因素包括正面的个人形象、效能感、乐观的性格、幽默感、利他信念、良好的情绪管理和处理冲突的能力；外在的保护因素则包括与身边的朋友、家人及社区维持良好的关系的归属感。① 换言之，内外保护因素其实就是案主具有的内在优势和外在环境资源，在人与环境的互动中，案主充分利用优势和资源，激发抗逆力，增强抵抗逆境的能力。

抗逆力作为优势视角理论的核心概念，是促使矫正对象向上发展的重要动力。社区服刑人员的抗逆力保护性因素不具有穷尽性。通过归纳，具有良好社会适应的社区服刑人员抗逆力的保护性因素，包括个体特质、家庭支持以及社会资源三个方面，三者相互作用相互影响，其中个体特质是最核心的要素，如表 5-2 所示。②

表 5-2 良好社会适应性的社区服刑人员抗逆力保护因表

家庭支持	个体特质	社会资源
（1）经济支持 （2）父母 / 亲戚的耐心引导及合理期望 （3）女朋友 / 配偶的不离不弃 （4）家人的信任、支持与认可 （5）实际就业支持 （6）家庭成员关系融洽	（1）坦然接受刑罚，摆正心态 （2）自我反省，感恩回报，责任感强 （3）重新生活的决心与勇气 （4）开放自己，接受帮助和监督 （5）守法意识增强 （6）自我定位适中，生活目标实在	（1）朋辈群体的情感支持与实际支持 （2）矫正社工的接纳、关心和鼓励 （3）社区矫正工作人员定期的监督与管理 （4）法律知识的学习与正确观念的引导 （5）来自其他社会福利系统的帮助

① 席小华：《犯罪少年抗逆力的恢复》，中国青年研究，2006 年第 11 期。

② 杨彩云：《社区服刑人员抗逆力的结构、机制与培育》，理论月刊，2014 年第 12 期。

矫正对象的抗逆力是指矫正对象在遇到困难和挑战后的反弹复原能力。激发抗逆力是对矫正对象潜能的激发。在与矫正对象的交流中，向其列举即使在困境中也能成功的例子。在矫正对象信心薄弱时，听取矫正对象曾经克服困难的经历，重复矫正对象身上存在的正面内容，使正能量得到强化，鼓励其勇敢面对困难。矫正对象在认识到自己有抗逆力之后，就会相信自己是有能力克服困难的，从而激发其抗逆力，也激发了其向善的内在动力。具有高抗逆力的个体在工作中会表现出更高水平的工作投入，抗逆力对工作投入作用在某种程度上是通过积极应对和积极情绪实现的，高抗逆力的个体在面对工作所遇到的各种问题时，倾向于采用积极的应对方式，并保持积极的情绪状态，而积极应对方式又有助于促进积极情绪的保持。

2. 社区矫正引入优势视角的必要性

首先，有利于发现矫正对象的优势。与问题视角不同的是，优势视角不是直接解决问题，而是通过利用问题间接消灭问题。矫正对象有自身的优势，首先要从矫正对象本来就存在的显而易见的优势出发，发现这些优势并积极利用，使优势得到有效利用并继续发挥优势。然后寻找问题中存在的优势因素。问题也会有积极的一面，虽然优势视角关注矫正对象的优势，但并不是忽略矫正对象的问题，而是要寻找优势和问题之间的关联，从问题本身去获得积极的体验，并创造一定条件促进问题向优势的转化。人类的一些消极品质的发展总是有其特定的功能，如嫉妒可以削弱个体自身的快乐，并可能导致一些不良品质的产生，但它却是人类进取的源动力之一。也许可以下这样一个结论：有时候，社会在保存其成员的某些缺点方面的重要性要远远大于克服这些缺点。对社区矫正对象的问题进行不同的解释，从不同角度看待，会有不一样的应对。优势视角下，矫正工作者注重从积极方面对矫正对象的行为做出解释。矫正工作者积极从正面引导，促进矫正对象正向发展。但是优势视角下的社区矫正并不是非要把问题变成优势，这是不切实际的，因为也不是所有的问题都有优势因素的，正视问题和改正问题是必不可少的。

其次，有利于减少矫正对象的问题。社区矫正不仅仅是为了对社区矫正对象这一特殊群体更好地管理而不断完善监管、防控和惩罚技艺，更是为了这一公民群体能有美好的社会生活而建构，希望整个社会的公民都能够有利于减少矫正对象的问题，使其生活得安全、幸福、自由、有尊严、有人权，这才是它真正的制度目的所在。任何事物都是对立统一的，人的问题和优势也是对立统一的。每个人都有问题，同样每个人都有优势，优势是人必备的一方面，矫正对象也具有优势，这为引入优势视角，发现和利用矫正对象的优势进行矫正工作提供了可能性。优势视角是以人的优势为出发点的，矫正对象具有优势是优势视角得以实施的重要前提。对行为人实质否定的是其人格中的小部分，正是因为行为人的人格中蕴含着符合社会要求的应予肯定的大部分内容，国家才发动刑罚完成对罪犯人格的改造。也就是说，矫正对象虽然实施过危害行为，但是不能因此而对矫正对象全盘否定，矫正对象还有值得肯定的方面。这使得优势视角在社区矫正中的运用具有了可行性。优势视角下的社区矫正恰恰是发现和利用矫正对象的正面人格，促进矫正对象正向发展。

优势视角减少对问题的关注并将注意力转移到其他事情上来，诸如能力与资源，是一种正向引导。焦点解决短期心理咨询 / 治疗（Solution-Focused Brief Counseling/Therapy，简称 SFBT/SFBC）的主要特点是正向目标解决导向。作为其创立者之一的Berg把东方“阴阳太极”中“变”的思想植入其中，将该系统中“黑”的部分命名为“问题发生时的互动”，把“白”的部分命名为“问题不发生时的互动”。如图 5-1 所示，由于整个系统是平衡的，白的部分扩大一些，黑的部分自然就会减少。美国心理学家和行为科学家斯金纳提出的强化理论认为，当好的行为产生好的结果，即结果对他有利时，这种行为就会在以后重复出现；不利时，这种行为就减弱或消失。人们可以用这种正强化或负强化的办法来影响行为的结果，从而修正其行为。当我们努力地挖掘并扩大矫正对象的优势和潜能时，其犯因性问题就会相应地减少，矫正的目的也就达到了。SFBC 被认为可以应用在各种类型的问题上，其中心任务不在于探讨问题形成的原因，而在于帮助来访者从自己身上寻找改变的力量、资源与解决方法，从而促成其积极的改变。在优势视角下的社区矫正中，矫正对象的优势和向上的行为即白色部分，不良行为和缺陷即为黑的部分。人的精力是有限的，当矫正对象专注于利用优势做出符合社会期望的行为时，不良行为自然就会减少。因此，优势视角社会工作方法要求利用矫正对象的优势和资源，挖掘矫正对象的潜力，鼓励矫正对象做有意义的事情，从而减少不好的行为，达到社区矫正的工作目的。优势资源包括矫正对象的品质、兴趣、家人、朋友以及老师的关爱等。发现这些资源，并利用这些资源，帮助矫正对象找回自信。矫正工作者和矫正对象共同制订计划，计划中包括有意义的社会活动或目标，然后运用优势资源和环境，一步一步落实计划，使矫正对象在充实的生活中无暇犯罪。在利用自身优势和周围环境优势的过程中，矫正对象积极朝着向上的方向努力，为了人生目标付出时间和精力，积极参与和奉献，从而使社会关系纽带加强，也降低了从事犯罪行为的可能性。当一个人能够在某领域为自己的能力感到自豪时，就有意愿去学习新的技能和知识，从而使一个人更有能力，并愿意承担更多的新挑战。[①]

图 5-1　太极图

（三）优势视角下社区矫正的理论基础

主体间性理论和勇气圆理论是优势视角下的社区矫正的理论基础。二者相辅相成，为阐述社区矫正中运用优势视角的社会工作方法的科学性和合理性提供了依据。主体间性理论提倡的平等互动与勇气圆理论提倡的归属（Belonging）、掌握（Mastery）、独立（Independence）和慷慨（Generosity）贯穿于优势视角指导下的社区矫正工作。

1. 主体间性理论

优势视角下的社区矫正提倡矫正对象与社区矫正工作者的平等互动，提倡双方平等协商、沟通交流，主体间性理论证明了优势视角工作方法的科学性和合理性。矫正工作者注重矫正对象的内在感受，提高矫正对象的自信心，以积极的情感同化矫正对象。

① Circle of courage，http://www.behavioradvisor.com/Circle of Courage.html.

主客二分的主体论在认识世界时割裂了行为主体与行为对象的联系，认为主体与客体是对立的。虽然主体认识论主张理性主义，但是其重视的是个体理性主义，缺乏对集体理性主义的研究。单向度的主客体间的认知，是对人与人之间的沟通以及交往方式的忽视。主体性向以“交往—互信”为核心的主体间性思维模式转化。主体之间围绕一个总体目标，遵守相应的行为规则，这些规则体现了行为者之间的相互期待和理解。① 因此，个体理性主义的扩张很容易导致人与人之间关系的紧张。主体间性哲学是对主体性哲学的反思，它关注主体共同的理性，强调不同主体共享的知识，压制脱离主体群的单个理性，主张群体性的“我们”。主体之间如何形成同一个总目标以及如何达到相互理解呢？交往理性解释主体之间达成共识的途径。哈贝马斯认为现实社会中的人际关系分为工具行为和交往行为。工具行为是主客体关系，而交往行为是主体间性行为。交往理论强调的是一种双主体即主体间性理论。它以主体性为基础，讲究主体与主体之间关系的相互规定、关联、统一、协调、和谐、相长。主体间性是由单极性主体变为相互交往的主体，实现主体之间的理解与和谐。②

主体间性理论重视情感和感受。主体间性理论重点研究不同个体的“主观经验”交互作用而产生的“主体间场”。主体性是主体间性理论成立的前提，只有两个或更多特异的“主体”交互作用时，“主体间场”才会产生。主体间性理论更加重视人类健康心理的维持，而不是抓住心理问题或当下体验产生的原因不放。当治疗师采用主体间的视角对来访者进行干预的时候，来访者就会更加自如地面对真实自我，接纳并信任自我的感知和体验。Stolorow 和 Atwood 认为“主体间系统既关注个人的内在感受，又关注不同个体内在感受的相互影响”。心理学界对婴儿的研究很好地证明了这种相互影响的存在，研究者向 10 个月大的婴儿分别呈现哭或者笑的演员表演场景，然后观察这些婴儿的脑电反应。结果显示：婴儿对不同的场景有不同的反应，面对笑的场景，大脑会有积极的反应，对哭的场景则有消极的反应。这种反应模式同样适用于成年人，我们在感知另一个情感状态的同时，自己也会产生类似的状态。由此可见，优势视角的社会工作方法符合

① 潘丽萍：《“法的价值理念”的主体间性向度——法律信仰何以可能》，东南学术，2015 年第 2 期。

② 刘隽：《哈贝马斯的交往行为理论对思想政治教育的启示》，理论与改革，2013 年第 1 期。

主体间性理论所说的主体之间的相互交往与理解。矫正工作者在优势视角的指导下，积极走进矫正对象的内心世界，促进双方的交流与合作。

2. 勇气圆理论

优势视角下的社区矫正主张在矫正双方平等的前提下，矫正工作者鼓励矫正对象发现并利用自身优势，不断适应社会，实现自己的价值。勇气圆理论详细阐述了这一过程，为优势视角下的社区矫正的运用提供了佐证。勇气圆（the Circle of Courage）理论很好地展示了个人与环境的关系以及环境对人的促进作用。勇气圆理论结合了西方教育思想和美洲土著文化的智慧，如图 5-2 所示，圆环由四部分组成，分别是归属（Belonging）、掌握（Mastery）、独立（Independence）和慷慨（Generosity）。归属包括社区意识、爱他人和存在感（Asense of community，loving others，and being）；掌握包括许多领域的能力、认知，身体，社会和精神，有自我控制，责任感，努力实现个人目标而不是高人一等（Competence in many areas；cognitive，physical，social，and spiritual.Havingself-control，responsibility，striving to achieve personal goals rather than superiority）；独立包括作出自己的决定，对失败或成功负责，制定自己的目标，约束自己（Making one' s own decisions and being resonsible for failureor success，setting one' s own goals，disciplining one' s self）；慷慨包括期待能够为他人贡献，能够给予他人珍惜的东西（Looking forward to being able to contribute to others，beable to give cherished things to others）。

图 5-2 勇气圆理论

归属是指给予矫正对象归属感，尊重矫正对象，使矫正对象感到自己是被爱的、被接受的。拉科塔人类学家埃拉·德洛利亚（Ella Deloria）在这些简单的话中描述了归属的核心价值：“以某种方式，与你知道的每个人相关。对待他人就像亲人，锻造强大的社会联系，把所有的关系都带入尊重的关系。”归属是四要素之首，满足一个人的归属需要是第一位的，并值得我们在任何时候注意。这种关键的性格需要是通过与其他重要的人的亲社会的关联来满足的，以健康的方式与他人的情感联系促进积极的自我价值感，可以使矫正对象形成对这些情感的依恋，希望未来成为体面的、正直的人。正如亚伯拉罕·马斯洛（Abraham Maslow，1953）在他的“需求层次”模型中指出，在确定满足生理需求（例如，最低限度的食物，水，温度）后，“爱和归属”的需求是下一个最重要的。人类有原始的需要，是感到有价值、重要以及被他们生命中重要的人保护，在一个常见的和重要的群体中，如在家人、朋友、同事等人群中感到舒适和受欢迎，当然，家庭和亲密的个人社区是这个自我区域的最初发展的最重要的影响。[①]

那些由于中断而对“归属感”不强的人，通常能够在后期通过积极地与人和群体发展密切的忠诚、友谊和关系来重建或加强这一领域。然而，那些不修复那个破碎的自我区域的人可能在与他人相关的时候显示一个或多个问题。作为“归属”的一些误导性尝试的例子，他们可能加入或识别那些促进犯罪、宗教仇恨、无视他人的权利、负面使用互联网及一些其他扭曲的观点和行动的负面群体。如果一个人的内心受损、扭曲或缺乏归属感，它几乎肯定会影响一个人的性格的其他四个领域中的一个或多个。

掌握是指当一个人能够在力量领域为自己的能力感到自豪时，就有意愿去学习新的技能和知识，从而使一个人更有能力，并愿意承担更多的新挑战。当矫正对象的归属感得到满足时，将会对尝试新的东西、学习新的技能感兴趣；如果矫正对象对于归属的需要没有得到满足，她 / 他对尝试新的东西会变得非常紧张或焦虑，人们可能害怕失败或在某一特定情况下被取笑。[②] 由此可见，归属是第一位的。

---

① Circle of courage， http://www.behavioradvisor.com/Circle Of Courage.html.

② Circle of courage，http://www.extension.iastate.edu/sites/www.extension.iastate.edu/files/scott/Circle Of Courage Meeting Need.pdf.

独立是指自己选择、自己负责。当矫正对象具备学习的能力并掌握了新技能时，能力得到提升，能够做出正确的选择，并为自己的行为负责。因此，如果归属和掌握的需求以积极的方式得到满足，通常会为自己作出好的决定；如果对归属和掌握的需要没有得到满足或者以负面的方式得到满足，就更难作出好的选择。具有强烈“独立”感的人感觉自己可以控制自己的行为和生活。他们拥有良好的自主权，并对自己和自己的行为负责。另一方面，那些独立性较弱或缺失的人可能会参与“散乱的”或无组织的行为，容易被他人影响而参与不负责任或不当的行为，并责怪情境或他人的行为。

慷慨是指要奉献社会、积极帮助他人、回报社会。在满足归属、掌握、独立三个要素后，矫正对象通过为社会作贡献、回报社会，自我价值感得到提升。优势视角下的社区矫正要求促进社会对矫正对象的接纳，提高矫正对象的归属感，因此要发挥矫正对象的优势，促进其独立适应社会的能力。勇气圆理论将优势视角下的社区矫正的构想完整阐述出来，这与优势视角的工作方法不谋而合。

优势视角的社会工作方法与勇气圆理论既有区别，又有联系。第一，两者是有区别的。优势视角的社会工作方法相较于勇气圆理论，更加侧重矫正对象的闪光点。优势视角的社会工作方法以矫正对象的优势为基点，主张从发现矫正对象的优势开始，继而发展并利用矫正对象的优势，逐渐通过发挥矫正对象的优势来鼓励矫正对象学习新技能，提高适应社会的能力。此外，优势视角的社会工作方法强调从不同矫正对象的特点出发，具体问题具体分析，重视个体的特殊性。勇气圆理论侧重的是矫正目标、矫正过程、矫正结果。勇气圆理论中，由归属到慷慨是一个过程，是矫正发展的四个不同程度。这个过程不仅循序渐进，而且严谨。但是勇气圆理论对矫正对象的优势、个体特点等方面强调较少。第二，优势视角的社会工作方法与勇气圆理论是有联系的。二者均与传统的惩戒不同，而是主张人性化引导，注重对矫正对象的积极性、主动性的激发。优势视角的社会工作方法与勇气圆理论恰好可以互补，以矫正对象的优势为立足点，结合勇气圆理论阐述的四个步骤，使得社区矫正的措施更加全面具体。

（四）优势视角下社区矫正的措施

社区矫正必须致力于改变或者改善可能导致矫正对象重新犯罪的处境，必须致力于限制一般会导致矫正对象可能践踏法律继续犯罪的内心倾向，也必须致力于更加有效地增强矫正对象对守法理智的基本理由的认同感和尊重权利的道德感。

1. 帮助矫正对象树立正确的价值观

转变矫正对象的思想观念很重要，只有转变矫正对象的思想观念，树立正确价值观，才能激发矫正对象的内在动机。信念是矫正对象的精神支柱，是指矫正对象具有积极向上的思想。增强矫正对象的信念，需要激发矫正对象参与矫正的内在动力。有机体理论指出，人固有的发展倾向和先天的心理需要是个体动机、人格整合以及促进积极心理加工过程的基础。内在动机是指动机出于案主本人并且足以满足案主的需要。1932 年托尔曼在《动物和人的目的性行为》一书中提出，人的行动反应分别受外部环境和内部过程（又称“中介变量”）的影响和制约，公式为 S-O-R。其中 S 代表外部环境刺激，R 代表刺激之后产生的“行为反应”，O 则是“中介变量”。因此，托尔曼认为中介变量是引起行为反应的关键。[①] 中介变量主要指人的心理因素，其中动机是重要因素之一。受内在动机驱使做某事时，人们往往表现得更加兴奋和持久，能够发挥更好的水平。所以说，内在动机是自身能动性的一个重要方面，只有矫正对象自身积极地希望改变现状，才能最终实现矫正目标。

内在动机由人性中的积极人格的冲动引起（如好奇、好问等），包括无明显外在奖励、自身兴趣引起、以满足内在心理需要为目的和具有挑战性四个特点。内在动机与外在动机有所不同，他需要案主自身的力量。一般来说，凡是在具体外在物质奖励条件下或外在的威胁、期限限制或压力性评价条件下完成的行为，都存在强加的目的，因而无论这些目的是物质或非物质的，他们都极易让案主将行为胜任归因于外在认知归因点，在一定程度上，削弱了案主的内在动机。心理学家安德森等人的实验研究发现，当一个幼儿在做着自己喜欢的事情时，如果有陌生人出现，故意以非友好方式与幼儿进行交流，这会使得幼儿的内在动机显著下降。安全、友好、安静的环境会帮助案主增强其内在动机，反之则相反。所以，当我们在强调关注矫正对象的能力和优势的时候，也旨在希望可以激发矫正对象的内在动机，帮助他产生正确的心理需要。

激发向上发展的内在动力，鼓励矫正对象扬长避短，参加感兴趣的社会活动。

① 颜世元：《中间变量：现代认识论研究的一个新课题》，山东社会科学，1991 年第 2 期。

激发内在动力还包括使矫正对象明白，积极向上会受到周围亲人的喜爱，会使生活更美好。向矫正对象描绘其未来，使其看到希望和美好，激发其向上的内在动力。在与矫正对象的交流中，向其列举即使在困境中也能成功的例子。在矫正对象信心薄弱时，听取矫正对象曾经克服困难的经历，鼓励其勇敢面对困难。这样，在矫正对象遇到挫折时，就不会选择逃避或犯罪的道路，而是勇敢面对，积极克服。对于对社区矫正工作抵触较大的矫正对象，矫正工作者应重视会谈技术，以倾听、共情、探问等方式了解矫正对象的心情，对于矫正对象的犯罪行为建议可以重新建构，重新改善，鼓励矫正对象，增强其内在动机，教导矫正对象积极面对困境，找到资源，以协助自己增强适应的能力。①

2. 提高矫正对象的归属感

第一，建立社区矫正工作者与矫正对象平等的关系。优势视角下的社会工作方法要求案主与社工的地位是平等的。在社区矫正中，要求矫正对象与矫正工作者的关系是平等的，没有高低之分。双方都是社区矫正工作中的主体，通过沟通理解，协商制订矫正计划，共同促进社区矫正工作的实施。这也大大提高了矫正对象对矫正工作的参与度。每个人在日常生活中都经常与他人谈话，人人都有谈话的能力，但并不是都能谈得成功。谈话是一种技术，要求谈话者持一种非评判的态度，根据不同的谈话目的，运用提问、倾听、具体化等技术发掘矫正对象内心心理活动的重要方法。在优势视角理论指导下的社区矫正中，社区矫正工作者与矫正对象建立平等的关系，对矫正对象应予以尊重，这与主体间性理论不谋而合。

矫正工作中没有主客体之分，在平等联系的基础上，矫正对象受到尊重，才能放下对矫正工作者的戒备之心，吐露心声，说出真心话；矫正工作者改变监督者的地位，才能真正走进矫正对象的内心世界，并了解其所处的外部环境。这样社区矫正工作者才能更好地发现矫正对象的优点，利用其优点和有利的资源。双方可以分享各自的经验、知识和技能，从而相互理解，产生共鸣，清楚了解矫正对象的真实需要，双方达成共识，改变对立情绪。当矫正对象作为主体参与到矫正工作中时，增强了其接受矫正的内在动力，促进矫正工作的顺利实施。

---

① 欧渊华：《社区服刑人员教育矫正理论与实务》，中国法制出版社 2016 年版，第 132、142、150 页。

第二，构建支持社区矫正的外部环境。优势视角下的社会工作方法要求立足社区矫正对象的优势，其中所指的优势就包括利用社会资源。做好社区矫正工作，重点在社区，关键靠群众。矫正工作者应当充分利用社区矫正对象周围的资源，例如学校、家庭、单位、村委会、居委会等资源，为社区矫正对象提供读书的资源、就业资源、情感资源等。要广泛发动社区服刑人员所在单位、学校、家庭参与社区矫正工作，通过“老师管学生”“父母管子女”“妻子管丈夫”等方式，融法律约束、道德引导、亲情感化为一体，增强教育矫正效果。

社工组织作为民间力量是重要的社会力量，对提高社区矫正的社会化水平发挥着不可忽视的作用。上海市按照“政府主导推动、社团自主运作、社会多方参与”的工作思路，采用政府购买服务、发展社会组织、吸纳社工队伍、利用社区资源等社会化运作的方式，逐步形成了符合上海实际、具有上海特色的“上海模式”。目前，仅上海市参与帮教项目服务的社会组织就有20家，全市共有社区矫正安置帮教社工708名，志愿者2万余名，2013年在社区开展帮教近4万人次，参与刑满释放人员家庭、邻里及其他社会矛盾调处197起，为维护社会和谐稳定发挥了重要作用。[①] 上海的新航社区服务总站是目前发展比较先进的民间组织。经过多年的探索和发展，上海形成了独具特色的社区矫正模式，在利用民间组织的力量参与社区矫正方面成为其他省市的榜样。

政府一元的体制的结果往往是“成也政府，败也政府”，从长远看还会导致政府威信下降。积极利用社工组织的前提是有优秀的社工组织可供利用，有优秀的社会工作者提供服务。因此，要注重顶层设计，着重发展社工组织，提升社工组织的专业化水平，打造高质量的社工组织。例如，浙江省贯彻“监督主要靠政府，矫治主要靠社会”的工作要求，按照“名社名师名品”的工作思路，注重提升社会力量参与的专业化水平，准备实施“百千万”工程，即在全省培育100家具有4A以上资质的社区矫正社会组织，培育1000名社区矫正社会工作专业人才，10000名社区矫正注册志愿者，并建立信息资源库，为社会力量广泛参与提供组织和人才保障。[②]

---

① 《全面推进社区矫正工作促进社区服刑人员更好地融入社会》，http: //www.moj.gov.cn/sqjzbgs/content/2014-07/11/content_5663779_3.htm.

② 《浙江省念好“全实专”三字诀实现社会力量参与社区矫正工作新发展》，http: //www.moj.gov.cn/sqjzbgs/content/2017-03/18/content_7058357.htm?node=30092.

社区矫正的健全、改善和发展都离不开公共参与的发展，公共参与是推进社区矫正的重要动因，公共参与是社区矫正执法正当程序的要求，公共参与也是社区矫正社会效果实现的重要保证。事实上，社区矫正刑罚惩戒治理的本质就在于通过对特殊公民群体的承认、维护和救济来实现社会秩序。从根本意义上，这就是实现有效回归社会的人权保障。因此，在社会民主和国家法治之下，有效的公共参与在人权事业中具有重要地位。只是矫正对象自我的改变是不够的，还需要社会的配合，需要构建支持社区矫正的外部环境。矫正对象的社会支持网络包括其家庭、他人、志愿机构、社区组织和公共机构等社会资源。支持社区矫正的社会环境包括两方面：一是创造温馨的社会环境，给予矫正对象归属感；二是创造积极向上的环境，同化矫正对象。根据社会建构论的观点，建构植根于语言，社会对现实的建构是通过话语实现的。矫正工作者以及周围人可以通过话语来为其建构向上发展的环境，建构有利于矫正对象的环境资源。例如，矫正工作者、矫正对象的亲人、朋友等通过自己良好的言行举止来影响矫正对象。受良好环境的影响，矫正对象的人格也会向上发展，积极适应社会。

美国《时代》杂志曾对成年人进行过一个很有意义的调查，问卷题目是："假如每一天会多出 3 个小时（有 27 个小时），你会怎么过这 3 个小时来使自己更满意？"结果约 2/3 的人说要和家人平安地待在一起，另外 11% 的人说要和朋友待在一起。从中可以发现，大多数人希望有更多的时间和自己的亲人、朋友平安地待在一起。[①] 可见，亲人、朋友对人类很重要，矫正对象也不例外。亲人、朋友、社会的认可对矫正对象来说很重要，为矫正对象创造一种归属感至关重要。优势视角主张用积极的态度看待矫正对象，这与人性目标高度一致，因此，它能使人与社会和睦相处，有助于培养社会成员的一种积极的归属感：使他感到他是属于一个国家和一个社会的，从而使每个人都能很好地同化于自己所在的环境和社会。

个人与环境的优势是可以再生、发展的资源。皮亚杰心理发展观认为，心理发展是个体与环境相互作用后的一种主动适应的过程。马格纽森在研究中发现，生理成熟较早的女孩子，其在发育早期往往容易出现各种问题行为，从表面上看这似乎是一个典型的生理因素导致的结果。但对这一现象进一步研究和分析后发现并不尽然。生理成熟较早的女孩子具有不同的生理和心理的动机和需求，这种

---

① 任俊：《积极心理学》，上海教育出版社 2006 年版，第 45 页。

不同迫使她们追求与同龄人明显不同的人际交往关系。特殊的人际交往关系影响了她们对自身的评价和预判，从而导致不良行为的发生。这一研究表明生理机制对人的行为特征产生很大影响的同时，也被社会文化环境深深影响着。所以说，一个合理适合的环境对社区矫正对象十分重要。矫正对象面临着问题解决、自我认同和社会融入等多项任务，把矫正对象放置在社区中，不让他们与社会脱节，将社会生活需要的规范制度、交往方式等，通过环境传递给矫正对象，进而同化其心理与行为。

通过查阅矫正对象的个人档案、书信，走访矫正对象家庭、同事、邻居等，了解其成长经历、家庭状况、社会交往、兴趣爱好、犯罪前表现、犯罪演变过程等，以掌握其犯罪心理产生与变化的原因和特点。根据赫希的社会控制理论，矫正对象的社会纽带薄弱时容易犯罪，因此，应当加强矫正对象的社会联系。社会联系由四个方面构成，分别是依恋、奉献、投入和信念。其中，依恋是指个人对他人或群体的感情联系。[①] 当这种感情联系强时，个人对外界的依恋就越浓烈，就更能抑制犯罪。具体来说，就是个人在乎他人的感受、感情，重视他人的意见和看法，正是这种感情联系，抑制了个人犯罪。当矫正对象对社会、家人、朋友等存有依恋，积极参加社会活动时，他们的社会联系纽带就会加强。例如，家庭是社会的细胞，是社会构成的基础，家庭关系融洽促进社会的和谐，家庭的稳定促进社会的稳定。相反，家庭关系的恶化甚至瓦解，对矫正对象有重要影响。这就要求动员、鼓励、协调家庭成员及亲戚和朋友在心理和生活上接纳、关爱矫正对象。[②] 优势视角模式下的个人与环境的互动，增强了矫正对象的社会归属感、促进了矫正对象实施积极行为、提升了矫正对象的价值感，加强了矫正对象与社会、家人或学校的联系纽带，从而促进矫正工作的顺利进行，降低矫正对象的再犯罪率，对矫正对象回归社会大有裨益。

3. 培养矫正对象适应社会的能力

矫正对象再犯罪往往是因为不能适应社会，最终再次走上犯罪的道路。因此，为避免悲剧再次发生，培养矫正对象适应社会的能力尤为重要。在培养矫正对象适应社会的能力时，要求运用矫正对象的优势资源。首先要决定选择问题还

① 吴宗宪：《赫希社会控制理论述评》，预防青少年犯罪研究，2011 年第 6 期。

② 欧渊华：《社区服刑人员教育矫正理论与实务》，中国法制出版社 2016 年版，第 132 页。

是优势，即侧重点是问题还是优势。选择运用优势视角，就要重视矫正对象的优势，以优势为出发点，淡化问题。在明确了矫正的立足点后，就要发展矫正对象的优势，使得优势扩大并且被充分利用。最后，达到矫正对象适应社会的能力得到提升的目标。

（1）重视矫正对象的优势。当矫正对象的某一行为和特点阻碍矫正目的的实现，则将其称之为问题。我们需要承认问题的存在，同时，也要正视问题的存在，且策略化地将问题最小化。问题不会成为一个人生活的全部，也不应该成为整个矫正过程的核心，我们应该尽可能少地关注问题本身，重视矫正对象的优势。

首先，在矫正过程中，不要把主要精力放在矫正对象的问题上。问题不是矫正对象的全部，暂且淡化问题，将问题从矫正的中心和重心中转移到边缘。优势视角下的社区矫正要求淡化矫正对象的问题，将主要精力放在矫正对象的闪光点上。

其次，矫正工作者应当着重关注矫正对象的优势。这里的优势是指矫正对象的素有优势，即矫正对象本来就有的优势。每个人都有优势资源，这些资源也许是来自家庭的温暖，也许是来自社会的关爱，也许是来自师生间、同学间的友谊，也许是自身掌握的某种技能……矫正对象也不例外，同样存在优势资源。这些优势才应该是矫正工作者和矫正对象关注的重点。

最后，对待矫正对象的问题应当一分为二看待，问题中也蕴含着优势因素。矫正工作者不仅要重视矫正对象的素有优势，还要积极发现矫正对象存在的问题中的优势因素。这些优势因素正是由于曾经被矫正对象错误利用，才会成为问题。若是在矫正过程中被正确利用，很可能会成为矫正对象的优势资源。当然，在矫正过程中也要正视矫正对象的问题，因为并不是所有的问题都具有优势因素的。

矫正工作者在态度上重视矫正对象的优势，明确了优势包括矫正对象的素有优势和问题中的优势因素、内在优势和外在环境优势，接下来就是在矫正工作中发展矫正对象的优势。

（2）发展矫正对象的优势。发现矫正对象的优势是为了下一步发展矫正对象的优势作准备，即扬长避短中的“扬长”。通过“扬长”和对优势的反复利用，才能达到对优势的强化。因此，对矫正对象优势的发展尤为重要。第一步，应当培养矫正对象的优势，加强对矫正对象的教育，从而进一步增加优势资源。当发现矫正对象的优势后，下一步就是对优势进行发展，即强化并加固优势。对于优势利用不当时，可能会成为有利于犯罪的“优势”，所以要培养矫正对象将优势用在自己正向发展上。其次，刚发掘的优势很可能还不稳定，因此需要加以培养和强化，帮助矫正对象明确优势。第二步，为矫正对象创造实践机会，促进对优势资源，包括对内在优势和外在环境资源的使用，在实践中发挥所长，强化优势。实践是检验真理的唯一标准，在发掘矫正对象的优势资源后，应当利用这些资源来增强矫正对象的能力，即为矫正对象利用优势提供平台。例如，在解决矫正对象的经济来源问题时，根据发掘和培养的矫正对象的优势来为其提供工作，使矫正对象在工作中发挥优势，通过实实在在参加工作，促进对优势资源的使用。第三步，在矫正对象取得成绩后，对矫正对象多些正向鼓励，促进矫正对象优势的发展。矫正对象某方面的能力增强后，会更加接近自己的目标或达到目标。矫正对象成功后，会激发矫正对象更加认真学习技能，发挥所长，从而使能力得到进一步提高。因为矫正对象承受压力、克服困难的能力得到提升，所以不会在生活中遇到不顺时就选择法律不允许的途径来解决。因此，降低了矫正对象再犯罪的可能性。

（3）培养矫正对象独立解决问题的能力。在提高矫正对象归属感以及增强其能力的前提下，矫正工作者还要促进矫正对象自立。自立，即自我独立。

矫正对象不可能一生都在矫正工作者的指引下生活，矫正对象再社会化成功，应当离开对矫正工作者的依赖。这是通过被给予机会去接受责任和证明自己值得信赖来完成的。因此，增强矫正对象独立，不仅要引导矫正对象作出正确选择，增强责任感，还要避免矫正对象受到反面教材的侵蚀。

4. 引导矫正对象回报社会

矫正对象应该作为社会的“资本”而不是“成本”，对矫正对象的“增权”不是个体功利的考虑，而是社区建设和社会集体公共福利的增益。矫正对象通过实施积极的行为，不仅回馈社会，而且更加被社会接受，从而增强了矫正对象的归属感，勇气圆的四要素形成良性循环。引导矫正对象回报社会分为以下三步：

第一步，引导矫正对象参加社会公益活动，从中体验奉献的乐趣。优势视角下的社区矫正组织矫正对象参加社会公益活动与传统社区矫正组织矫正对象参与公益活动不同的是，矫正工作者根据矫正对象的优势和资源以及兴趣来组织矫正对象参与公益活动。矫正对象通过发挥所长积极参加公益活动，既回报社会，又可以品尝到付出的乐趣。

第二步，矫正对象在适应社会中回报社会，做一名合格的公民。在掌握一定的技能后，矫正对象运用技能参加社会工作。通过工作，矫正对象不仅能够获得报酬，解决生存问题，而且矫正对象为社会发展贡献了自己的力量，从而成为一名合格公民。在自己的岗位上，做好分内的事情，就是对社会的回报，也是对自己负责任的表现。

第三步，矫正对象对社会作出较大的贡献，可能会成为社会优秀公民。在矫正对象发挥所长后，很可能拥有自己的一片天地，从曾经的犯罪分子成为社会优秀公民。例如，吴某因盗窃罪被判无期徒刑，2007 年释放。司法所时刻关注吴某的精神思想，在不到一个月的时间里，所长找吴某谈了 4 次话，每次的时间长达 5 个小时，对他耐心教导，还请来心理咨询师。吴某深受教育和鼓舞，重新燃起了生活的希望。他要靠自己的努力争取更好的生活，不能辜负帮助过他的人，要用自己的成功回报社会。开始，他在朋友的机械厂卖苦力，因为他肯吃苦又善于学习，掌握了很多技术。后来他自主创业，将机械厂买了下来。在吴某的努力下，经营步入正轨，机械厂有了很大起色。可见，即使以前犯过错误，以后还是可以有一番作为的。

5. 对矫正方案适时评估调整

在优势视角指导下制订的矫正方案应当根据实施情况及时调整，在调整之前要做好实施效果的评估。评估涉及两方面：一是矫正对象的优势是否得到发挥；二是矫正对象的问题是否已经解决。优势视角虽然注重发掘矫正对象的优势，但是并不排斥问题，而是从闪光点出发，以解决问题。在利用矫正对象的优势时，以问题的解决为根据，针对问题发挥矫正对象的优势。在评估矫正效果时，要调查矫正对象的问题是否已经减少或解决。根据评估结果，适时调整矫正方案，变更起初制订方案时的不合适的假想，增加在矫正过程中发现的有利于矫正顺利进行的新措施。此外，还要做好总结工作，归纳对矫正对象采取的特殊性和普遍性措施，一来可以提高日后的矫正效率，二来可以保证矫正效果，使得矫正工作越来越顺利，矫正结果越来越满意。

社区矫正在我国发展较快，但也要正确对待发展过程中的问题。目前我国的社区矫正是问题视角下的社区矫正，从长远看不利于社区矫正效果的实现。本书的创新点在于在社区矫正中引用社会工作方法——优势视角，为社区矫正的发展打开了一扇新的大门。

第一，改变传统社区矫正的弊端。传统社区矫正是以问题和缺陷为出发点，关注的是矫正对象的不足之处。因此，矫正对象往往被贴上负面标签，导致矫正对象形成消极的自我认同，并且会影响周围人对矫正对象的看法。在优势视角指导下的社区矫正中，发现并利用矫正对象的闪光点，培养矫正对象的积极品质，并发掘社区矫正中的资源，帮助矫正对象树立自信心和目标，成功再社会化。一是体现了对矫正对象的尊重和关爱，二是有利于化解社会矛盾，维护社会安全。

第二，优势视角下的社区矫正重新定位了矫正工作者和矫正对象的关系。主体间性理论提出，人与人的关系是相互的，多个主体之间相互配合、相互沟通、相互帮助、相互分享。虽然彼此差异，又以差异为契机走向对话性的协调关系，这需要主体与主体之间展开互动的对话沟通方式，通过联系和互动构建出共在的世界。主体间性是通过主体之间的交往来实现的，主体间性的发展程度与主体间交往的发展程度成正比，有何种程度的主体交往就有何种程度的主体间性。主体间交往的稳定和发展，需要主体与主体之间一定程度的均衡和平等。在优势视角下，双方是平等合作的关系，矫正对象是重要的主体。通过协商沟通和相互理解，制订矫正计划，大大提高了矫正对象的参与度。在平等联系的基础上，矫正对象得到尊重，才能放下对矫正工作者的戒备之心；矫正工作者改变监督者的地位，才能真正走进矫正对象的内心世界，了解其所处的外部环境。双方可以分享各自的经验、知识和技能，从而相互理解，产生共鸣，清楚了解矫正对象的真正需要，达成共识，改变对立情绪。因此，优势视角的引入对于改善矫正工作中双方的对立关系、促进矫正工作的顺利进行有重要意义。

第三，优势视角理论指导下的社区矫正有助于培养矫正对象的自信心。首先，优势视角注重发现矫正对象的优势，强调以优势为出发点，这对于增强矫正对象的自信心有重要意义。其次，优势视角重视人与环境的相互作用，强调为矫正对象建构积极向上的周边环境。矫正对象在受到优良环境熏陶的同时，也会反作用于环境。当矫正对象的个人魅力得到充分发挥后，他的行为同样会影响周围环境，他的良好行为同样是他人的资源，也会促进周围环境的美好。人与环境的互动形成良性循环，在这个过程中，不断增强矫正对象的自信心。

第三节　消解中心、动态平等的主体间性矫正

一、矫正主体关系中强势权力的弱势化与弱势权利的强势化

在罪犯矫正中，罪犯的矫正主体性地位名不副实隐藏的是矫正者权力的强势与罪犯权利的弱势，两者之间不平等的关系和惯常的意识形态使得这一状况在二元主体结构中成为常态。主体间性下，强势权力的矫正者需要在与罪犯平等对话沟通后经历由“强势”到“弱势”再到“强势”的过程。[①]

（一）强势的矫正权力与弱势的矫正权利

1. 强势与弱势的形成是权力与权利的外化

权力主体不仅拥有罪犯的矫正权，还有与此相对的惩罚权。“罪犯在惩罚面前都是千人一面，而在改造面前则是千人千面”，两种权力表现为监狱等矫正机构的惩罚机能与改造机能，而这两者存在着本来的冲突。惩罚机能的实现强调共性，即权利的剥夺和痛苦的施加，但改造内容具有特别预防主义强调个性化[②]。在我国当代的罪犯矫正中，罪犯的惩罚与改造更多的是依靠强大的警察权力来维持的，一个执法主体身兼数职，无论对惩罚还是对改造都是不利的。

2. 矫正者经验性矫正存在巨大的权力空间

由于我国罪犯的改造知识与理论的不足，警察的权力运作主要以经验型的方式进行，惩罚权的张力剩余，处于弱势一方的权利在经验化的操作中无法得到更多的制度或法律上的保障。同时，在过于强调秩序的情况下，矫正机构内部的秩序成为矫正者实施惩罚权的有效手段，作为“法律的盲角”，惩罚权的扩张若没有制约与有效监督，矫正机构特别是封闭型的监狱将成为绝对权力的机构。

3. 罪犯矫正权利的先天不足

在矫正权力具有绝对优势和强势的情况下，罪犯的矫正权利无限地被挤压，这里的矫正权利非罪犯的基本权利。《监狱法》第七条规定：“罪犯的人格不受

---

① 王永祥：《外语教学课堂话语对话性研究——主体间性外语教学课堂话语模式的构建》，人民出版社2014年版，第34页。

② 刘崇亮：《范畴与立场：监狱惩罚的限制》，中国法制出版社2015年版，第31页。

侮辱，其人身安全、合法财产和辩护、申诉、控告、检举以及其他未被依法剥夺或者限制的权利不受侵犯。”这里规定了罪犯“人之为人所应有的权利”，也就是除了被依法剥夺或限制的权利以外，与其他公民权利并无实质差别。但作为罪犯的矫正权利在监狱法中并无过多涉及，罪犯的矫正权利是具有罪犯身份的特有权利。在以往的研究中，有学者概括出了罪犯“特有权利”，而这些“特有权利”是仍然针对罪犯在服刑期间的基本权利范畴，并没有把焦点集中于矫正权利。相对于矫正者国家赋予的惩罚权与改造权，罪犯的矫正权利既需要明确，更需要程序保障。罪犯承受刑罚惩罚，接受矫正，作为矫正主体，具有原生性的矫正权利和生成性的矫正权利。原生性矫正权利包括知情权与平等权；生成性矫正权利包括选择权、参与权和救济权。具体来说知情权与平等权，是针对罪犯在服刑期间对其基本的矫正方法、矫正情况、矫正效果等的知情与平等享受矫正资源而不分高低、地区差别。生成性权利是在矫正进行中产生的，罪犯首先有权利选择针对自己的改造方法和手段，其次在矫正进行中的积极参与而不是被动地接受，最后对矫正中的侵权行为进行救济。这些矫正权利在我国当前的罪犯矫正中或者缺失，或者因为权力的强大被掩盖。

（二）主体间下权力与权利的强弱循环

在主体与客体二元对立的主体性思想中，矫正者忽视罪犯的真正需要，矫正者自己的声音淹没了罪犯的话语，罪犯本应的矫正主体地位被矫正者的强大而掩盖。主体间性观念下矫正者与罪犯两者之间并非各自为本，而是相互共存着的主体之间的关系体。同时不可忽视的是，在对罪犯的矫正中，与此有关的人或机构参与进来，矫正罪犯的同时恢复被犯罪破坏的社会关系。

主体的自我认识、自我给予或者是定型于立法，或者是止于理论，都仅仅是主体性的一方表现。在社会关系中，与他者主体形成的各色关系，主体性的确认才可坐实。罪犯矫正活动中，罪犯的主体性地位首先需要的是自我的认识。只有首先认识自己，确立自身的主体性才能走向主体间性。主体间性的建构需要的是一个个具有自由自觉的自我意识的诸主体作为基础，主体之间无论是和谐地彼此理解、倾诉，还是真诚地相互争辩，都以“你我皆为能动主体”为前提。主体的思想，处于自我与他人之间的动态平衡中：没有自己的思想，该主体将丧失自身的主体性，沦为他人的客体；过渡迷恋于自己的思想，则会把自己封闭在一个小小的精神城堡之中，陷于停滞、僵化的独白主体性状态。因此，作为罪犯而言，需要以矫正主体身份发挥自己的主观能动性，通过罪犯的自我学习或是监狱等矫正机构的教育矫正，在主体的自我认知上作好准备。其次，需要他者眼中的罪犯为矫正主体地位。他者包括矫正的直接参与者如狱警，其他矫正关系者如罪犯的密切关系人、罪犯群体，还有社区。狱警同为矫正主体，其对罪犯为矫正主体的认识一方面关涉到罪犯的主体性地位确立，另一方面也是其矫正主体成熟的标志。真正的主体只有在主体间的交往关系中，即在主体与主体相互承认和尊重对方的主体身份时才可能存在。在日常的管理和教育矫正中，狱警等矫正者作为矫正的引导者，为罪犯灌输矫正主体的思想，给予罪犯主体性的对待，激发罪犯行使主体的权利。对罪犯群体而言，罪犯与罪犯平等主体之间的交往和互动是一种互助与相互监督关系，这构成了狱内人际交往与互动的主要内容。在很多犯罪学家看来，监狱是一个重新制造罪犯和犯罪的地方，是罪恶的策源地。尽管这种观点已经被质疑，但罪犯在长期的监禁中难免形成监狱化人格，组成“非正式群体”，其不仅对罪犯自身的矫正有影响，对监狱秩序也有重要影响。如果把罪犯群体看成群体共同体的话，那么，一个群体中具有个体主体性的人越多，该群体发展成共同主体的可能性就越大。处于共同体中的个体主体性，会由于其他个体主体性得到加强。对与罪犯密切关系的人会因人而异，或亲人或朋友，或是被害人。罪犯的矫正有的时候是有赖于亲人朋友的鼓励和信任的，这种情感的动力是内在的向善源泉。而对被害人和犯罪所破坏的社区而言，让罪犯承受刑罚惩罚是在承担法律责任，而道义责任也是需要的。刑罚的惩罚不能取代应当承担的具体责任，即道歉、赔偿（补偿）、社区服务等。故此，在矫正中，受害方的参与一方面可以提高罪犯矫正中悔过自新的内在动机，同时也利于恢复社会关系，为罪犯回归社会提高接纳度。

强势的矫正者基本上压制了罪犯种种权利的实现，罪犯处于被压制、被操纵、被管理甚至被奴役的地位。长此以往，丧失主体性的罪犯更多依赖于矫正者，成为俯首帖耳、言听计从的工具。如果长期接受这种矫正，罪犯的确在服刑期间是守法公民，但其真正的矫正效果并不必然如此，罪犯的独立人格可能是扭曲的，精神可能是畸形的。因此，这种强势的矫正者主宰的矫正，长期下去会因其专制、封闭和保守而失去真正的强势走向自我的衰败。

相反，矫正者与罪犯能够在平等、和谐的氛围中共同解决矫正问题，让矫正关系回到对话协商的应然状态。表面上看，作为强势权力的拥有者和使用者在矫正中弱化了手中的权力，实际上，其最大限度地激发了罪犯的矫正热情，把罪犯矫正的被动性转变成积极的矫正主动性。罪犯矫正权利的行使，使其自我改变的程序性场域得到扩充，逐渐掌握了话语和行为的主动权。这样的矫正带来的是矫正效果的加强和罪犯自身素质和能力的提高，弱势的矫正者更显示出其坚强的生命力，最终获得是强势。

矫正者由强势到弱势再到强势，这不是简单的循环，因为通过霸权和强权支撑起来的强势只能是暂时的强，而消除了霸权和强权的强势将长久存在。这样的矫正让罪犯的矫正主体地位获得了完全的彰显，而矫正者虽弱犹强，在永恒的“长远时间”里，矫正者与罪犯搭档达到共生、共存、共发展的境界。

二、主体间矫正下的罪犯矫正主体性实现

在矫正场域中，要真正超越矫正与被矫正、管理与被管理之间的二元对立，关键和根本之处在于走出矫正者与罪犯何为中心的二元对立误区。正如法默尔所说的“他在性”，消解任何一种本位主义，[①] 而走向多元共生的境界。

（一）矫正者作为平等中的首席

如上所述，在矫正活动中，无论是完全以矫正者为中心还是完全以罪犯为中心都是走了极端。前者剥夺了罪犯的自主权，忽视了罪犯的主体性；后者为矫正罪犯而矫正罪犯，使矫正者本应发挥的引导作用丧失。在主体间性矫正下，矫正者制定方向性的原则，指导罪犯矫正内容和矫正评估的实施，对矫正过程进行跟踪指导，鼓励罪犯和罪犯之间互相学习长处，通过对话沟通，协商解决矫正问题。可见，矫正者是一特殊的主体，是平等中的首席，这是因为在知识、经验、能力等各方面，矫正者一般都是要高于罪犯，矫正者理应在矫正中处于引导地位，其基本职责即是给罪犯提供指导和帮助。

（二）多元矫正主体的有效参与

在主体间性矫正下，参与矫正活动的主体除了在场的矫正者和罪犯以外，还包括不在场的附属主体，如矫正者的管理者、亲属朋友、社区、被害人、研

① 张康之：《论主体多元化条件下的社会治理》，中国人民大学学报，2014 年第 2 期。

究者等。当然，并不是所有的矫正都必须多个主体参与，而是根据不同的罪犯，依据其犯因性的不同而制订矫正方案，从而形成有针对性的参与主体。犯因性问题是对矫正对象犯罪原因的概括，从犯因性问题直接抽象出来的矫正对象的需求即为矫正需求。由于犯罪的原因是极其复杂的，单纯改变罪犯自身是不够的，还需要同时控制或改变引起罪犯犯罪心理及其外化的外部环境，而多元主体参与罪犯改造或矫正正是改变外部环境所必不可少的。多个主体之间的关系是相互作用，协作完成矫正活动。其他主体的作用在上文已经阐述，这里仅对矫正者的管理者作以说明。矫正者的管理者有合理分配矫正资源，协调实践主体关系，监督矫正过程和结果，制定标准、手册，建设数据平台等方面的作用，有效地实现了主体的协调和矫正资源的整合。如果矫正者根据个人经验决定如何利用矫正资源的矫正，实质剥夺了矫正对象的主体性地位，而使矫正对象处于矫正客体的地位。①

（三）主体间对话合作的平等沟通

要做到多交互主体协同参与，就必须平等对话。平等是对话的前提，因为如果地位高低不等，就不存在顺畅的对话。在矫正关系中，罪犯已经不是被动接受矫正影响的客体，而是主动参与矫正的主体，要与矫正者一起商讨、选择方案，并执行方案。这种矫正者与矫正对象关系的调整，其实就是矫正契约关系，即权利与义务关系的具体表现。②如果矫正者仅是僵硬地执行刑罚的惩罚，而不能灵活地行使矫正权力，则无法与罪犯进行矫正对话；如果剥夺了被害人在矫正中的特殊地位，很难彻底恢复犯罪造成的影响；如果剥夺了罪犯在矫正中的平等对话，就只能是矫正者对罪犯的独白了，没有了平等对话沟通的矫正，是一潭死水，任何一方矫正主体都不会走得长久，最终丧失真正的主体地位。因此，改造的国家主体性需要一定程度的弱化，由警察权到司法权再到社会力量。改造警察化体制逐渐向司法行政体制转型。从命令与绝对服从的模式过渡到监督、指导与劝诫的模式。③

① 夏苏平、狄小华：《循证矫正中国化研究》，江苏人民出版社 2013 年版，第 45 页。
② 夏苏平、狄小华：《循证矫正中国化研究》，江苏人民出版社 2013 年版，第 25 页。
③ 刘崇亮：《范畴与立场：监狱惩罚的限制》，中国法制出版社 2015 年版，第 37 页。

（四）动态开放的矫正过程

既然多个主体之间是平等对话的主体性，那么对话沟通的环境就需要有保障。一个中立性的商谈环境对于参与者的交往实践具有重要意义。[①]这种商谈环境受到一系列程序的保障，平等是参与对话沟通的前提，之后的整个矫正过程都需要开放。罪犯原生性矫正权利到生成性矫正权利需要在矫正活动中得到充分行使和保障，矫正者事先有告知的责任，特别是当权利受到侵犯时的救济权，矫正机构不能因为机构内部保护而刻意阻止，为此有必要受到外在力量的监督，如人民检察院的驻监检察制度，完善检察监督中的违法纠正和检察建议措施，强化检察人员在监狱等矫正机构的检察监督责任。

① 哈贝马斯：《交往行为理论》，曹卫东译，重庆出版社 1989 年版，第 67 页。

参 考 文 献

主要著作类

[1] 夏苏平，狄小华．循证矫正中国化研究 [M]．南京：江苏人民出版社，2013．

[2] 王家良．循证医学 [M]．北京：人民卫生出版社，2010．

[3] 狄小华．多元恢复性刑事解纷机制研究 [M]．北京：法律出版社，2011．

[4] 吴宗宪．未成年犯矫正研究 [M]．北京：北京师范大学出版社，2012．

[5] 宋行，朱洪祥．循证矫正理论与实践 [M]．北京：化工出版社，2013．

[6] 杨文登．循证心理治疗 [M]．北京：商务印书馆，2012．

[7] 翟中东．国际视域下的重新犯罪防治政策 [M]．北京：北京大学出版社，2010．

[8] 杨诚，王平．罪犯风险评估与管理：加拿大刑事司法的视角 [M]．北京：知识产权出版社，2009．

[9] 于爱荣，等．矫正技术原论 [M]．北京：法律出版社，2005．

[10] 吴宗宪．社区矫正导论 [M]．北京：中国人民大学出版社，2011．

[11] 刘崇亮．范畴与立场：监狱惩罚的限制 [M]．北京：中国法制出版社，2015．

[12] 欧渊华．社区服刑人员教育矫正理论与实务 [M]．北京：中国法制出版社，2016．

[13] 张苏军．中国监狱发展战略研究 [M]．北京：法律出版社，2000．

[14] 冯建仓．中国监狱服刑人员基本权利研究 [M]．北京：中国检察出版社，2008．

[15] 张晶．深读矫正——现代监狱制度的理论逻辑 [M]．南京：江苏人民出

版社，2013.

[16] 翟中东. 矫正的变迁 [M]. 北京：中国人民公安大学出版社，2013.

[17] 郭湛. 主体性哲学——人的存在及其意义 [M]. 北京：中国人民大学出版社，2011.

主要论文类

[1] 钱洪良，刘立霞. 从主体性到主体间性的现代罪犯矫正转向——兼论罪犯的矫正主体地位 [J]. 青少年犯罪问题，2016（5）：42-49.

[2] 钱洪良. 刑事诉讼撤销案件立法的缺陷及完善 [J]. 当代法学，2008（4）：100-105.

[3] 钱洪良. 以品格证据为视角看取保候审 [J]. 河北法学，2009（2）：43-47.

[4] 钱洪良. 女性犯罪案件适用品格调查初探 [J]. 中国刑事法杂志，2009（4）：63-67.

[5] 钱洪良. 基于循证矫正解析的我国社区矫正问题分析 [J]. 商业时代，2013（11）：110-120.

[6] 钱洪良. 社区矫正：作为一种社会问题的社会建构论 [J]. 商业经济，2013（14）：17-18.

[7] 钱洪良. 循证、循证矫正及其与我国的罪犯矫正 [C]// 第七届河北省社会科学学术年会论文专辑，2012.

[8] 钱洪良. 论循证视角下的证据科学 [J]. 证据科学，2013（5）：1-13.

[9] 张康之. 论主体多元化条件下的社会治理 [J]. 中国人民大学学报，2014（2）：1-18.

[10] 刘崇亮. 罪犯改造自治权论 [J]. 当代法学，2016（3）：72.

[11] 郭明. 改造现代刑罚的迷误及其批判——兼及刑罚范式革命与制度变革的思考 [J]. 环球法律评论，2005（5）：581-590.

[12] 严海良. 从主体性到关系性. 人权论证的范式转向 [J]. 法制与社会发展，2008（5）：109-117.

后　　记

选择这样一个视角研究犯罪问题源于我读博期间接触的循证矫正的内容，通过与江苏、浙江、河北等地未成年犯管教所的交流与沟通和我的实地考察调研，我对罪犯的矫正主体性问题产生很大兴趣，后成功申请河北省社会科学基金。本书即为我 2015 年承担的河北省社会科学基金项目（项目编号：HB15FX004）的最终成果。但囿于我国罪犯矫正的传统封闭性和保密性要求，很多调研期间的资料未能公开，这也是在写作本书过程中遇到的障碍。因此，本书仅是吸收其中的理论和精神，对一些有效的数据还缺乏非常详细的统计。

感谢在写作过程中我的恩师狄小华教授的耐心指导，感谢多位同事的帮助与鼓励，感谢出版社编辑老师的辛苦工作，感谢我的家人给予我的物质和精神支持，我将不负众望，继续前行。

钱洪良

2020 年 3 月 22 日